古典文獻研究輯刊

三九編

潘美月・杜潔祥 主編

第 **47** 冊

蔡守集
（第三冊）

伍慶祿、蔡慶高 著

國家圖書館出版品預行編目資料

蔡守集（第三冊）／伍慶祿、蔡慶高 著 -- 初版 -- 新北市：
花木蘭文化事業有限公司，2024〔民113〕
目 8+248 面；19×26 公分
（古典文獻研究輯刊 三九編；第 47 冊）
ISBN 978-626-344-967-1（精裝）
1.CST：蔡守 2.CST：學術思想 3.CST：研究考訂
011.08   113009890

ISBN-978-626-344-967-1

9 786263 449671

古典文獻研究輯刊
三九編　第四七冊　　　　　ISBN：978-626-344-967-1

蔡守集
（第三冊）

作　　者　伍慶祿、蔡慶高
主　　編　潘美月、杜潔祥
總 編 輯　杜潔祥
副總編輯　楊嘉樂
編輯主任　許郁翎
編　　輯　潘玟靜、蔡正宣　美術編輯　陳逸婷
出　　版　花木蘭文化事業有限公司
發 行 人　高小娟
聯絡地址　235 新北市中和區中安街七二號十三樓
　　　　　電話：02-2923-1455／傳真：02-2923-1400
網　　址　http://www.huamulan.tw 信箱 service@huamulans.com
印　　刷　普羅文化出版廣告事業
初　　版　2024 年 9 月
定　　價　三九編 65 冊（精裝）新台幣 175,000 元　　版權所有·請勿翻印

蔡守集
（第三冊）

伍慶祿、蔡慶高　著

目次

第三巻　牟軒邉璪

牟軒邊璪

插圖

頁二第張三第　　一期星　　興報
1934年5月7日

牟軒邊璪　寒瓊

齊魯封泥攷存

新安
丞印

（八五）

論明代的小品文（上）　杰

《香港中興日報》1934年5月7日第二張第二頁刊《牟軒邊璪》續文剪報原件

本卷刊《「長生無極」瓦拓本》，蔡慶高家存《長生無極》瓦硯

凡例

一、生僻字、詞、器具注釋。

二、人物、書籍注釋。

三、錯別字徑改，不出校，異體字不改。

四、原文加注或夾註，均用小號字標示，不另注。

前言　伍慶祿

《牟軒邊璅》是蔡守 1934 年 5 月起在香港《香港中興報》開的連載專欄名稱，專門發表他在金石、詩文、考古、交友等方方面面的所聞所見、逸聞趣事，現在香港中央圖書館和香港中文大學圖書館均收藏有《香港中興報》，但都不全，根據現有資料，未能確定《牟軒邊璅》專欄始於何時，終於何時，專欄所載文字各自獨立成篇，現在把它編輯成卷，基本不影響閱讀。現存資料始於 1934 年 5 月 6 日，終於 1936 年 7 月 20 日，其中從 1936 年 3 月 21 日至 1936 年 7 月 20 日止為《印林閒詁》連載，現將《印林閒詁》輯出另編為《蔡守集》第二集。

「牟軒」，是蔡守與談月色共享齋號之一，談月色在編寫《發掘東山貓兒岡漢冢報告》中載，「外子寒瓊，既考得前稱盉者，皆鍪也，鍪非炊器，鍪牟古通，因倩于院長右任榜其燕庭為牟軒」。于右任題「牟軒」額跋曰，「寒瓊社長考得徵和桂宮鍪，即《禮記內則》『敦、牟、卮、匜』之牟，盛黍稷器，與劉氏《長安獲古編》之炊器有別，宋《博古圖》載之盉，皆鍪也，相沿迄今，僉誤以『鍪』曰『盉』，得此足以正其名，歡喜無量，囑書此以榜其燕處。」「邊」，《字彙・辵部》，「邊，俗邊字。」《篇海類編・人事類・辵部》，「邊，俗同邊。」「璅」同「瑣」，通「鎖」，《墨子・備蛾傳》，「為縣脾，以木板厚二寸……刃其兩端，居縣脾中，以鐵璅敷縣，二脾上衡，為之機。」畢沅注，「《說文》無鎖字，此璅與瑣皆無鎖鑰之義，古字少，故借音用之。」「邊瑣」原意是邊境官吏情況的記錄，語出《漢書・丙吉傳》，「吉善其言，召東曹案邊長吏，瑣科條其人。」顏師古注引張晏曰，「鎖，籙也，欲科條其人老少及所經歷，知其本以文武進也。」直白地說，就是一條一條地記錄「所經歷」，都說蔡守愛用偏字怪字，此其一也。

庚子秋八月漢鏡堂記於味水齋

牟軒邊璪

牟

定古器物名，以款識有名者為最確，否則取其類似之物而有本名者稱之為妥。余弱植治金石學，即疑「奩」之名稱不妥，宋人《博古圖》[1] 載「奩」皆無款識，跋謂「奩」蓋閨房脂澤之具，然考《晉書・天文志》「譬如覆奩」，韓注「上圓象天，下方象地」云云。《唐書・裴諗傳》「宣宗取御奩果以賜」，此偶以奩載果。如《拾遺記》[2]，「后崩，侍者見鏡奩中有瓜桃之核。」皆偶用鏡奩盛物耳。又唐人詩「金奩調上藥」及「寶奩拋擲久」，皆不專指閨房物為言，是亦盦 [3] 之類，凡盛物者總名耳，故稱之曰「奩」。如《西清古鑒》[4] 載九品，《西清續鑒》[5] 載七品，《寧壽鑒古》[6] 載十又三品，均無款識，皆沿宋人之誤，稱之曰「奩」，僅王國維《國朝金文著錄表》引羅振玉《集古錄》載漢奩，蓋有「漢單安侯家重一斤十兩第二」十二字，亦無本名也。案《說文》，「奩，鏡奩也。」顏注，「若今鏡匣也。」《廣韻》[7]「奩，盛香器也」，《三蒼》[8]「奩，盛鏡器名也，謂方底者」，可知「奩」之為物，確與博古圖所謂「奩」不相侔也，顧漢器中此物至夥，有銅有陶，提者有梁，坐者有足，從未見有款識者，南海黃氏藏一器與《西清古鑒》「漢帶紋奩」正同，而有鑿銘曰「桂宮銅鍪，容四斗並重六斤，征和二年少府遺為尚方造第九」二十有四字，余遂據此以定是器為「鍪」，但案《說文》「鍪，鍑屬」，《急就篇》[9] 顏注「鍪似釜而反脣」，與此不類，何也？後考《禮記內則》「敦、牟、巵、匜」，注，牟，讀曰鍪，敦鍪黍稷器也」。又《後漢禮儀志》「巵八牟八」，又《韻會》[10]「鍪通作牟」，故得定此器銅者曰「鍪」，陶者曰「堥」，有梁者亦可曰「鞪鍪」，「鞪鍪」非專指首鎧，或亦盛黍稷之器也。劉喜海《長安獲古編》[11] 卷二有鍪，則屬炊器，與《內則》敦牟巵匜之「牟」不同，與歷代相傳為「奩」之「鍪」，亦不同也。余既考得前稱「奩」者皆「鍪」也，鍪非專指炊器，鍪牟古通，于右任院長因余之燕處為牟軒，並搜集得銅陶大小十數事，按容庚著《漢代服御器考略》，僅載《獲古編》一器，因未見桂宮鍪，故定其為炊器耳，竹絲岡漢冢出土一具最鉅，高一尺有奇，圓徑尺又六寸，蓋有活環，通身刀刻花紋極精湛，有兩耳，耳下底之邊，有兩凹處，可絢懸之鞪，至為可愛，乃以儲佳茗，用代茶瓶兒也。又考《西清》《寧壽》所謂「奩」者，尤多謬誤，如《西清古鑒》之漢雲紋奩，乃鼎也；《續鑒》之漢饕餮奩，乃槃也，漢雲紋奩，亦鼎也；《寧壽鑒古》之漢蟠虺奩，車釭也，漢夒紋奩，乃鐏也。漢金錯奩，蓋如蓮房，

有六孔，若今之花插，比來廣州西郊發見古窯，有陶製者，絕精巧，無底，可名之曰無當花插也。」

黃士陵穆父《桂宮鋬跋》，「《三輔黃圖》[12] 云，桂宮，漢武帝太初四年秋起，在未央北，週四十餘里，征和二年，後於太初四年十載，少府遺為尚方造此器也。」

于右任「牟軒」額跋，「寒瓊社長考得征和桂宮鋬，即《禮記內則》『敦、牟、卮、匜』之牟，盛黍稷器，與劉氏《長安獲古編》之炊器有別，宋《博古圖》載之盦，皆鋬也，相沿迄今，僉誤以『鋬』曰『盦』，得此足以正其名，歡喜無量，囑書此以榜其燕處。」高燮吹萬 [13] 題《牟軒圖詩》，「蔡子與其婦，築軒以牟名。問其意云何，曰從《內則》經。敦、牟與卮、匜，器盛黍稷馨。以此名其軒，我意未為寧。聿考諸許書，牟訓為牛鳴。曰氣從口出，從牛象其聲。義倘取諸此，毋乃非人情。我考諸《玉篇》[14]，牟訓取與奪。害蟲食苗根，牟與蟲本一。以此為軒名，毋乃尤奇突。牟又訓為倍，成梟利不折。又以大為訓，盧牟及六合。我考諸《周頌》，牟麥訓無別。曰貽我來牟，牟麰乃同物。若以麰軒名，其名洵超絕。於義皆無當，雖美倘非屑。我更考方言，牟可訓為愛。我今語蔡子，此訓我所佩。一愛相彌綸，地天始交泰。一愛處人已，歡好永無憾。有情成眷屬，同心即針芥。堯舜參牟子，眸亦通作牟。牟子即眸子，二瞳相參流。本此以作畫，山木皆綢繆。窗外多古松，枝幹森盤糾。此境劇蓊鬱，荒寒非其儔。君看圖中人，相對注相眸。」

吳梅瞿安 [15] 題《牟軒圖》詩，「不見寒瓊面，南遊仰盛名。文章蘇玉局，金石趙明誠。偕隱湖山好，觀空意氣平。此軒遠塵俗，何日許攀登。」

趙宗瀚澄甫 [16] 題《牟軒圖》詩，「十年不見寒瓊子，忽地披圖劇係思。寄語中郎賢伉儷，牟軒待我坐吟詩」。

方樹梅矓仙 [17] 題《牟軒圖》詩，「哦詩讀畫水亭前，月到天心萬慮捐，識得人生真意味，少霞夫婦本神仙。」

金天翮鶴望 [18] 題《牟軒圖》詩，「平生久欲買山隱，羨子雙清住畫圖。彷彿西溪厲樊榭，相攜月下泛荄蘆。」

《香港中興報》1934 年 5 月 6、7 日

【注釋】

[1]《博古圖》，即《博古圖錄》，銅器圖錄書，北宋王黼等奉敕著。所收銅器 893
器，分為 20 大類，宣和間成書，摹刻器物圖像和銘文，並記有器物的尺寸、

容量、重量及出土地點和收藏者姓名等，對器名、文字也有說明與考證，在體
例和結構上，奠定了我國古代青銅器研究的基礎，為以後許多同類著作所仿照。

[2]《拾遺記》，志怪小說集，一名《王子年拾遺記》，東晉王嘉作，南朝梁蕭綺曾加
以整理。共十卷，前九卷記自上古庖犧氏、神農氏以迄東晉各代歷史異聞，末
一卷記崑崙、蓬萊等仙山事物，富詞藻、多掌故，有助於臨文之採擷，故後世
詩文常引為典故。

[3] 盦 ān，古代盛食物之器，《考古圖》收有周伯盞饋盦，《宣和博古圖》收有周交
虬盦。宋張世南《遊宦紀聞》卷十四，「古器之名，則有……盦，於含切，覆
蓋也，似洗而腰大，有足提攀。」

[4]《西清古鑒》，銅器圖錄書，梁詩正等人奉敕編著。40 卷，另附錢錄 16 卷，係
乾隆十四年考定皇室所藏銅器而成，體例仿宋代《博古圖》遺式，共錄彝器 1426
件、鏡 93 件，繪出器物圖形，有文字拓本或摹本，記器物尺寸，並有簡略考
證說明。

[5]《西清續鑒》，即《西清續鑒甲、乙編》，銅器圖錄書，王杰等奉敕。各 20 卷，
乾隆五十八年成書，收錄彝器 844 件，另有鏡鑒與雜器，編輯方法與《古鑒》
相同，繪物，製圖形，附有文字拓本釋文和器物的簡要說明考證。

[6]《寧壽鑒古》：銅器圖錄書，乾隆敕編，十六卷，錄彝器與鏡鑒 701 件，編輯方
法同《西清古鑒》。

[7]《廣韻》，全名《大宋重修廣韻》，宋陳彭廣、邱雍等奉敕依據「切韻」增訂而成
的韻書，成於大中祥符四年，共五卷，平聲兩卷，上、去、入聲各一卷，收錄
26194 字，字下注反切、義訓，依韻排列，平聲字多，分上下二卷，上平聲 28
韻，下平聲 29 韻，上聲 55 韻，去聲 60 韻，入聲 34 韻，共 206 韻，為研究中
古語音極重要的資料，學者多據此書上推古音，下證今音。

[8]《三蒼》，也作《三倉》，字書，秦李斯撰《蒼頡篇》，趙高撰《爰歷篇》，胡毋敬
撰《博學篇》，是為《三蒼》，漢時亦合稱《蒼頡篇》，漢揚雄撰《訓纂篇》，東
漢賈魴撰《滂喜篇》，與前《蒼頡篇》（包括《爰歷》《博學》在內）亦合稱為《三
蒼》，大抵四字為句，兩句一韻，便於誦讀，當時以教學童識字，今皆不傳，清
孫星衍、任大椿，近人王國維等皆有輯本，王輯本較為詳備。

[9]《急就篇》，古代字書名，為學童識字之書，漢史游作，今本三十四章，2144 字
（末 128 字為漢以後人所加），按姓名、衣服、飲食、器用等分類，或三言、
四言、七言韻語，首句有「急就」二字，因以名篇，一說如遇難字，緩急可就

而求，故名。

[10]《韻會》，即《古今韻會》，元黃公紹撰，30卷，韻分206部，唐、宋相承，未嘗變異，此書循用平水韻之次序，並為107韻，改變唐、宋以來韻書的體例，今已散佚。

[11]《長安獲古編》，銅器圖錄書，劉喜海編，二卷，有光緒三十一年（1905）劉鶚補刻標題本，錄商周禮樂器四十二、兵器三、秦器四、漢器十二、雜器十八、瓦當二件，封泥、印章為補編，每器繪有器形，摹錄銘文並釋文，書後有劉鶚跋。劉喜海，詳見《附錄　蔡守與古人交流考》。

[12]《三輔黃圖》，古地理書，撰人姓名不詳，晁公武《郡齋讀書志》認為梁陳間人作，程大昌《雍錄》認為唐肅宗以後人作，按《水經注》曾引此書，《隋志》亦曾著錄，則成書年代不能晚於南北朝。原書一卷，後人改編為六卷或二卷，可能因此摻入後世地名及雜說，書中記載秦漢時期，三輔的城池、宮觀、陵廟、明堂、辟雍、郊時等，間涉及周代舊跡，各項建築皆指出所在方位，條理清晰，為研究關中歷史地理的重要資料，清畢沅、孫星衍均有校本。

[13] 高燮，詳見《附錄　蔡守與時人交遊考》。

[14]《玉篇》，字書，南朝梁陳之間顧野王撰，30卷，體例仿《說文解字》，字部目稍有增刪，分542部，部次也同《說文》稍異，原本《玉篇》收16917字，每字下先注反切，再引群書訓詁，解說頗詳，對字形，注重篆隸的變遷，不像《說文》注重探索古籀之原。原本只存殘卷，清黎庶昌有影印本，宋後流行的《大廣益會玉篇》，係經唐孫強增字，又經宋陳彭年等重修，比原本收字多，注較簡略。

[15] 吳梅，詳見《附錄　蔡守與時人交遊考》。

[16] 趙宗瀚，詳見《附錄　蔡守與時人交遊考》。

[17] 方樹梅，詳見《附錄　蔡守與時人交遊考》。

[18] 金天翮，即金天羽，詳見《附錄　蔡守與時人交遊考》。

漢蔡文卿陶壺

蔡文卿陶壺 [1] 乃吾家漢代瑰奇偉麗之物也，不期亦出於寺貝底。寺貝底者，廣州東郊之一隅也，二十年來，此地發見南越殘瓦以萬計，比日復發見有官印之巨磚，及製瓦之瓦椎，其文字之精，有過於漢鑿器者，以為歎觀止矣，詎料更發見此奇器乎，又為余所得乎，寧不自誇奇福乎？壺雖破碎作三十餘

片，湊合之竟成完器，寶此康瓠，正如黃山谷 [2] 云「書生抱守殘闕之志也」。粵中頻年發見陶器，有文字確可信而無疑者僅此一二器耳，然此殳文 [3] 三字之淵懿，雖求諸漢金文中，尚不多覯，而況陶埴歟。壺之黝 [4] 已盡脫，唯字劃間尚有殘黝在，尤為可喜。殘年獲此，隨園所謂使我含笑過新年也。

定海方若藥雨 [5]《漢蔡文卿陶壺跋》，「文字奇麗，宛然漢華山廟碑、張遷頌二額題，所見唯西鄉壺足以媲美，彼大利大吉壺蹥乎後矣。瓦碎能完之，傳古何其妙耶，蔡器歸之，古緣其何巧耶，寒瓊先生月色夫人同粲，甲戌寒食，方若跋於天津方園。」

《香港中興報》1934 年 5 月 7 日

【注釋】

[1] 蔡文卿陶壺，現存廣州博物館，20 世紀 20 年代，廣州漢墓葬出土，1958 年由蔡守的兒子蔡遊威捐獻給廣州博物館。2010 年，編者蔡慶高查詢廣州博物館，云今已佚。

[2] 黃山谷，即黃庭堅，詳見《附錄　蔡守與古人交流考》。

[3] 殳文，秦書八體，七曰「殳書」，《說文解字·敘》清段玉裁注，「蕭槃包凡兵器題識，不必專謂殳，漢之剛卯，亦殳書之類。」徐鍇注曰，「書於殳也，殳體八觚，隨其勢而書之。」故「殳書」為專銘於兵器之上的書體。

[4] 黝 yóu，《說文》，「黝，微青黑色，從黑，幼聲，《爾雅》曰，『地謂之』。」段玉裁注，「謂微青之黑也，微輕於淺矣。」又解作「塗飾（黑色）」，《爾雅·釋宮》，「地謂之黝，牆謂之堊。」邢昺疏，「以黑飾地謂之黝，以白飾牆謂之堊。」蔡文用作「釉」字，不知何據。

[5] 方若，詳見《附錄　蔡守與時人交遊考》。

鬹

漢鬹，鑿款「重十二斤」，隸書四字、錯落有致。形如洗而深，腹傍有饕餮銜環兩耳，下有圜足，漏底。其穿紋上小而下鉅，上小者使物弗漏出，下鉅者使水易漏出，古器制度，有如是精巧者。案，鬹，《說文》曰，大釜也，一曰鼎上小下，若甑。《詩·曹風》「溉之釜鬹」，《傳》「鬹，釜屬」，《爾雅·釋器》「甑謂之鬹」，《揚子·方言》[1]，「甑，自關而東謂之甗，或謂之鬹」。又案「甗」，《說文》「甑也，一曰穿也」，《韻會》「無底甑也」，《周禮·冬官·考工記·陶人》「甗實二鬴，厚半寸，脣寸」，《注》，「甗，無底甑」。《正字通》[2]

博古圖「鬵之為器，上若甑，可以炊物，下若鬲，可以餁物，蓋兼二器而有之，或三足而圓，或四足而方」，《考工記・鬵注》「鄭玄謂無底甑」，王安石則曰，「從鬲從瓦，鬲獻其氣，鬵能受之，然後知甑無底者，所以言其上，鬲獻氣者，所以言其下也」，《說文》止訓為甑，蓋舉其具。體言之耳。《爾雅・釋山》「重甗陳」，注，謂山形如累兩甗。據以上所述，知甗鍑為兩重之器，此僅存其上，而佚其下，但皆謂無底，而不言漏。前人考古，往往略於制度，使後人非見其物，終莫能解也。時人容庚撰《漢代服御器考略》亦不言漏，何也？且前人拓古器，亦只重文字，其關於制度，鮮有拓者，今特拓其漏之上下穿紋，使人一目了然，《考古圖》[3] 之甗鍑，陳氏澂秋館之鬵甗，皆此類也。

李景康鳳坡 [4] 題《甗全形拓本》詩，「釵光帽影下重簾，經濟渾忘數米鹽。漢釜摹來費商略，茶香時漾薛濤箋。」

崔師貫百越 [5] 題《甗拓本》詩，「陵谷輕移出摸金，西歸悵望好懷音。歸來堂裡閒風月，潑盡茶香落紙心。」

《談月色手拓漢甗全形》題詩，「閒居玩古共安貧，負載夫妻樂更真。無米為炊非巧事，移來紙上任生塵。」

《香港中興報》1934 年 5 月 8 日

【注釋】

[1]《方言》，全稱《輶軒使者絕代語釋別國方言》，漢揚雄撰，是我國最早的一部方言著作，揚子是對楊雄的尊稱。

[2]《正字通》十二卷，明張自烈、廖文英撰。此書為補證《字彙》缺漏和錯誤而作，分部、排字等體例，全依《字彙》之舊，並把《字彙》首末卷的各種附錄都排在正文之前，收字 33000 餘，在編排和注釋上有所改進，把異體字放在本字之後，便於查閱，每音一個反切，免讀者無所適從，引文之注多引原注，有時對注又加注釋，訂正了《字彙》注釋中的一些錯誤，但徵引繁蕪，錯誤不少，又喜排斥許慎《說文》，不免有穿鑿附會之處。

[3]《考古圖》，銅器圖錄書，北宋呂大臨著，10 卷，元祐七年成書，所收公私器物凡 224 件，包括商周器 148 件，秦漢器 63 件，其中玉器 43 件，每器皆摹繪器形、款識，記載尺寸大小、容量、重量，對器物可考的出土地點、收藏者也加注明。該書雖在器物定名上有值得商榷之處，然其體例在青銅器著述上有着肇始之功，是我國最早而較有系統的一部青銅器圖錄，後世的許多青銅器著錄大

體沿襲其體例規則，另有《續考古圖》5 卷，為南宋人所作。

[4] 李景康，詳見《附錄　蔡守與時人交遊考》。

[5] 崔師貫，詳見《附錄　蔡守與時人交遊考》。

南漢女侍中冬瓊馥熨斗

南漢熨斗，曩歲廣州改後樓房為馳道時發見，柄上有「籌熨」兩字，在楷隸之間，柄下有「侍中仁化冬瓊馥」七字，正書分二行。案《南漢書》，中宗之世，以盧瓊仙、黃瓊芝等為女侍中，知冬氏亦乾和七八年間之女侍中也，南海黃氏秩南 [1] 藏元祐三年雲門山題名，有「仁化冬季」，固知仁化由來有冬姓者。又據陳壽卿 [2]《十鐘山房印舉》有「冬利澤」一印，吳清卿 [3]《續百家姓印譜》亦有「冬譚私印」。顧自漢以來，已有此姓。而《姓氏統譜》[4] 等書，竟失載耳。「馥」字，字書所無，唯漢《史晨奏銘》「饗」作「馥」，此或馨字之異體歟。熨而稱籌，「籌」字作可解，謹俟當世博雅君子審釋之。

黃佛頤慈博 [5] 題「南漢女侍中熨斗」詩，「刀尺當年伴女紅，申繒物在披庭空。熨安天下知無術，宮妾如何作侍中。」

【注釋】

[1] 黃秩南，即黃任恒，詳見《附錄　蔡守與時人交遊考》。

[2] 陳壽卿，即陳介祺，詳見《附錄　蔡守與古人交流考》。

[3] 吳清卿，即吳大澂，詳見《附錄　蔡守與古人交流考》。

[4]《姓氏統譜》，當為《萬姓統譜》，亦稱《古今萬姓統譜》，明凌迪知撰，140 卷，另附《歷代帝王姓系統譜》6 卷和《氏族博考》14 卷。該書將古今姓氏分韻編排，以姓氏為目次，先常姓，後稀姓，每姓下先注郡望和五音（陰平、陽平、上聲、去聲、入聲），並考姓氏所出，依時代先後，分列各姓著名人物，從古代至萬曆年止，記述人物生平事蹟，合譜牒傳記共成一書，因其收羅廣博，既可為姓氏學專著，又可作為查閱歷史人名的工具書，所以有較高的學術價值和實用價值。

[5] 黃佛頤，即黃慈博，詳見《附錄　蔡守與時人交遊考》。

南越造瓦之瓦椎

南越瓦有凸起穀紋，與穀紋中有凸字，今發見瓦椎，橢圓形，背有橋紐或柱紐，可持以椎瓦，使瓦上有穀紋與字也。所見陳蘿生律師所得者「奴有登」

三字反文，四面皆穀紋，又一「貧」字亦反文，「平」字亦然。皆反文而凹穀者，故椎出便成陽文與凸穀紋也，李若柯 [1] 藏一事，柱紐背有一「宜」字，精勁如漢器鑿字，洵由來金石家所未見也。

《香港中興報》1934 年 5 月 9 日

【注釋】

　[1] 李若柯，即李尹桑，詳見《附錄　蔡守與時人交遊考》。

韓瓶

　　長洲孟樾籲瑢《豐暇筆談》[1] 云，康熙四十六年丁亥，蘇州大旱，川澤皆涸，有漁人於陽城湖中，掘得陶瓶數百事，高身巨口，取以養花能結實，或謂此為韓瓶，乃蘄王所遺，得者珍之。謝英伯 [2] 為廣州博物院購藏一事，狀似荔浦縣之芋，質堅如鐵，無黝。身有鑿字云，「東園姪以韓瓶插梅花，頗饒清致，為賦二絕，『古瓶注新水，重是清隱遺。却憶訪碑處，孤山欲雪時。』『石氣暈古青，苔花結凍綠。記否夜聯床，一枝寫秋菊。紅蕉居士題。』」下有小長方印「小坪金石」四字，行書十一行，甚精湛，惜未可考耳。英伯囑月色拓其全形，補寫梅花，因與月色連句，用胡展堂 [3]、葉楚傖 [4] 二公贈詩原韻題之，「傳古能師實素師寒，韓瓶試拓小坪詩。補梅我與紅蕉癖月，汲水誰如玉局痴。想像騎驢湖上日寒，可曾載酒翠微時。人間倘有清涼界月，寒白寧為李意期寒。」

　　何博罃 [5] 子陶《題月色夫人拓韓瓶全形補梅詩》，「韓瓶聞道蘄王物，稍稍陶工遠樸質。想見英雄垂暮心，撫髀銜杯感蠖屈。滄桑幾世誰題詩，却憐侍側寧馨兒。有詩足比籬菊秀，字尤清挺含風姿。馮君小坪愛藏弆，姑胥作宦得真美或謂小坪姓馮，曾官蘇州。重光漢族歸公家，應喻蘄王滅胡旨。月色夫人善摹拓，墨取廷珪和絳蠟。南樓家法目染深，遂睹揮豪出閨閣。東山四壁多龍蛇謂謝英伯，燈前更見疏影斜。洗盡銀瓶富貴氣，低吟冰雪一枝花。」

《香港中興報》1934 年 5 月 11 日

【注釋】

　[1]《豐暇筆談》一卷，清孟瑢撰，記明末以來怪異奇聞。孟樾籲瑢，即孟瑢，詳見
　　　《附錄　蔡守與古人交流考》。

　[2] 謝英伯，詳見《附錄　蔡守與時人交遊考》。

[3] 胡展堂，即胡漢民，詳見《附錄 蔡守與時人交遊考》。

[4] 葉楚傖，詳見《附錄 蔡守與時人交遊考》。

[5] 何博睿，詳見《附錄 蔡守與時人交遊考》。

釦

囊歲為博物院發掘廣州東山貓兒岡南越王趙興冢，見□釦，施於髹漆巨器之口，器已毀，其圍徑約二尺有奇，釦高約一寸有六分，寬亦相埒，金色爛然，益信許氏所云，金「久薶不生衣」之言，不我欺也，惜甚薄，出土已碎。案《說文》「釦，金飾器口」，徐曰，若今銀棱器也，段注作鍍金解，誤也。《漢舊儀》「宗廟三年一大祫，高祖黃金釦器，大官尚食用黃金釦器」。又《後漢·和熹鄧皇后紀》蜀漢釦器，注，以金銀緣器也。又《鹽鐵論·散不足篇》「今富者銀□黃耳，金罍玉鐘」，又《東觀漢記》[1]「桓帝立黃老祠，淳金釦器」，又揚雄 [2]《蜀都賦》「雕鐫釦器，百伎千工」，又《太玄經》「為釦器」。比年陝西發見秦冢之巨槃，木質髹漆，銅環鎏金，亦髹漆之釦器也見《藝林月刊》廿年三月號。又朝鮮樂浪郡 [3] 王盱墓出土漆器，有鎏金銅釦，殆即蜀漢釦器也見日本刊貔子窩之研究。可見秦漢時，髹漆重器必有釦，釦器為宗廟王宮瑰奇偉麗之物也。

《香港中興報》1934 年 5 月 11 日

【注釋】

[1]《東觀漢記》，東漢官修本朝紀傳體史書，明帝時開始編寫，以後累朝增修，到桓靈時，共修 143 卷，尚未最後定稿。參加撰述者先後有班固、劉珍、李尤、伏無忌、邊超、崔寔、延篤、馬日磾、蔡邕等。東觀為宮中殿名，即當時修史之處，魏晉時此書很流行，唐代中葉以後流傳漸少。今本係清代輯本。

[2] 揚雄，詳見《附錄 蔡守與古人交流考》。

[3] 樂浪郡，漢武帝元封三年（前 108）置，治所在朝鮮（今朝鮮平壤以南）轄境。約當今朝鮮平安南道，黃海南北道江原道和咸鏡南道地，西晉末地入高句麗。

瘞玉

南越王趙興冢中有瘞玉，高八寸弱，圍約一尺有四寸，上有土黯處，色變黑，仍露玉之白筋，細於纖緯。臺承之處，白如截肪，邊微作土黃色。臺方，紅石為之，高一尺有三寸強，寬六寸又三分，形略如几。案《演繁露》[1] 云，

紹興十三、四年間，或於會稽禹廟三清殿前，發地得瘞玉，有土黯處，稍變為土黃色，與此正同。又案椿園氏《西域聞見錄》[2] 云，「于闐產玉石子，大者如盤如斗，小者如拳如栗，其色如雪之白者乃上品」。據此可知是冢之瘞玉，為于闐璞玉之至佳者，宜為鎮墓之寶也。

《香港中興報》1934 年 5 月 12 日

【注釋】

[1]《演繁露》16 卷，《續演繁露》6 卷，宋程大昌撰。大昌以為今本《春秋繁露》非董仲舒原書，其真本當屬《爾雅》《釋名》一類，乃擬其意自作此書，故名。其考證名物典故，頗似辭書。

[2]《西域聞見錄》，清七十一撰，成書於乾隆四十二年，詳細記錄了當時西域的人文地理、風土人情、物產習俗。七十一，詳見《蔡守與古人交流考》。

趙興冢中明器之陶宮

頻年廣州四郊發見古冢，明器莫不有陶屋，但未見有如貓兒岡南越王趙興冢中陶宮之壯麗者。此陶宮兩重，能移動。外宮牆，縱一尺又四寸，衡相埒。連樓高一尺又三寸二分，四角有樓，前後宮門上亦有樓。內，前殿縱六寸有八分，衡九寸有六分，高八寸。殿中峨冠二人，撫几並坐榻上。榻前一人對立，鞠躬如奏事，左一人伏拜。簷下一衛士，杖殳畫立。後樓縱五寸有四分，衡九寸有六分，高九寸，梯廣一寸。樓下婦人一，高髻長裙。樓上婦人二，梯上一人伏拜。

《香港中興報》1934 年 5 月 12 日

南越趙興冢甎

趙興冢全用平面與四側咸有雷紋磚，磚長一尺，廣五寸，厚一寸有半寸，色澹赭甚堅。砌墓圓拱，亦無橘瓤磚一面厚一面薄，用於墓拱者。以南越瓦碎塞其罅隙。獨於厝棺之下，有一磚，無雷紋，色黑質尤堅。長八寸，廣五寸，厚一寸又八分。磚面劃「夫死所」草隸三字。案《史記·南越傳》，呂嘉反，與弟將卒攻殺王太后，及漢使者遣人告蒼梧秦王，立明王長男建德為王。雖未言殺興，然興倘未死，何事立建德為王，且《前漢書》亦云攻殺太后王，可知興必死於亂兵中。顧當日太后樛氏，嘗欲鏦嘉以矛，王止太后，嘉始得脫而

出，嘉固不欲殺興，但興既死，且大亂，僅草草葬之。嘉恨繆氏與安國少季切骨，烏肯復為之營葬耶。葬時倉卒，不俟造墓磚而葬，唯興之後，僅以此一磚，以志王之死所也。倘然，是磚出興后手書，固可寶貴，勝於尋常漢磚千百也。

《香港中興報》1934 年 5 月 12 日

乜人 [1] 銅鼓

乜人銅鼓，曩歲領兵入瓊崖，於乜人新瓦處拓得。面有十二辰，肖象與字，身有龍鹿人馬梅花畫象。以文字論，似六朝人書。據此乜人得中原文化，固甚久遠，二馬交尾之象，尤為奇絕，可殿余投金石秘也。

《香港中興報》1934 年 5 月 13 日

【注釋】

　[1] 乜yi 人，古代對居住在廣東地區瑤族的稱謂。《正字通·乙部》，「乜，粵中徭種。」《隋書·南蠻傳》，「南蠻雜類，與華人錯居，曰蜒，曰獽，曰俚，曰獠，曰乜，俱無君長，隨山洞而居，古先所謂百越是也。」清顧炎武《天下郡國利病書·廣東》，「瓊州府萬州夷獠名曰岐人，即《隋志》所謂乜也。」今劃分為黎、苗族。

南漢鐵花盆

庚午春間，珠江漁人網得鐵小花盆一，橢圓形。長三寸半，廣二寸，高一寸強。底有「大寶庚午，蕭閒大夫」大篆八字。案庚午為大寶十三載，即南漢亡國之年也。《南漢書》云，「後主於三月鬥花內殿，負者獻要金要銀買讌，自稱蕭大夫。有宮人離非女子，能作大篆」。此盆款識，出其手歟？距今後十六庚午，將千年也，完好未壞，殊可寶貴。月色拓其全形，並題詩云「千載沉沙鐵未銷，鬥花內殿正今朝。司花想圖素馨女，獻要金時分外嬌。離非大篆出人間，親把金釵剔瑜斑。頑鐵那知亡國恨，千秋留題蔡蕭閒。」元蔡松年 [1] 號蕭閒老人也。

《香港中興報》1934 年 5 月 13 日

【注釋】

　[1] 蔡松年，詳見《附錄　蔡守與古人交流考》。

朱伯姬畫扇

朱伯姬 [1] 畫桃花燕雛便面，賦色穠麗，用筆秀勁，余於廣州府學東冷攤上，以百錢獲之。案伯姬名美瑤，為九江先生之女。許字張氏子，未婚張歿。守貞數十年，撫嗣子廷鑾成立。鄉人敬之，入祀貞節祠。自題山水云「曳杖過平橋，幽閒稱自了。更有絕塵人，扁舟獨垂釣。」工詩畫，殊矜持，不輕予人，流傳絕鮮。余獲此欣喜無量，即裝池珍藏。月色題云，「童身貞重儒林 [2] 九江稱儒林郎，繪事流傳抵萬金。絕豔詎知同雪冷，哺雛想像撫孤心。法書秀逸如名父，迴句幽閒入雅吟。府學牆東冷攤上，竟隨焦尾遇知音。」

《香港中興報》1934 年 5 月 13 日

【注釋】

　[1] 朱伯姬，詳見《附錄　蔡守與古人交流考》。

　[2] 此句原脫一字。

瓊州丁少瑾治椰器

唐李德裕 [1] 常佩椰杯於玉帶環，宋蘇過 [2] 曾以椰冠寄子由，邱瓊山 [3] 亦云「椰有十用」，椰之為器，由來久矣。余曩歲領兵入瓊崖，即訪求治椰高手，得儋耳丁苑瑜 [4]，字少瑾，世守其業，器之精美，為全島冠，莫有能及之者。故每賽會，必膺上賞。少瑾能讀書，好金石，每過衙齋談藝，獲聞治椰故事不鮮。曾撰《說椰》一卷，知百年外之椰樹，其實小而長，俗呼椰子升眼。余取而為壺之流即茶壺嘴，益覺古雅，迄今仿作不絕。又為造連環紐椰印，分贈海內朋儕，莫不稱善。為椰器必以漆膠，丁氏益以銅屑，更能留傳三四百載云。古人一技之長，微如湯俵背 [5]，亦能名於後世，矧丁氏精此藝，必傳無疑。

《香港中興報》1934 年 5 月 14 日

【注釋】

　[1] 李德裕，詳見《附錄　蔡守與古人交流考》。

　[2] 蘇過，詳見《附錄　蔡守與古人交流考》。

　[3] 邱瓊山，即邱濬，詳見《附錄　蔡守與古人交流考》。

　[4] 丁苑瑜，詳見《附錄　蔡守與時人交遊考》。

　[5] 湯俵背，詳見《附錄　蔡守與時人交遊考》。

蔡遜初雕沉香筆架

　　丁少瑾 [1] 曾以蔡遜初 [2] 雕沉香筆架贈別，樹石作北宋畫法，樓閣人物，工而古茂，款刻「時敏孫與遜通初」隸書四字，亦淵懿。案《竹人傳》[3]，蔡時敏，字遜初，嘉定人，善刻人物，不襲封氏面目，而能自成一家者，乾隆間之雕刻名手也。

《香港中興報》1934 年 5 月 14 日

【注釋】

　　[1] 丁少瑾，即丁苑瑜，詳見《附錄　蔡守與時人交遊考》。

　　[2] 蔡遜初，即蔡時敏，詳見《附錄　蔡守與古人交流考》。

　　[3]《竹人傳》，周作人考證為《竹人錄》，云，「《竹人錄》二卷，嘉定金元鈺著，嘉
　　　　慶丁卯自序，民國甲寅義州李放編刊《中國藝術家徵略》6 卷，卷二竹類中轉
　　　　錄金氏小傳全部，而易其名曰《嘉定竹人傳》，雖亦名實相符，唯隨意改寫書
　　　　名，未免稍失謹慎耳。」

犀角嵌金銀觚

　　犀角雕刻觚，高一尺弱，仿商器，饕餮與雷紋，均嵌金銀，雕刻精湛絕倫，底有嵌金「詹十通作」小篆四字，紫檀座底，有「墨林珍玩、望雲 [1] 作」隸書七字，蓋項氏舊藏，座亦名手閣氏所造，洵為曠代珍品也。案詹成，字十通，宋高宗時巧匠，見《輟耕錄》[2] 及《清秘藏》[3]，曹氏 [4] 懷米山房藏其雕紫檀匜，亦嵌金銀者。

《香港中興報》1934 年 5 月 14 日

【注釋】

　　[1] 望雲，即閣望雲，詳見《附錄　蔡守與古人交流考》。

　　[2]《輟耕錄》，即《南村輟耕錄》30 卷，元陶宗儀著，是有關元朝史事的筆記。

　　[3]《清秘藏》2 卷，明張應文撰，上卷 20 門，分別論玉、古銅器、法書、名畫、
　　　　石刻、窯器、晉漢印章、異石、硯、珠寶、琴劍、名香、水晶、瑪瑙、琥珀、
　　　　墨、紙、宋刻書冊、宋繡刻絲、雕刻、古紙絹素、裝裱收藏；下卷 10 門，為賞
　　　　鑒家、書畫印識、法帖源委、臨摹名手、奇寶、斫琴名手、唐宋錦繡、造墨名
　　　　手、古今名論目、所蓄所見。該書體例略如《洞天清祿集》，其文則多採前人舊
　　　　論，但器玩的辨別和收藏記敘甚詳。

[4] 曹氏，即曹載奎，詳見《附錄　蔡守與古人交流考》。

無當

昔年馮君康侯 [1] 曾出示一宋汝窯瓶無底，即無當也。清高宗《詠宣德窯無當詩》，「官汝之次稱宣成，世代愈降製愈精。輪輅拙巧遞變更，欲返其初嗟孰能。是器本擬尊罍瓶，胡為無當水難盛。抑別具義得試評，堂溪公對昭侯曾。者賤瓦卮貴玉瑛，注漿漏或不可乘。則用瓦矣玉在屏叶，三復絜矩將毋驚。瓷無款識笛標名，中含銅膽生綠青。底書宣德貽大明，相依表裏如弟兄。閱數百歲猶聯並，神物守之語信誠。可以貯水簪群英，掞辭繹義靜六情。」又詩「一窯成器必不少，其式相同應亦多。銅膽置之詩詠彼，瓷尊肖也例從他。兩端皆坦雲為族，中孔惟穿月作窠。景泰兼資識宣德注，宣德銅膽既不可多得，此用景泰琺瑯法為膽代之，韓非識語義無磨。」又詠《宋龍泉無當詩》，「憶經無當詠宣窯，誰識龍泉肖宋朝注，宋瓷既有此，則宣德乃仿為也。鐵足周圍非半器注，或見無底，疑為折其半，茲鐵足具存，知為舊制也，弦紋層疊在中腰。玉卮漏水消恒凜，銅膽插花韻自饒。屢見舊瓷屢有什，愧哉太保訓曾昭。」據此則清內府所藏，尚未有汝窯者，益可寶貴也。余曾得古銅鐸，頂與鼻皆斷，因繡檀為座以作瓶，亦用銅作膽。區夢良 [2] 以大琮為瓶亦如此，均無當之意也。又曩歲廣州大刀山出土晉陶尊亦有無底者，且身有通花，則是製晉已有之，不自宋始也。

《香港中興報》1934 年 5 月 14 日

【注釋】

[1] 馮康侯，詳見《附錄　蔡守與時人交遊考》。
[2] 區夢良，詳見《附錄　蔡守與時人交遊考》。

龔供春 [1] 砂壺

《項氏名瓷圖譜》北平新出版，書一冊，實價三百大元，為線裝新書之最貴者載龔春兩壺，一六角提梁，高三寸又四分，寬二寸又九分。夫宜興一窯，出自本朝武廟之世家僮。吳仕字克學，號頤山，以提學副使擢四川參政。嘗讀書金沙寺中宜興縣東南四十里，供春給使之暇，竊仿老僧心匠亦淘土搏坯，茶匙穴中，指掠內外，指螺文隱起可按，胎必累按，故腹半尚現節腠，視以辨真，今世傳器絕罕。吾友宜興儲簡翁 [2] 藏供春一壺作樹癭狀，蓋已久失，但流傳有緒，為世所珍，日本人曾願以數千金易之，而儲氏不允。日前以影本遙寄索詩，余用

宋呂晦叔 [3]「瘦木壺詩」原韻題之,「曩歲買砂壺,自笑太不智。竹節與梅根,每遇輒輕棄。不道龔供春,竟有此奇製。石以醜見稱,木豈瘦為贅。九朽至一罷,取形與畫類。絕技師造化,規矩自可廢。八凹九凸旨,佛說為人意。項氏名瓷圖,曾載有二器。製造太纖巧,我固疑是偽。簡翁獲真品,聚道詎謀利。倭奴爭來求,千金未云貴。倘遊罨畫溪,欣賞定出視。刳剔必天然,妙手與眾異。明人喜草篆,款識應如是。為誦晦叔詩,諦玩□ [4] 勉勵。當年歸春樓,早自善標置。抱殘守闕者,清卿好古士。人間難再得,失蓋寧求備。伯高寶秉瓠,我亦□斯志。」張谷雛 [5] 題云,「茶事允宜供春供,巧思妙□驚神童。芥□蘿葉勝蒙頂,流風餘韻宗盧全。松火候湯蟹眼熟,雲腴香泛碧且濃。久羨供春創神品,真面未見難形容。傳來景本驚欲絕,脫盡人巧殊眾工。古松盤根似瘦結,鱗甲蒼古疑虬龍。隱現指痕縐如縠,珠粒曼妙隆盧空。絕詣端從十指出,陽冰書法棲昆蟲。欣賞無言意彷彿,神工鬼斧難雷同。前賢躋之三代器,詎知瓦缶贋彝鍾。法物流傳數百載,叔未未見疑無蹤。清卿好古目如炬,呵護傳器歸吳中。不淪鼠菌存玉匣,雖非完器欣難逢。□攜陽羨補壺蓋,蘭膏蕩滌光玲瓏。簡翁得之走珂里,寶茲文物留江東。昔年清卿重摹製,我得一事寒齋光。東吳秀發出蜀土,地靈鍾毓生壺公。學憲風流久零替,世人夢想知有龔。寺僧□跡沒陵谷,允尊鼻祖傳宗風。誰云末技不足數,陶人繼起皆景從。茶具從此黜銀錫,無人齒及鉛與銅。陶價日增比金玉,壺天歲月真無窮。庖丁郢斧不可測,孰知人巧逾天功。」項氏當日一事值五百金,三百年後何只值數千金乎?

《香港中興報》1934 年 5 月 15 日

【注釋】

　[1] 龔供春,即供春,詳見《附錄　蔡守與古人交流考》。

　[2] 儲簡翁,即儲南強,詳見《附錄　蔡守與時人交遊考》。

　[3] 呂晦叔,即呂公著,詳見《附錄　蔡守與古人交流考》。

　[4] □,原文模糊莫辨。

　[5] 張谷雛,即張虹,詳見《附錄　蔡守與時人交遊考》。

吳清卿仿造供春樹瘦壺

　　宜興儲氏供春壺為吳清卿 [1] 舊藏,訪求名手仿造一事,與龔壺酷肖,日前王秋湄 [2] 與張谷雛 [3] 作緣,以重值與吳氏後人購得,雖仿造亦出名人遺

器，至可愛也。

《香港中興報》1934 年 5 月 16 日

【注釋】

[1] 吳清卿，即吳大澂，詳見《附錄　蔡守與古人交流考》。

[2] 王秋湄，即王薀，詳見《附錄　蔡守與時人交遊考》。

[3] 張谷雛，即張虹，詳見《附錄　蔡守與時人交遊考》。

明鄭寧侯 [1] 砂壺

吳兔床 [2] 云，「聞湖汊父從水，宜興地名質庫中有一壺，款署鄭寧侯製，式極精雅，惜未寓目。吾今友人陳伯任 [3] 得鄭寧侯朱紅小方壺，壺底有兩印，洵精雅，區夢良獲一事，白泥四方八棱，蓋口外鈐「寧侯」二字小印，余用張叔未 [4]《題時大彬 [5] 壺詩》原韻題贈，「砂壺由來貴白土，精雅況過元樞府。扁方八射出奇觚，吳賦未詳屬何譜。陳之商彝周鼎間，能傲供春與少山。凡夫曾毀少山俗，纖巧供春一例刪。夢良有緣得此柄，歡喜狂臚朋輩詠。觀壺我已徧南北，卻遜寧侯此精勁。三停美具足推崇，八棱廉屬屬且隆。小印橫鈐蓋口外，鎣流一一工磨礱。李鳳坡 [6] 張谷雛 [7] 比欲續圖錄，我亦著書思爛熟。未睹法物安敢言，詎容球玞亂良玉。不羨坡仙陽羨田，僭號壺帝霸壺天。明年買棹荊溪去，拼臥蜀山窰底煙。臨摹千遍成佳供，同嗜吟儔欣把送。一生精力寄壺中，勝事連宵頻入夢。」夢良和云，「寧侯製壺知養土，蜀岡恒伴烏銀府。泥白觚奇信雅裁，疑摹刻角印方譜。規模當在明清間，壺記堪徵見□ [8] 山。大彬削竹增器類，模木供春法盡刪。一字千金非笑柄，得茲喜躍為高詠。蓋曰精嚴妙準縫，印文兩篆書遒勁。三大壺家世久崇，一時千載望尤隆。傳之鄭氏彌精妙，圓嶠方壺盡巧礱。茶譜圖兼壺系錄，岕箋陶說吾皆熟。兔床博雅觀摩 [9]，空寶良陶賤珠玉。繫余無計卜歸田，長隱壺中即樂天。胡帝胡天渾不管，只耽風味颺茶煙。把此生思真雅供，瓶罌時有山泉送。纖手煎烹七椀餘，甌廬午睡涼鷗夢。」夢良又題一律云，「壓歲添將壓卷壺哲夫、茗柯均謂生平所見各家名壺甚夥，無出其右，不僅為敝藏之冠，四方八面見工夫。藝疑進道能知白，技擅臨時肯破觚。印辨寧侯誇獨悟，名徵伯任喜同符。中年缺憾天教補，得此還思得綠珠。」余亦和韻為之，「欲把時壺比鄭壺，只愁遇著趙凡夫趙宦光 [10] 不喜時大彬壺，見張氏《梅花草堂筆記》。知非方印如相印，作此奇觚異眾觚。篆為麻茶人不識，式聞精雅自相符。萬豐妙跡二難並仄，壓歲新添兩寶珠。」夢良又得惠孟

臣 [11] 壺，蓋口外亦有「萬豐」二字，故云。

《香港中興報》1934 年 5 月 16 日

【注釋】

[1] 鄭寧侯，詳見《附錄　蔡守與古人交流考》。

[2] 吳兔床，即吳騫，詳見《附錄　蔡守與古人交流考》。

[3] 陳伯任，即陳樾，詳見《附錄　蔡守與時人交遊考》。

[4] 張叔未，即張廷濟，詳見《附錄　蔡守與古人交流考》。

[5] 時大彬，詳見《附錄　蔡守與古人交流考》。

[6] 李鳳坡，即李景康，詳見《附錄　蔡守與時人交遊考》。

[7] 張谷雛，詳見《附錄　蔡守與時人交遊考》。

[8] □，文字模糊不清。

[9] 此句似脫一字。

[10] 趙𡼏光，詳見《附錄　蔡守與古人交流考》。

[11] 惠孟臣，詳見《附錄　蔡守與古人交流考》。

鄧渼文遠堂壺

　　雲南方矐仙 [1] 寄示鄧渼《詠茶五言排律一百韻》，適邑子何覺夫 [2] 攜文遠堂小壺過訪，壺朱泥，製造極精妙，底款「文遠堂」楷書三字似王雅宜 [3]，讀其遺詩，玩其傳器，何其巧合耶。即口占一律，「遺詩傳器能遙集，欣賞同時笑語喧。壺表孤忠三百載，茶稱十德一千言。為花吐氣寫奇句，煮茗招魂與細論。莫道英靈託微物，此中日月樂無垠。」考鄧渼字遠游，一字虛舟，號蕭曲山人，江西之新城人也，萬曆廿六年進士自序三十成進士，乃生於隆慶三年也，除浦江知縣，調秀水，召為河南道御史，萬曆三十八年巡按雲南，出為山東副使，歷參政按察使，以僉都御史巡撫順天，天啟五年忤魏奄，遣戍貴州，崇禎初赦還，未及用而卒。案楊繩武 [4] 崇禎三年《和詠茶詩》時渼尚未逝，已六十三歲也。嗜茗飲，工詩文，有《大旭山房》《文遠堂》《留夷館》《南中紅泉》諸集，見《列朝詩集·鄧僉都小傳》[5]。

《香港中興報》1934 年 5 月 17 日

【注釋】

[1] 方矐仙，即方樹梅，詳見《附錄　蔡守與時人交遊考》。

[2] 何覺夫,詳見《附錄　蔡守與時人交遊考》。

[3] 王雅宜,即王寵,詳見《附錄　蔡守與古人交流考》。

[4] 楊繩武,詳見《附錄　蔡守與古人交流考》。

[5]《列朝詩集》,清錢謙益編。《列朝詩集》於康熙初年由錢氏絳雲樓付梓,因不避
康熙名字「玄」字諱,不久即遭禁燬,流傳極少,至宣統二年(1910)始據原
版重新雕印。

瓊花仙史薰爐

　　古銅薰爐,長方六寸又半寸,橫二寸又三分,高四寸強。蓋作流雲,提梁
雲龍,制度極精雅。銘刻於爐底,小楷秀媚,似出閨房。銘曰,「欲求諸熱,
熨斗柄熱。冬當漸熱,翕其增熱。如火益熱,見者皆熱。為近者熱,誰能執熱。
炙手可熱,身自分熱。令舉體熱,作心肝熱。恐何郎熱,儕輩妒熱。我其內熱,
不因人熱。崇禎辛未冬日,瓊花仙史銘。」銘十六句,皆集古句,只用一韻,
亦殊新穎,似更勝於馬湘蘭 [1] 薰爐也,瓊花仙史待考。

《香港中興報》1934 年 5 月 17 日

【注釋】

[1] 馬湘蘭,詳見《附錄　蔡守與古人交流考》。

笙形茗壺銘

　　歐正春 [1] 製朱泥笙形茗壺,最為精雅,因倩宜興當代名手仿造,余為各
友製銘,「東坡瓶笙,喜聞其聲。鳳坡笙瓶,欣賞其形李景康 [2]。　昔者瓶笙
取厥聲,今者笙瓶取厥形。玉川子請董雙成盧仝樞 [3]。　纖纖軟玉董雙成。雲
和奏颼松風鳴,善調詩腹詩自清區夢良 [4]。　丹泉沸,丹蛟鳴傅休奕 [5]《西都
賦》,『丹蛟吹笙』。湯神養氣樂長生《周禮‧大司樂》疏,『笙者生也,取長養之氣』,張谷
雛 [6],　衣赤彩《淮南子》,『孟夏之月,居南宮,衣赤彩吹笙』,策茶勳,纖纖捧秦韜
玉 [7] 句,『纖纖軟玉捧煖笙』,樂嘉賓。　美人茶隱戴昺 [8] 句,『美人隱於茶,性與茶
不異』,其樂由房。雲和一奏,中心翔翔。　校綠茶,歌白華,美人時吸隔桃花
謝榛 [9] 句,『時隔桃花吸鳳笙』。」

《香港中興報》1934 年 5 月 18 日

【注釋】

[1] 歐正春，詳見《附錄　蔡守與古人交流考》。

[2] 李景康，詳見《附錄　蔡守與時人交遊考》。

[3] 盧子樞，詳見《附錄　蔡守與時人交遊考》。

[4] 區夢良，詳見《附錄　蔡守與時人交遊考》。

[5] 傅休奕，詳見《附錄　蔡守與古人交流考》。

[6] 張谷雛，即張虹，詳見《附錄　蔡守與時人交遊考》。

[7] 秦韜玉，詳見《附錄　蔡守與古人交流考》。

[8] 戴暠 bǐng，詳見《附錄　蔡守與古人交流考》。

[9] 謝榛，詳見《附錄　蔡守與古人交流考》。

廣州甌

廣州頻年發掘晉冢，所見陶器，黝質之佳，不遜中原。案《藝文類聚·卷七十三》及《太平御覽·七百五十九》載，「梁皇太子謝敕賚廣州甌等啟，淮南承月之焙，豈均符彩，西國浮雲之盌，非謂瓌奇，臣南珍靡究，未讀奏曹之表，方物罕逢，不識議郎之畫。」又袁彥伯《羅山疏》[1]，「善道開石室中，有甌盛香。」劉恂《嶺表錄異》[2]，「廣州人多好酒，生酒行兩面羅列，皆是女人招呼此女招待之至古者，一笑。鄙夫，先嘗酒，盃上白瓷甌謂之甌[3]，一甌三文。」又《太平御覽·七百六十·諸葛恢集》表曰「天恩賜廣州白盌」，又陶潛[4]《搜神後記》云「郭璞[5]曰『可取廣州二大甖盛水』」，又古樂府《三洲歌》「廣州龍頭鐺」，證以比年所出土晉以來之陶器，益信不謬。卓仁機[6]得一甌，質薄而堅，黝如天青，作瓜稔形，而邊有小珠顆如瓔珞，精雅絕倫，社友黃慈博[7]佛頤著《粵陶述》，搜輯甚富，惜未出版耳。

《香港中興報》1934 年 5 月 18 日

【注釋】

[1]《羅山疏》，託名晉袁宏撰，《藝文類聚》《太平御覽》等類書均有引用條文，但未見各經史書目著錄。袁宏，詳見《蔡守與古人交流考》。

[2]《嶺表錄異》3 卷，唐劉恂撰。記述嶺南異物異事，記載最多的是嶺南人的食物，尤其是各種魚蝦、海蟹、蚌蛤的形狀、滋味和烹製方法。嶺南人喜食的各類水果、禽蟲也有記述，是研究唐代嶺南地區少數民族經濟、文化的重要資料。

[3] 瓵，從舌從瓦，酒器名。宋趙與時《賓退錄》卷3，「《嶺表錄異》云，『盎上白
甆甌謂之瓵，一瓵三文，』……瓵字不見於字書，《說文》云，『甌瓿謂之瓵，
瓵，盈之切。』疑是『瓵』字傳寫之誤。」

[4] 陶潛，詳見《附錄　蔡守與古人交流考》。

[5] 郭璞，詳見《附錄　蔡守與古人交流考》。

[6] 卓仁機，詳見《附錄　蔡守與時人交遊考》。

[7] 黃慈博，詳見《附錄　蔡守與時人交遊考》。

項氏名瓷圖譜

《項氏名瓷圖譜》價太貴，罕得見者，因詳錄之，線裝一巨冊，用黃絹書皮印金字，書套仿清內府藏經式，亦用黃絹，四面折疊，書端有項元汴 [1] 自序，項墨林遺像，項墨林著書硯澄泥鵝形，紫檀匣亦作鵝形。

第一輯，宋定窯仿古文王鼎，宋官窯仿古饕餮鼎，宋紫定窯仿古蟬文鼎，宋定窯仿古獸面雷文鼎，宋官窯沖耳乳爐，明宣窯祭紅朱霞映雪魚耳彝爐，明弘治窯象蠱小鼎。

第二輯，宋官窯太平有象硯，明宣窯青花龍文小硯，明宣窯祭紅雙柿水注，宋哥窯五峰硯山即筆架，宋龍泉窯高足豆水丞即水盂，宋官窯蟬文水丞，宋紫定窯百摺臥蠶洗。

第三輯，宋官窯高峰硯山，宋龍泉窯獸耳水丞，宋官窯獸耳方壺，宋紫定窯蟠虬壺，宋汝窯蕉葉雷文觚，宋鈞窯雙鳳小尊，元朝樞府窯暗花蒜蒲小瓶。

第四輯，宋汝窯小圓觚，宋龍泉窯蒜囊溫壺，宋紫定窯小菁草瓶，宋龍泉窯多觜花囊即花插，宋龍泉窯六角小瓶，宋龍泉窯一枝小瓶，宋定窯雙耳雷文小瓶，宋龍泉窯蕉葉瓶，宋鈞窯插花一枝小瓶，明宣窯青花竹節小瓶。

第五輯，宋龍泉窯犧尊，宋定窯象尊，宋汝窯梟尊，宋黑定窯梟尊，宋龍泉窯匏尊，明宣窯青花鵝壺。

第六輯，明宣窯青花象尊，明宣窯祭紅鳳首壺，宋鈞窯扁蒲壺，明弘治窯嬌黃葫蘆壺，明宣窯祭紅鹵壺，明宜興窯變褐色龔春茶壺，明宜興窯變朱紅龔春茶壺。

第七輯，明弘治窯嬌黃葵花茶掭 [2]，宋官窯佛指甲茶掭 [2]，明宣窯青花龍松茶掭 [2]，明成窯紫玉蘭酒掭 [2]，宋官窯螭首爵，宋紫定窯蟠蚪斝，明正德窯素爵，宋官窯雷文爵。

第八輯，明宣窯祭紅三魚把瘖 [2] 即高腳淨水杯，明成窯五彩蒲桃把杯，明宣窯祭紅雙桃把杯，宋定窯柳斗杯織柳文囊樣，明宣窯祭紅斗笠杯尖腳杯，明成窯五彩草蟲小杯，明宣窯祭紅三魚小盞，明永樂窯脫胎龍鳳暗花杯，明成窯五彩鵝缸杯，明成窯五彩雞缸杯，明成窯五彩菊花小杯，明成窯五彩樹根小杯各杯多者不過二事，不止雞缸，且有鵝缸，亦罕知者。

第九輯，明弘治窯蟠虺卣，宋龍泉窯四鹿提梁卣，明宣窯青花文姬卣，宋東青瓷菱花洗，明宣窯祭紅龍文宮盤，宋官窯雕文斝 [3] 托似今之茶船，而內承杯處甚高，與古銅器之舟相反，明宣窯祭紅雙魚洗。

第十輯，明宣窯祭紅穿心合錢樣，明成窯五彩燕脂合今稱脂盒，似小印泥合，明宣窯五彩舍利塔，宋鈞窯蛟燈，宋龍泉窯乙花雞足燈，明正德窯有柄鳳龜燈鳳立於龜背上，明成窯五彩蓮花燈，宋定窯鳳蓮燈，明宣窯青花四流燈四流即四觜，各圖皆賦色，及詳記尺寸，自藏或見於某家，間有記得來價值者。

《香港中興報》1934 年 5 月 19 日

【注釋】

　[1] 項元汴，詳見《附錄　蔡守與古人交流考》。

　[2] 瘖，即「杯」字。

　[3] 斝piě，宋周密《武林舊事·進茶》，「禁中大慶賀，則用大鍍金斝，以五色韻果簇釘龍鳳，謂之繡茶。」清翟灝《通俗編·器用》，「斝子，李如一《水南翰記》，『韻書無斝字，今人呼盛茶酒器。』邵康節詩，『大斝子中消白日，小車兒上看青天。』《演繁露》，『御前賜茶，不用建盞，用大湯斝。』」

《何氏老孺人遺句圖》冊

《何氏老孺人遺句圖》冊，紙本，高六寸，寬八寸，書畫都三十有二葉，為吾鄉文物，其中有先太史春驄公、紫山公詩畫，亟為錄之如左：

「老孺人墓誌銘　君諱馨華，字叔馨，其祖自順德之上直村徙羊額。羊額何氏，代有時俊，而君祖若父，雅喜讀書人。君又幼婉娩，於姊妹中最得祖母憐，故為君選婿，獲歸吾友孝廉何小範。予交孝廉，在君之既歿，然家相距不二里，從姊實為孝廉嫂，有姻誼。君在家事父母，既嫁事舅姑，相夫子，予耳時有所聞，而詳不可得悉。越九年，孝廉將葬君，使予為銘，徵君狀無有也，則還請於孝廉以口代，孝廉曰，『吾婦之得家嚴慈心也倍於吾，吾安知吾婦賢，顧吾長諸弟，婦先歸，助家慈理家政。厥後諸娣婦以次入門，而吾婦死，家慈

每歎今人眾，反不及人少時之猶可自暇逸也，輒舉以語人。婦在日，婢媼常竊竊私議，謂十數年來，從未見吾家慈纖毫慍色。及婦罹娩難且劇，吾方北上同試，艤舟佛山兼旬待慮，婦遂不起，輒遷延期日。婦援家嚴命屢促之，瀕行，婦方面壁臥，左臉腫作斗大，呼與語，計且永訣矣，而婦遽轉身笑相向，為言儂不死，郎但行，祝郎一路平安，不泣亦不怨。蓋是時家嚴慈並在座也，吾所知如此，然則吾安知吾婦賢。』予聞君歸甫三載，太孺人病幾不救，君密刲臂肉和藥進遂瘥，君孝遂哄聞於外。因舉質孝廉，孝廉曰，『不然，是嘗礪刃方禱神，事未行，適吾姑夜起取茶，聞哭聲跡之，亟奪刃棄焉，吾婦諄諄囑勿播也，世俗好奇，見家慈疾遽瘥，以為真有刲臂事。夫毀傷行孝，聖賢不道，子奚取焉。』然後知前之入予耳者，固有因也。君年三十，以孝廉行之三日卒，先數日戚屬至者，君必自閨預知之，卒之頃無一言。孝廉舟次，亦以是夜夢君盛妝倚楹笑立，凡三夕，亦終無一言，實道光五年十一月二十五日也。孝廉抵京試竣，同寓後至者以告隱，寄書還索聘君妹為繼室，僅而後諧。君不諳聲律，而語儁妙類詩，孝廉常稱其『細雨小窗知』句，每一誦及，恍惚東坡在汝陰州堂與王夫人對梅花賞春月時也。君生子二，長惠祁，君歿時才四歲，次惠程，即緣產病者。銘曰，嗚呼，君行孝而畏人知，當死離生別，一息萬里之際，猶不敢以觸吾親心之悲，是固彤史所有而不易有也。嗚呼，君實使我感愴悚肅，拜稽首而丹諸碑，梁廷枏 [1] 撰並書。」

老孺人遺句圖序，「蓋聞畫夢三詞，言與司合。公宮四教，德並容昭。是以畫裏圖形，賢稱金母。盤中留句，名重蘇媛。古之著譽於女宗，皆足相感於曠代。則有盧江才雋，容水師資。造槐市以親談，知皋橋有賢侶。披劉向列女之傳，早仰芳徽。讀潘岳悼亡之詩，彌悉坤範。當其萊衣毓秀，水部未歸。草是夫娘，得縈書帶。星名織女，近附文昌。助修博議之書，巧織迴文之錦。鍾禮郝法，嫻習素優。齊縷秦籌，摒擋盡善。相砧�而佐餕，率娣姒以調甘。姑嫜樂道其孝泉，侁甬悉沾其德水。況復宜家富壽，蕙蘭染秋桂之香。相室懷家，燕閣紀丹楓之夢。以視袁隗寵貴，馬倫顯名。殆其過之，無不及焉。猶憶三歲為婦，一襪同心。威姑遘厲於居肓，國工相視而束手。幾欲請以身代，更惜乎膚傷。不同孟任割盟，直如盧氏冒刃。遂令勿藥有喜，不俟翼日乃瘳。可謂積德耳鳴，至誠神感者矣。鄮人剔股以奉母，龐迪刲肉不療親。此皆出自鬚眉，難以望之巾幗。不謂纖柔之質，竟有英烈之風。雖其性生使然，抑亦刑於有化也。何圖疾風吹竃，素奈簪花。蚌為珠生，蠶驚絲盡。時則雁思北響，日欲西

傾。鸞鳳釵分，涕忽破而為笑；孝廉船去，魂入夢而無言。人以為優曇愛空，浮生早能悟徹。而不知尊章並在，瀕危猶欲承歡也。既而宮籍代司，還餘若憲。扢秃同治，不異摩敦。已足慰九京之心，護雙雛之翼矣。今則寶鏡沉光，錦囊留句。小窗細雨，五字成城。百花一樓，七寶修月。追蹤赴毆，如聞長笛之聲；嗣響浩然，似聽梧桐之滴。同安君非耽吟詠，語出成文；王摩詰雅善披皴，詩中有畫。籍顧神陸骨，摹樂旨潘詞。益彰德曜之徽音，留作高柔之愛玩。縱電幻未能駐景，而竹素足以揚芬。覽此遺芳，觸吾懿好。留傳奕禩，尚與士君子之歌吟；掇拾曼詞，欲表君夫人之碩德。口碑載道，耳既熟而能詳；佳句缺心，韻復拈而分賦。道光歲次丙申小春上浣，小範詞長先生大人屬題並正，愚教弟陳勤勝 [2] 拙圃父拜稿。」

「細雨小窗知圖，甲辰夏五為小範仁兄大人屬作，春帆弟蔡錦泉 [3]。」案春帆公是幀作淺絳，用筆極其鬆潤，不似平素仿謝里甫作奇峭景界者。

「細雨小窗知圖隸書，小範仁兄大人囑繪，年愚弟黃樂之 [4]。」案愛廬是幀水墨山水，仿米友仁。

「細雨小窗知，小范一兄大人正，陳桂籍」。案陳桂籍，字月樵，順德人，貢生，山水秀逸，學戴醇士，著有《近水樓詩文集》，《嶺南畫徵略》未載。

「細雨小窗知繆篆，右圖奉摹小範老師誨政，虞廷杜明良 [5]。」案虞廷是幀水墨仿九龍山人，《嶺南畫徵略》亦未載。

「細雨小窗知圖，為小範老先生雅屬，愚教弟李鱐。」案李鱐，字仲魚，是幀作白描界畫樓閣，人物樹石，皆精雅得古法，亦可補《嶺南畫徵略》。

「仿許道甯，寫細雨小窗知詩句畫意，以呈小範仁兄雅正，丙申十月，君山易景陶 [6]」。案君山是幀蒼茫有元人意筆。

「敬應小範老師囑繪，細雨小窗知佳句，李珍。」案李珍，字席儒，順德諸生，工山水，畫筆蒼老遒勁，著有《紺珠集》，可補《嶺南畫徵略》。

「細雨小窗知圖，小範大弟屬筆，江一波。」下有「士端之印」白文、「正符」朱文二小印，山水空靈，得宋元人筆法，姓氏爵里待考。

「小範仁兄大人以其夫人『細雨小窗知』及『百花扶出一樓高』句，囑作此二圖，丙申花朝，登洲弟士瀛並志。」案此兩幀作青綠山水極工，姓氏待考。

「百花扶出一樓高圖，畫為小範一兄大人笑正，陳桂籍。」案月樵是幀作淺絳山水，亦秀逸。

　　「小範先生以『百花扶出一樓高』之句屬畫，丙申小春，君山居士並記於古含涯衕齋淺絳山水」，「百花扶出一樓高圖隸書。」下鈐「虞廷」朱文小印，知亦杜明良畫青綠山水，極工。

　　「百花扶出一樓高圖，道光十六年正月廿四日，作於晚讀齋，應小範仁弟雅屬筆，江一波。」

　　「悔留佳句助相思，嬝嬝春蠶不斷絲。二十年來風雨夜，此中情味更誰知。本來五字劇淒涼，不為懷人也斷腸。更譜離鸞歌一曲，曲終人似隔三湘。小窗易寫恨難描，鏡匣封塵伴寂寥。想得愁城終日坐，縱無細雨亦瀟瀟。小範仁兄大人屬作《細雨小窗知圖》，並索題句，口占三絕，即請雅教。甲辰夏五，書於宣南邸舍，春帆弟蔡錦泉初稿。」

　　「寒釭嬾剔坐如癡，誦句猶憐得句時。對景不堪今雨觸，關心無限舊人思。廿年歡好秦樓夢，五字淒涼楚些詞。空想嬌吟成畫餅，白頭聯詠再生期。奉題《細雨小窗知圖》，小範仁兄大人訂正，紫山弟蔡詔未是稿。」

　　「似有廉纖細雨霏，遙從窗裏想依稀。寒生羅袂芳心警，香嬝簾櫳寶篆微。消息靜參人默坐，嫩涼初透屬停揮。慧根暗向巴山結，一點靈犀屬翠幃。小範詞長先生囑題《細雨小窗知圖》，愚教弟陳勤勝。」

　　「林下風猶在，零香臘粉中。畫圖餘澹墨，詩句弔殘紅。絮果三生夢，曇花一現空。可憐青玉案，淒絕是梁鴻。簾幕清如水，涼宵細雨時。空聞吟五字，不見畫雙眉。機有迴文錦，床無續命絲。秋墳埋玉骨，應唱小窗詩。夜雨小窗知，何小範孝廉賢配叔馨孺人遺句也，甲辰同遊都門小範出圖索題，即請訂正，夏蔗生 [7] 拜稿。」

　　「白礁江畔柚花村，掩映竹籬隔茅舍。遙想青燈伴讀時，一聲吟破空階夜。夜寂書籤冷舊芸，春歸鏡匳埋新土。依稀人坐綠窗孤，滿院苔槍臥秋雨。雨消雲散幾經秋，頭白荀郎愁未了。每誦當年幼婦詞，鶺鴒聲裏乾坤小。小舟曾記泊汾江，病骨彌留對短釭。腸斷北征人正遠，暗風吹雨入篷窗。窗竹籬花似舊時，吟聲何處見蛾眉。傷心不獨黃門賦，只恐泉臺人未知。夜雨小窗知乃何小範孝廉賢配叔馨孺人遺句，孝廉於其既歿，既以事銘諸墓，後以意繪為圖，令人增伉儷之重焉。余亦嘗瘞琴者，根觸之餘不知所云，甲辰五月，小裴潘楷 [8] 並識。」

　　「哲人之子，德門作婦。曰孝曰慈，芳規獨守。歸甫三載，姑疾纏綿。精誠範默禱。霍然病瘥，侍奉舅姑，常兼子職，夫已成名，觀光上國，勉身得雄；

天降之祥，何遽罹難，俾爾憂傷。郎且瀕行，儂心自寬。相顧言笑，惟祝平安。錦囊遺句，細雨小窗。誰為寫生，清絕無雙，老鳳高舉，雛鳳成行。它年史乘，彤管流香。丙申夏五小範仁兄大人屬題並正，和軒弟胡斯錞稿。」案和軒，順德人，有《眠安館集》。

「翠衾凝水簟凝塵，玉樹千年豈復春。營奠營齋身後事，疑非疑是帳中人。題來黃絹真無忝，續得鸞膠幸有因。惆悵雨花遺句在，那教奉倩不傷神。小範叔祖大人命題並正，介峰惠群稿。」案何介峰，有《飲虹閣集》。

「百花扶出一樓高，謝韻於今變楚騷。怪底人如梅影瘦，生來識字已愁牢。酸吟夜雨小窗知，紅粉才多勝白眉。畫裏玉樓春夢了，空教想像唾絨□ [9]。小範夫子吟正，馮志昕 [10] 朗厓稿。」

「雪鬢潘安苦悼亡，小紅樓影認蒼茫。笑儂底事不歸去，孤負山中老孟光。甲辰夏過馮朗厓君吟藤館，得觀是圖奉題，小範學博大雅粲政，巢湖漁人子陵書並志。」下鈐「蝶莊」朱文小印。

「萬疊花盤曲徑通，危樓一角認微濛。綠陰遙露窗櫺碧，絳雨如沾腕血紅。恍有人蹤斜憑檻，似看蜃氣幻浮空。姮娥自託清虛府，玉宇高寒倚桂叢。小範詞長先生大人屬題《百花扶出一樓高圖》，即希吟定，愚教弟陳勤勝拙圃氏未定稿。」

「一天紅雨瘦仙桃，斜倚雲鬟拂採豪。省識春風圖畫裏，百花扶出一樓高。想見垂簾並坐時，酸吟細雨小窗知。翠眉顰罷微含笑，笑向檀郎索和詩。子規聲裏送春歸，芳樹無情悵夕暉。何事風姨偏作妒，落花帶子一齊飛。曇花一現委輕塵，好夢依稀記不真。費煞阿郎多少淚，又分惆悵與詩人。甲辰夏五奉題兩圖，並請小範先生雅正，王鳳翔 [11] 拜稿。」

「婦幻知女少，黃娟乃色絲。窈窕流淑音，絕妙成好詞。好詞絕妙開畫圖，雲林松雪海岳徒。經營意匠為構摹，圖成滿幅春陶陶。百花扶出一樓高，妙有一圖卻寫意。覺得清詩更漱玉，碧桐連雲含雨氣。煙莎迷蒙池鴨戲，窗中人疑瑤閬仙。眉宇依稀動吟思，細雨小窗知，領取味外味。小窗雨，小樓花，語出詩家入畫家。年年花雨樓窗景，曾否非耶還是耶，非耶疑假是疑真。三十年來泡影身，卻現曇花向圖裏。聽雨詠花如有神，神傳阿堵人何處。杳矣芙蓉城裏去，只今省識畫圖中。猶存十八年前句，我從讀畫得讀詩。詩中有畫今見之，畫中有詩畫復妙。兩妙並欲追王維，名流妙墨在後題。更聞絕德鍾郝齊，內有長篇志始卒。一一事可光史筆，慨然使我增歎息。乃知詩妙畫妙妙，不在畫，

原在詩。妙即在詩還在德。壬寅九月二日小範先生以其賢配『百花扶出一樓高』,『細雨小窗知』遺句圖出示,圖之妙如其詩,續讀諸名流題詠,及誌銘,更得悉孺人閫德,早播徽音,實有可詒當世嬪則者,宜先生之不能忘情也。因為賦長句一章,寓嘉歎焉,小範一兄大人屬題並正,朝暾弟唐廷旦 [12] 未定稿。」

「君不須載酒西子湖,小窗細雨聽有無。亦不須隱居長房壺,高樓百花看擁扶。畫中詩意詩中畫,美人宛在詩畫圖。美人西歸不可作,好意遺句珍明珠。我聞吾宗有賢婦,閫範未數秦羅敷。自從嫁梅伴東閣,洗手三日入邰廚。始學調羹作湯味,食性妙諳翁與姑。外而伯叔內妯娌,咸誇此婦賢莫逾。況復吟梅多競爽,婦如道韞且知書。撒鹽起絮擬文字,供茗潔饌通苞苴。又聞賢婦有隱德,異事傳述驚庸愚。即今相夫登桂籍,天遣毓秀遺鳳雛。不獨賢哉亦孝順,他年信史傳非誣。拜貺二圖燦花雨,妙諦領略寧區區。吁嗟乎!高樓小窗易摹檜,詩之人兮真難摹。丙申八月奉小範伯父大人屬題並正,侄春培拜稿。」

《香港中興報》1934 年 5 月 20 至 23 日

【注釋】

[1] 梁廷枏,詳見《附錄　蔡守與古人交流考》。

[2] 陳勤勝,詳見《附錄　蔡守與古人交流考》。

[3] 蔡錦泉,詳見《附錄　蔡守與古人交流考》。

[4] 黃樂之,詳見《附錄　蔡守與古人交流考》。

[5] 杜明良,無考。

[6] 易景陶,無考。

[7] 夏蘗生,無考。

[8] 潘楷,無考。

[9] □,原文模糊莫辨。

[10] 馮志昕,無考。

[11] 王鳳翔,無考。

[12] 唐廷旦,無考。

漢元延四年王政銅器

曩歲與摯友金山程雲岑文龍 [1] 於北京海王村琉璃廠式古齋得一古銅器,四

方，長寸許，一面刻「元延四年王政」隸書六字精嚴，其為漢物無疑。案《古泉匯》[2]「藕心錢，而文『元延四年王政』，背文『都昌侯』」，正與相同，此獨背無文耳。洪氏《泉志》[3] 及各家譜錄，均列入錢類，皆誤也。又有面鑄「千金氏」三隸書，較此稍長且廣，或是鎖鑰之屬歟。

《香港中興報》1934 年 5 月 24 日

【注釋】

[1] 程雲岑，即程文龍，詳見《附錄　蔡守與時人交遊考》。

[2]《古泉匯》64 卷，清佐賢編。

[3]《泉志》15 卷，宋洪遵撰。

玉質「東阿四朱」

程子雲岑 [1] 辛酉仲秋詣曲阜謁孔陵，渡洙泗，途次少憩，見農人襟袵間懸一小古玉，方三分弱，厚一分強。文曰「東阿四朱」，中有孔，滿身黃暈，間有玵璘斑，篆法雄湛，審是兩京遺制，非近今嚮壁虛造，並鎪畫數字，以惑盲瞽者比，欣賞無已，遂以重值得之。古緣會合，信有數存焉。案東阿古地名，春秋柯邑，戰國曰阿，秦曰東阿，今山東陽穀縣東北之阿城鎮，魯莊公會齊桓公，曹沬劫盟即其地，後項梁大破秦軍於此，漢亦置東阿。此玉「四朱」，即今之法馬，天平衡物所用。衡物時以一盤置物，一盤置法馬，以準之，使天平之橫桿平而不側，則可由法馬之重量，而知所權物之重量。漢時常以銅製成小塊，如「臨甾四朱」，「驪四朱」等，曾見著錄。近亦每多出土，玉質者從未之見。「四朱」當是「平四朱」，半兩所用也。

《香港中興報》1934 年 5 月 24 日

【注釋】

[1] 程雲岑，即程文龍，詳見《附錄　蔡守與時人交遊考》。

東周空首幣

空首幣，近代中州發見，摯友程吳泉 [1] 獲東周一枚，尤為罕得。嘗為歌曰：「太昊鑄金禹鑄幣，甲子不知今復幾。流傳何處求其真，大半鑿，託上世。虞化梁率差可辨，形如泉文存古制。太公九府范作刀，其利澤民□ [2] 可條。中間□字釋□省，法不從□較□□。降至戰國邑名著，郭露涅涿鑒別勞。方尖

－382－

圓□羅舊志，自昔未遘價愈高。更有一類質小厚，形如田器空厥首。大者長可半尺餘，小者度之寸八九。近代中州墾土出，康雍以前尚蔑有。布文往往見周器，知在唐虞夏商後。東周二篆尤罕見，形制較小土蝕久。諸家譜錄遺未收，予獨得之汴梁叟。其文纖勁如稻芒，足雖已坼質不朽。持歸恍若獲至寶，摩挲不忍遽釋手。昔賢論古貴論世，惟恨鑄不識誰某。衰周遺策猶二三，惠實藩子河之南《史記‧周本紀》云，「考王封其弟於河南，是為桓公，以續周公之官職。桓公卒，子威公代立。威公卒，子惠公代立。乃封其少子於鞏以奉王，號東周惠公。」《漢書‧地理志》「河南郡，鞏，東周所居」。赧臺既滅更七載，或者行此其澤覃。上有一孔形觚角，審見范中丁犖碻。首有泥沙雜赤黃，鎔時先置安納木《觀古閣泉說》「中空可以納柄」，疑為偶進者，非是。不者此首何為空，范金自首以足渥。想見抱布索以縷，出土縷痕猶可睹。宜泉已逝石查亡，嗚呼賞音不遇古。青園太守□圜制近得東周圜泉，以此相衡敵堪樹。冶銅是否出同時，歷二千祀渺難知。摹諸泉錄足傳後，古物亦歡逢鍾期。」

《香港中興報》1934 年 5 月 24 日

【注釋】

[1] 程吳泉，即程文龍，詳見《附錄　蔡守與時人交遊考》。

[2] □，原文模糊莫辨，下同。

紹興元寶

　　南宋高宗紹興元年辛亥八月鑄「紹興元寶」小平錢，真篆相對，承舊制，烏背精工，銅質純良，不失徽廟遺風，「紹」字之第三筆，點向左曳，小平特徵。惟此種紹興小平，傳世甚希，舊譜苦其難得，每以嵒薄不精，民鑄小樣折二錢充之，故二十年前吾國之治古泉者，未以為□ [1]，予所目睹，尚有楷書闊緣，及篆書狹穿者，小樣者皆不成對，此則《古泉大全》[2] 所載一等之正樣對錢是也。

《香港中興報》1934 年 5 月 24 日

【注釋】

[1] □，原文模糊莫辨。

[2]《古泉大全》，日本今井貞吉編，明治十八年（1885）出版，共 38 冊，全書共收圖版 18854 個，網羅中國、日本、朝鮮、安南、琉球等國錢幣正用品與壓勝、

吉語、生肖、神怪、馬錢等，蔚為大觀。

吳大泉二千泉

吳大泉二千一品，各譜均不載，僅見《說郛》[1]，宋董逌《錢譜》[2]云「大泉二千，未詳所鑄年代，一當二千」。程雲岑藏有「大泉五千」一品，既考定為吳泉，此大泉二千，形制文字，均與當千泉相同，是以當千範改鑄二千者，其為吳泉可無疑。此泉大僅及當千，而倍其值，想非初鑄，蓋當千泉，亦有小如五銖者，皆稍後所鑄。大泉之行，利之所在，久則紊亂，歷代皆然，不獨吳也。

《香港中興報》1934 年 5 月 26 日

【注釋】

[1]《說郛》100 卷，明陶宗儀纂，多選錄漢魏至宋元的各種筆記彙集而成，條目數萬，包羅萬象，有經史傳記、百氏雜書、考古博物、山川風土、蟲魚草木、詩詞評論、古文奇字、奇聞怪事、問卜星象等。

[2]《錢譜》，宋董逌撰。原書今已無存，明陶宗儀編入《說郛》，得以幸存，又明人董遹亦撰《錢譜》一卷。

吳之泉五百泉

吳大泉五百一品特大，幾與當千泉常品相同，持與各藏家所有互較，皆遜一輪。秋枚 [1] 既得特大之當千泉，今復獲此，可謂無獨有偶也。

《香港中興報》1934 年 5 月 26 日

【注釋】

[1] 秋枚，即鄧實，詳見《附錄　蔡守與時人交遊考》。

七字方足幣

吳大澂 [1] 清卿藏七字方足幣，自跋云，「高句麗在秦以前不可考矣，四周圍皆有細邊，缺一角者，似係偏安之國，不敢與中原貨幣相等耳。」又云，「此幣總在秦以前，中國當戰國之時，只得此一枚，從前泉譜所未有，小幣出土者甚多，如安陽、平陽、襄邑、郎 [2] 縣、屯留等類皆二字。有『盧氏涅金』四字者，世所罕觀矣，此幣獨七字之多，可謂奇品，地名大約多在山西、河南

一帶。」此跋乃清卿手寫，其拓本見《愙齋藏泉》[2]，是泉今仍為其孫湖帆世守。

《香港中興報》1934 年 5 月 26 日

【注釋】

　[1] 吳大澂，詳見《附錄　蔡守與古人交流考》。

　[2]《愙齋藏泉》，拓本及吳大澂手跋，刊《古泉雜誌》第一期，本篇文字據雜誌刊
　　　文校對。

劉宋永光錢

　　吳興張轂叔馴《齊齋泉乘》[1] 載，「永光錢，宋廢帝鑄，案《宋書・廢帝本紀》『永光元年二月庚寅鑄二銖錢』，今只存永光，而未見二銖，是錢輕重適得四銖之半，即史所云『二銖』矣。『永光』二篆，與「孝建」體格相同，輪郭微圓，銅褐色，肉厚，製造甚精。大樣『四銖』有此製作，審是官鑄無疑，錢舊藏鄞希亮松館 [2] 處，以文字不類舊譜所載，有疑為偽造者，獨張綱伯 [3] 斷為真品，為叔馴作緣。比見錢，果真確如張綱伯言，遍體斑綠被滿，文字雖摹拓難工，而筆劃仍清朗可辨，精神煥然，又獲大字大樣者，較此尤勝。」案《古泉匯》[4] 載大樣「永光」，其文字實遜此，錢面有輪郭，無好郭，背內外俱有郭，考大明八年，廢帝子業即位，其次年春正月改元「永光」，秋八月改元「景和」，改「永光」僅七閏月，此錢極少，毋怪今日一泉千金也。

《香港中興報》1934 年 5 月 26 日

【注釋】

　[1]《齊齋泉乘》，張乃驥著。張乃驥，詳見《附錄　蔡守與時人交遊考》。

　[2] 鄭希亮，無考。

　[3] 張晉，詳見《附錄　蔡守與時人交遊考》。

　[4]《古泉匯》，見前。

劉宋景和錢

　　《齊齋泉乘》[1] 又載，「『景和』一錢，亦宋廢帝鑄。顧烜 [2] 曰，宋中廢帝『景和』元年鑄，重二銖，文曰『景和』，案『景和』年號為時甚暫，故錢絕少。《古泉匯》[3] 原品與『永光』錢並偽作，嘉興高蔚如煥文《泉壽山房泉

拓》[4] 中有此錢，已流入異域，真贋未可知。此錢雖殘，幸未損及文字，無片點斑鏽，古趣自存，背有流銅，尤肖『孝建』，大小厚薄，輪郭銅質，一如『永光』，即文字位置，亦復符配。錢出揚州，雜五銖錢中，為董昱 [5] 所得，後歸齊齋，與『永光』並藏，真奇緣也。」案永光元年八月改景和，十一月廢帝被害，景和年號，僅用三月，總計廢帝在位僅年餘，而鑄錢三種，皆為日無幾，故傳世者俱少。

《香港中興報》1934 年 5 月 27 日

【注釋】

[1]《齊齋泉乘》，張乃驥著。

[2] 顧烜，詳見《附錄　蔡守與古人交流考》。

[3]《古泉匯》，李佐賢著。李佐賢，詳見《附錄　蔡守與古人交流考》。

[4]《泉壽山房泉拓》，高蔚如撰。高蔚如，詳見《附錄　蔡守與時人交遊考》。

[5] 董昱，無考。

古泉價值略

甲寅六月從北京南斿，過上海小住，曾見程文龍雲岑 [1]、方爾謙地山 [2]、宣哲古愚 [3] 三人同定古泉價單，其略如左：西周千元，東周六百元，長垣一金化三百元，共屯赤金二百元，濟陰一百元，兩甾二百元，重一兩十二珠二百元，重□ [4] 兩十三珠二百元，重一兩十四珠二百元。秦權泉第一五百元，第四八百元，第十五百元，第十一、第十六、第十七前誤作第十十、第十八、第十九各四百元，第廿三、廿八各七百元，半員五百元，半半五百元，兩兩五百元，三銖一百元，公泉、幼泉、中泉各一百元，壯泉五百元，小布、么布、幼布、序布、差布各壹百元，中布、壯布、弟布、次布各八十元，貨貨、泉泉各五百元，豐貨三十元案此泉近多出土，僅價數元耳，漢興四百元，涼造新泉五百元，永安一千三百元，永安一千二百元，永光、景和各千元，五五、銖銖各五百元，乾封泉寶二百元，大曆元寶一百元，建中元寶二百元，大開元一百元，大齊通寶二千元，天成元寶三百元，永平元寶二百元，廣政通寶二百元，乾亨通寶二百元此泉銅而通寶者，乃值此價，如乾亨重寶鉛錢，每枚不過一毫，永通泉貨五百元，天策府寶三百元，乾封泉寶二百元，永隆通寶五百元，天德通寶五百元，康定元寶二百元，皇祐元寶六百元，至和重寶一百元，重和通寶八十元，靖康通寶二百元，建炎重寶一百元，小乾道一百元，寶慶元寶二百元，德祐元寶二百元，

景炎通寶二百元，臨安府行用各品每一百元，天贊通寶二百元，統和元寶二百元，開泰元寶三百元，太平元寶四百元，重熙通寶二百元，阜昌元寶三百元，元德通寶四百元，小泰和三百元，貞祐通寶四百元，元貞通寶一百元，延祐元寶一百元，泰定通寶三百元，致和通寶三百元，元統元寶一百元，龍鳳通寶二百元，天啟通寶五十元『啟』作『啓』乃值，天佑通寶一百元，建文通寶一千元，洪熙通寶三百元，正統通寶二百元，天順通寶二百元，成化通寶一百元，正德通寶背無花文二百元，紹武通寶二百元。距今又二十年，其值或有加倍者，或有近來出土日多而減者，聞去年蔣壽珪以六百元得天德重寶一枚，張叔馴請以一千二百元易之而未允也。

《香港中興報》1934 年 5 月 27 日

【注釋】

　[1] 程文龍，詳見《附錄　蔡守與時人交遊考》。

　[2] 方爾謙，詳見《附錄　蔡守與時人交遊考》。

　[3] 宣哲，詳見《附錄　蔡守與時人交遊考》。

　[4] □，原文缺字。

古今治古泉學者

　　古今治古泉學者，略舉如左：隋顧烜 [1] 著《顧氏錢譜》，唐封□ [2] 著《封氏續錢譜》，宋張台 [3] 著《張氏錢錄》，姚元澤 [4] 著《姚氏錢譜》，陶岳 [5] 著《陶氏貨泉錄》，金光襲 [6] 著《金氏錢寶錄》，李孝美 [7] 著《李氏歷代泉譜》，杜鎬 [8] 著《鑄錢故事》，羅泌 [9] 著《錢幣考》，董逌 [10] 著《董氏錢譜》，洪遵 [11] 著《洪氏泉志》，于公甫 [12] 著《于氏錢譜》，明邱濬 [13] 著《錢法纂要》，胡我琨 [14] 著《錢通》，徐象梅 [15] 著《徐氏泉譜》，清邱峻 [16] 著《泉刀匯纂》，盛志達 [17] 著《歷代錢法年號通考》，張端木 [18] 著《錢錄》，趙彪詔 [19] 著《歷代錢圖》，方嵩年 [20] 著《方氏錢譜》，華師道 [21] 著《歷代錢譜》，萬光煒 [22] 著《古金錄》，陳萊孝 [23] 著《歷代鍾官圖經》，宋振譽 [24]《續泉志》，宋慶凝 [25] 著《續泉志續補》，朱楓 [26] 著《吉金待問錄》，金忠淳 [27] 著《古錢考》，江德量 [28] 著《江氏錢譜》，翁樹培 [29] 著《古泉彙考》，劉師陸 [30] 著《虞夏贖金釋文》，蔡雲 [31] 著《癖談》，盛大士 [32] 著《泉史》，張崇懿 [33] 著《錢志新編》，馬昂伯 [34] 著《貨布文字考》，初尚齡 [35] 著《吉金所見錄》，瞿木夫 [36] 著《泉志辨誤》，戴熙 [37] 著《古泉叢話》，

金錫鬯 [38] 著《名泉述記》，劉喜海 [39] 著《論泉絕句》，李佐賢 [40] 著《古泉匯》，鮑康 [41]、胡義贊 [42]、諸可寶 [43]、潘祖蔭 [44]、王懿榮 [45]、金邠 [46]、張麗瀛 [47]、陳介祺 [48]、葉德輝 [49]、王引貫 [50]、高煥文 [51]，亦皆治古泉學。當世治古泉學者，首稱南程北方，程即程文龍 [52]，方乃方若藥雨 [53] 也。又如董康綬金 [54]、鄧實秋枚 [55]、王蒼虯蔭嘉 [56]、張宗儒翼成 [57]、龔心釗懷希 [58]、張乃驥叔馴 [59]、張晉絅伯 [60]，鄭家相葭湘 [61]、周德馨仲芬 [62]、寶熙瑞宸 [63]、陶洙心如 [64]、羅振玉叔言 [65]、陳敬第叔通 [66]、朱崧生峻夫 [67]、宣哲古愚 [68]、李國松木公 [69]，方爾謙地山 [70]、余筠艇生 [71]、鄭希亮松館 [72]，劉體智晦之 [73]、顧震福竹溪 [74]、袁克文寒雲 [75]、王琛樸全 [76]、蔣中覺堅志 [77]，范兆經緯君 [78]、翁思益友三 [79]、周書篤孚 [80]、蔣壽珪伯壎 [81]、范兆昌志恒 [82]、朗悟癡泉 [83]、楊歡谷 [84]、張丹斧 [85]，亦聲於時。粵人治古泉學者，今亦有李漢楨 [86]、陳仲璧 [87]、江霞公 [88]、李伯賢 [89] 等。

《香港中興報》1934 年 5 月 28 日

【注釋】

[1] 顧烜，詳見《附錄　蔡守與古人交流考》。

[2] 封□，□，原文模糊莫辨，查當為「演」字。封演，詳見《附錄　蔡守與古人交流考》。

[3] 張臺，詳見《附錄　蔡守與古人交流考》。

[4] 姚元澤，詳見《附錄　蔡守與古人交流考》。

[5] 陶岳，詳見《附錄　蔡守與古人交流考》。

[6] 金光襲，詳見《附錄　蔡守與古人交流考》。

[7] 李孝美，詳見《附錄　蔡守與古人交流考》。

[8] 杜鎬，詳見《附錄　蔡守與古人交流考》。

[9] 羅泌，詳見《附錄　蔡守與古人交流考》。

[10] 董逌，詳見《附錄　蔡守與古人交流考》。

[11] 洪遵，詳見《附錄　蔡守與古人交流考》。

[12] 于公甫，詳見《附錄　蔡守與古人交流考》。

[13] 邱濬，詳見《附錄　蔡守與古人交流考》。

[14] 胡我琨，詳見《附錄　蔡守與古人交流考》。

[15] 徐象梅，詳見《附錄　蔡守與古人交流考》。

[16] 邱峻，詳見《附錄　蔡守與古人交流考》。

[17] 盛志達，詳見《附錄　蔡守與古人交流考》。

[18] 張端木，詳見《附錄　蔡守與古人交流考》。

[19] 趙彪詔，詳見《附錄　蔡守與古人交流考》。

[20] 方嵩年，詳見《附錄　蔡守與古人交流考》。

[21] 華師道，詳見《附錄　蔡守與古人交流考》。

[22] 萬光煒，詳見《附錄　蔡守與古人交流考》。

[23] 陳萊孝，詳見《附錄　蔡守與古人交流考》。

[24] 宋振譽，詳見《附錄　蔡守與古人交流考》。

[25] 宋慶凝，詳見《附錄　蔡守與古人交流考》。

[26] 朱楓，詳見《附錄　蔡守與古人交流考》。

[27] 金忠淳，詳見《附錄　蔡守與古人交流考》。

[28] 江德量，詳見《附錄　蔡守與古人交流考》。

[29] 翁樹培，詳見《附錄　蔡守與古人交流考》。

[30] 劉師陸，詳見《附錄　蔡守與古人交流考》。

[31] 蔡雲，詳見《附錄　蔡守與古人交流考》。

[32] 盛大士，詳見《附錄　蔡守與古人交流考》。

[33] 張崇懿，詳見《附錄　蔡守與古人交流考》。

[34] 馬昂伯，詳見《附錄　蔡守與古人交流考》。

[35] 初尚齡，詳見《附錄　蔡守與古人交流考》。

[36] 瞿木夫，即瞿中溶，詳見《附錄　蔡守與古人交流考》。

[37] 戴熙，詳見《附錄　蔡守與古人交流考》。

[38] 金錫鬯，詳見《附錄　蔡守與古人交流考》。

[39] 劉喜海，詳見《附錄　蔡守與古人交流考》。

[40] 李佐賢，詳見《附錄　蔡守與古人交流考》。

[41] 鮑康，詳見《附錄　蔡守與古人交流考》。

[42] 胡義贊，無考。

[43] 諸可寶，無考。

[44] 潘祖蔭，詳見《附錄　蔡守與古人交流考》。

[45] 王懿榮，詳見《附錄　蔡守與時人交遊考》。

[46] 金邠，無考。

[47] 張麗瀛，無考。

[48] 陳介祺，詳見《附錄　蔡守與古人交流考》。

[49] 葉德輝，詳見《附錄　蔡守與時人交遊考》。

[50] 王引貫，無考。

[51] 高煥文，詳見《附錄　蔡守與古人交流考》。

[52] 程文龍，詳見《附錄　蔡守與時人交遊考》。

[53] 方若，詳見《附錄　蔡守與時人交遊考》。

[54] 董康，詳見《附錄　蔡守與時人交遊考》。

[55] 鄧實，詳見《附錄　蔡守與時人交遊考》。

[56] 王蒼虬，無考。

[57] 張宗儒，無考。

[58] 龔心釗，詳見《附錄　蔡守與時人交遊考》。

[59] 張乃驥，詳見《附錄　蔡守與時人交遊考》。

[60] 張晉，詳見《附錄　蔡守與時人交遊考》。

[61] 鄭家相，詳見《附錄　蔡守與時人交遊考》。

[62] 周德馨，詳見《附錄　蔡守與時人交遊考》。

[63] 寶熙，詳見《附錄　蔡守與時人交遊考》。

[64] 陶洙，詳見《附錄　蔡守與時人交遊考》。

[65] 羅振玉，詳見《附錄　蔡守與時人交遊考》。

[66] 陳叔通，詳見《附錄　蔡守與時人交遊考》。

[67] 朱崧生，詳見《附錄　蔡守與時人交遊考》。

[68] 宣哲，詳見《附錄　蔡守與時人交遊考》。

[69] 李國松，詳見《附錄　蔡守與時人交遊考》。

[70] 方爾謙，詳見《附錄　蔡守與時人交遊考》。

[71] 余筠，無考。

[72] 鄭希亮，無考。

[73] 劉體智，詳見《附錄　蔡守與時人交遊考》。

[74] 顧震福，詳見《附錄　蔡守與時人交遊考》。

[75] 袁克文，詳見《附錄　蔡守與時人交遊考》。

[76] 王琛，無考。

[77] 蔣中覺，詳見《附錄　蔡守與時人交遊考》。

[78] 范兆經，詳見《附錄　蔡守與時人交遊考》。

[79] 思益，詳見《附錄　蔡守與時人交遊考》。

[80] 周孚，無考。

[81] 蔣壽珏：即蔣伯塤，詳見《附錄　蔡守與時人交遊考》。

[82] 范兆昌，無考。

[83] 朗悟癡泉，無考。

[84] 楊歗谷，詳見《附錄　蔡守與時人交遊考》。

[85] 張丹斧，詳見《附錄　蔡守與時人交遊考》。

[86] 李漢楨，詳見《附錄　蔡守與時人交遊考》。

[87] 陳仲璧，詳見《附錄　蔡守與時人交遊考》。

[88] 江霞公，詳見《附錄　蔡守與時人交遊考》。

[89] 李伯賢，詳見《附錄　蔡守與時人交遊考》。

方氏古泉異品

　　定海方若藥雨 [1] 以所藏古泉異品拓本寄贈，因與程雲岑 [2] 貽我泉脫，同裝一冊，騰沖李印泉 [3] 閣揆根源為題冊首。

　　秦權泉七品，「第四」小篆二字，陽文分左右，面有輪郭，好錢眼也亦有郭，幕錢背也，平，未見著錄。「第十」小篆二字，陽文分左右，甚秀勁，面好輪郭亦極細，幕平，有「達賢」陰文二字，繆篆，反文左讀，亦未見譜錄。《古泉匯》所載一品，「第十」無輪郭者，「十」字直畫甚短，實古之「七」字，誤釋為十耳，如所載「第十十」一品，實「第十七」，而誤釋為二十也，幕陰文「達賢」二字疑漢人後鑿，義未可解。「第十一」小篆三字，陽文，右「第」，左「十一」，有輪郭，幕亦平，與《古泉匯》所載同。「第十六」小篆三字，陽文，右「第」，左「十六」，無輪郭，幕平，亦與《古泉匯》載同。「第十九」小篆三字，陽文，右「第」，左「十九」，與《古泉匯》第二品同，無輪郭，幕平。「第廿三」小篆三字，陰文，上「第」下「廿三」，無輪郭，幕平，字方整，未見譜錄。「第廿八」小篆三字，陰文，右「第」，左「廿八」，字甚細，無輪郭，幕平，未見譜錄。案秦權泉，亦法馬也，《古泉匯》載九品，引《叢語》[4] 云，有「第八」「十八」者，謂當有二十品，今方氏藏有「第廿八」者，知不止二十品也。

「天興七年」金錢，隸書陽文，上「天」下「興」，右「七」左「年」，有輪郭，幕亦有輪郭。案北魏道武帝鑄，從未見譜錄，洵希世之寶也。「天興」年號者，尚有隋劉武周，宋蒙古熬羅勃極烈，遼蕭幹，金哀宗，明交趾黎琮，「天與」一作「天興」，但皆無七年，且文字亦不類，然北魏「大興」六年癸卯，明年甲辰，又改號天賜，何以仍書七年，則待考。

開平二品，大者「開平元寶」，面幕皆有輪郭。小者「開平通寶」，面有輪郭，幕好無郭，皆楷書，殊淵懿，上「開」，右「平」下「元」，左「寶」，通寶亦如是，未見譜錄，罕得絕品，為後梁太祖錢也。

大「開元通寶」闊緣一品，大如銀餅，面幕之緣皆闊，占錢面三分之二，為南后李暻錢，從來所未見有如此之闊緣者，誠難得之品也。

「永通泉貨」二品，一篆書，面幕皆有輪郭，一隸書「胸」，面有輪郭，幕平，「泉」字水反鈎。案《五代史·南唐世家》，李暻困於用兵，鍾謨請鑄大錢，以一當十，文曰「永通泉貨」，及謨得罪而錢廢，此其是也，顧世罕得。

「大唐鎮庫」一品，「大唐」楷書，古懋可愛，而幕皆有輪郭，亦南唐李暻鑄，曰「鎮庫」，即壓庫錢，猶之看囊「國匱金寶」也，未見譜錄，洵希世之珍。

閩王「開元通寶」，鐵二品，鉛二品，鐵大「開元」二品，文字古拙近隸書，皆有輪郭，一品幕好之上有「閩」字，好之下有月形，一幕好之上有一星。鉛大「開元」一品，字亦相似，幕好之上「閩」字，好下月形亦同。一品甚小，幕好之上亦有「閩」字。案《十國春秋》龍德二年，閩王延羲鑄大鐵錢，以「開元通寶」為文，《古泉匯》只載幕好上一星者，鉛大小二品皆未載，均罕覯之品，蘇潤寬碩人 [5]，欣賞不已。

閩王「永隆通寶」銅一品，鐵二品，銅者幕好上「閩」字，下「月」右「星」，其文字淵懿，邑子陳仲璧 [6] 最為酷愛，把玩墨脫，不忍釋手。鐵二品，文字亦古拙可喜，一幕好上有「閩」字，下「月」右「星」，與銅者相似，一僅幕好之上一星。案《五代史·閩世家》，王延羲改元永隆，鑄大鐵錢，以一當十，《十國紀年》「永隆四年，鑄『永隆通寶』大鐵錢，一當鉛錢百」，今皆罕見也。

《香港中興報》1934 年 6 月 1 日

【注釋】

　[1] 方若，詳見《附錄　蔡守與時人交遊考》。

[2] 程雲岑，詳見《附錄　蔡守與時人交遊考》。

[3] 李印泉，即李根源，詳見《附錄　蔡守與時人交遊考》。

[4]《叢語》12 卷，明吳炯撰。

[5] 蘇澗寬，詳見《附錄　蔡守與時人交遊考》。

[6] 陳仲璧，詳見《附錄　蔡守與時人交遊考》。

方氏古泉異品（二）

閩王「天德通寶、重寶」二品，一隸書，一楷書。「通寶」隸書者，雖似《古泉匯》而精湛過之，「重寶」楷書者，未見譜錄，幕好上有「殷」字。邑子陳仲璧 [1] 曾見張叔馴 [2] 藏隸書一品，惟楷書一品，則縹來未見，千金一文，未足異也。案，閩王延羲弟延政稱帝於建州，國號「殷」，建元「天德」，《閩史》[3] 曰「天德二年鑄『天德通寶』大鐵錢，一當百」，銅者及有「殷」字，洪志亦未見也。

「應運元寶」一品，楷書，幕平，好上有星月。案，宋淳化五年正月，李順 [4] 僭號「應運」，五月即平，為時太速，故從來治古泉學者所未見，洵曠世絕品也。

「淳祐通寶」大小四品，幕皆無文，故難得。案，宋理宗鑄錢，如「寶慶元寶」「大宋元寶」「紹定通寶」「元寶」「端平元寶」「通寶」「重寶」「嘉熙通寶」「皇宋元寶」「開慶通寶」「景定元寶」，十品幕皆有文。

宋鑄牌三品，面「臨安府行用」，楷書，三品皆同。上有孔，背一「準五伯文省」，一「準三伯文省」，一「準貳從弍從貝，非貳字，實一字伯文省」，亦楷書。案《宋史·高宗紀》，建炎三年，升杭州為臨安府，故《金石契》謂高宗行軍缺用，此權濟一時，非常法也，故史不書其事，顧史既不載，未必定屬高宗，然為南宋物無疑。曰「準」者，與「一刀平五千」「平」字義同，曰「省」者《彙考》云通「考」，漢隱帝時，舊制錢出入皆以八十為陌，王章為三司，始令入者八十，出者七十七，謂之「省陌」。又案《粵西金石略·宋修桂州城圖記》，「支用錢四萬四百八十貫三百五十三文省，關子七百六十六貫文省。」又《宋史·理宗本紀》景定五年，詔行關子銅錢法，每百作七十七文足。《王秋潤集》[5] 中統元寶壹貫文省，貳貫文省，注，文省如七十足陌，八十足陌，鈔文故作文省，參考諸說，是「省」者，錢數不足之謂也。又案孔行素《至正直記》[6] 南宋銅鑄牌，有伍伯文，三伯文，□ [7] 佰文三種，省錢不足陌，猶

今市之折頭錢也。省錢足陌，顧亭林 [8] 《日知錄》兩條，言之最詳，貳伯即壹伯。《金石契》[9] 載，壹伯貳伯兩種，是誤以□伯為貳伯也，《古泉匯》只載伍伯三伯二品，張叔未亦藏伍伯兩種，一品行字中有一點，係當時之俗字。今牙行牌子，猶有沿之者，《金石契》即從此鉤摹刻入。張叔未於嘉慶二年以錢七百得一枚，至嘉慶八年，則以錢二千才得一枚，相距僅六載，已一倍直有奇，毋怪至今又百倍也，況壹伯者，為從來譜錄所未載乎。

張廷濟題宋牌詩：

「幾竭中原爐火寒，小朝廷忍說臨安。和金自納千緡易，鑄鐵何知一錯難。陌短有誰籌左藏，孔方無計變鐘官。偏宜掛向尋春杖，醉看湖山半壁殘。」

「保寧通寶」一品，楷書右旋讀，幕平，遼景宗鑄。蘇碩人 [10] 云，「從來治古泉者，所未得覯，此枚真千金不易也。」

「元德重寶」、「通寶」二品，皆楷書，殊精湛，「通寶」一品，較《古泉匯》載略小，西夏崇宗李乾順鑄，殊難得之品。

金崇慶二品，一「崇慶元寶」，篆書右旋讀，一「崇慶通寶」，楷書上下讀，文俱佳，亦罕見。

金「至寧元寶」一品，楷書右旋讀，仿宋瘦金書亦至精，與上「崇慶」俱金衛紹王允濟鑄，皆希世之寶也。

金「貞祐通寶」二品，俱楷書，一與《古泉匯》同，一闊緣，頗罕得，為金宣宗鑄。

「中統元寶」一品，楷書甚小。為元世祖忽必烈鑄，亦頗難得者。

《香港中興報》1934 年 6 月 2 日

【注釋】

[1] 陳仲璧，詳見《附錄　蔡守與時人交遊考》。

[2] 張叔馴，詳見《附錄　蔡守與時人交遊考》。

[3] 《閩史》，即《十國紀年·閩史》，宋劉恕撰，記載五代十國史書，司馬光有序。

[4] 李順，詳見《附錄　蔡守與古人交流考》。

[5] 《王秋澗集》，元王惲著。王惲，詳見《附錄　蔡守與古人交流考》。

[6] 《至正直記》，又名《靜齋至正直記》《靜齋類稿》，元孔齊撰，4 卷。孔齊，詳見《附錄　蔡守與古人交流考》。

[7] □，原文字模糊莫辨。

［8］顧亭林，即顧炎武，詳見《附錄　蔡守與古人交流考》。

［9］《金石契》，清張燕昌撰，張燕昌，詳見《附錄　蔡守與古人交流考》。

［10］蘇碩人，詳見《附錄　蔡守與時人交遊考》。

寓錢鉛、陶二種

二十年十二月，愚夫婦為廣州博物院發掘廣州西郊大刀王晉冢時，見左右發見歷代叢冢不少，冢中明器，隨為工人分散售去，唯剩鉛陶寓錢，遍地皆有，俯拾即是。

鉛質寓錢甚小而簿，質多腐壞，拾之即碎。取其稍完好者，歸而審釋，多作「開元通寶」，幕有星月者，有平而無輪郭者，亦有作五朱，或五五朱朱者，異品甚夥，分贈海內治古泉學者如程雲岑［1］、方藥雨［2］等，莫不驚為奇品，得未曾有，殊珍視之。程氏謂係南漢小平錢，然無確證，況此小鉛錢，多有小陶罐貯之墓中，實瘞錢也。

陶質寓錢，亦有陶罐貯之，且有附著於陶罐之內，黏不可脫。或當日造此陶寓錢，與罐同入窯而燒成，故有黏而不脫者。其形作如泥餅，面或印以泉形，但無文字，大小厚簿亦不一，最鉅者，大於唐鎮庫泉，小者如小平錢，且多無泉形者。又一種，以泥屈成圓形，中有巨孔，或錢耶，尤為新異。余取其孔稍小而厚者，以種蒲草，浸水中，生苔如活翠，用星岩白石盆盛之，案頭清供，亦可棲神也。

考瘞錢之制，有用通寶者。澤堂張湯［3］傳云，「會有人盜發孝文園瘞錢。」如淳曰，「瘞，埋也。」埋錢如園陵以送死也。又《哀帝紀》詔曰，「迺者河南穎川郡水出，流殺人民，敗壞廬舍，朕之不德，民反蒙辜，朕甚懼焉，已遣光祿大夫循行舉籍，賜死者棺錢人三千。」師古曰，「賜錢三千以充棺。」是知此乃漢俗也，後世因之。《太平御覽》卷五百五十一引盛宏之［4］《荊州記》曰，「冠東縣東一里，有張詹墓，魏太和時人也，刻碑背曰，『白楸之棺，易朽之裳。銅錢不入，瓦器不藏。嗟爾後人，幸勿我傷。』」自胡石之亂，墳墓莫不夷毀，此墓永嘉初猶儼然，所謂銅錢不入，指瘞錢也。又案《魏志·梁習傳》裴松之［5］注，「引魏略苛吏傳曰，『乃使人掘地求錢所在，市里皆有孔穴，殆欲發瘞錢耳。』」故漢晉以來，每經喪亂，墳皆破發，降及後世，皆懲其失，且通貨日貴，始稍以紙為之，然瘞錢之風尚未戢，故唐玄宗於開元二年禁之，其制曰，「自古帝王皆以厚葬為誡，以其無益亡

者，有損生業故也。近代以來，其行奢靡，遞相仿傚，浸成風俗。既竭家產，多至凋弊。又明器等物，皆競驕侈，失禮違令，殊非所宜，戮屍暴骸，實由於此。承前雖有約束，所司曾不申明，喪葬之家，無所依準，宜令所司據品令高下，明為節制，凡諸送終之具，並不得以金銀為飾，如有違者，先決杖一百，如縣長官，不能舉察，並貶授遠官。」見《舊唐書·玄宗本紀》其禁之嚴如是，以紙寓錢，當大行。及玄宗在位久，推崇老子道，好神仙事，廣修祠祭靡神不祈，王璵 [6] 以是貴倖為祠祭使。《新唐書·王璵傳》所謂「漢以來葬喪皆有瘞錢，後世里俗，稍以紙寓錢為鬼事」，至是璵乃用之，是紙錢不止用於葬喪，且用之於祠禱矣。又《唐書·劉昌傳》云「昌初至平涼劫盟之所，亡聚收殁將士骸骨坎瘞之，因感夢於昌，有媿謝之意。昌上聞，德宗下詔，深自尅責，遣秘書少監孔述容及中使，以御饌內造衣服數百襲，令昌收其骸骨，分為大將三十人，將士百人，各具棺衣服，葬於淺水原，建二冢，大將曰『旌義冢』，將士曰『懷忠冢』，詔翰林學士撰銘志祭文。昌盛陳兵，設幕次，且牢饌祭之，昌及大將皆素服臨之，焚其衣服紙錢，別立二石堆題以冢名，諸道帥徒，莫不感泣」云云。曩歲友人羅振玉 [7] 嘗以木造寓錢出示，乃出自北地之古墓者。

《香港中興報》1934 年 6 月 3 日

【注釋】

[1] 程雲岑，詳見《附錄　蔡守與時人交遊考》。

[2] 方藥雨，詳見《附錄　蔡守與時人交遊考》。

[3] 張湯，詳見《附錄　蔡守與古人交流考》。

[4] 盛宏之，詳見《附錄　蔡守與古人交流考》。

[5] 裴松之，詳見《附錄　蔡守與古人交流考》。

[6] 王璵，詳見《附錄　蔡守與古人交流考》。

[7] 羅振玉，詳見《附錄　蔡守與時人交遊考》。

大刀山晉塚甎三種

大刀山晉塚中，有文字之甎，共分三品。（一）「大寧二年甲申八月一日造」隸書十一字，甎長英尺一尺一寸六分，寬六寸二分，有文字之邊，厚一寸，他邊厚一寸五分，兩面甎面皆為寬約三分之小網紋。（二）「大寧二年甲申

宜子孫」隸書九字，塼之兩面亦有網紋，長英尺一尺二寸三分，寬六寸五分，厚一寸五分，兩邊同。（三）「大寧二年歲甲申宜子孫」隸書十字，塼亦有小網紋，長英尺一尺一寸六分，寬六寸四分，厚一寸四分，字體古戀，與晉代石刻同，字皆玲瓏浮凸，令人看之可喜，且可確定此冢，成於大寧二年八月一日。又有花紋而無字之甎亦三品，最奇者，有甎數枚，文字花紋間竟有釉者，釉色紺碧宛後世龍泉窯，亦可想見晉代釉陶甚盛也。

《香港中興報》1934 年 6 月 3 日

大刀山晉塚鎏金帶版

大刀山晉塚中，銅器有鏡一，有弩機一，五銖錢等，鎏金帶版二枚，長公尺二分，寬四分二釐，邊厚三釐半，內厚一釐，一端作方形，一端作圓形，邊有小釘貫至板，板內花紋作龍戲鳳狀，龍聳身張口舞爪，占全圖案八之七，鳳躲在一角，張開兩翼，向龍作驚飛狀態，生動欲活。圓之一端有扣針，此針之下，一頭連著帶版，一頭離開，想當時可以按之上下，如今日之彈簧一般，且有帶之附屬小件十數帶，皆鎏金，詭異不可名狀，今皆陳列博物院五樓之古物部。

《香港中興報》1934 年 6 月 4 日

大刀山晉塚陶器

大刀山晉塚陶器有洗一，盂二，唾壺一，大四耳瓶，大小四事皆有釉，釉色紺碧，且全器皆有釉如今瓷器，滿釉頂燒，不露胎骨，且胎質堅而薄，尤為精湛絕倫。

《香港中興報》1934 年 6 月 4 日

大刀山陶鼎

大刀山不獨叢塚，且為宋代舊窯。余嘗以重直與工人購得陶鼎一事，三足無耳，高六寸許，仿古銅鼎花紋，無釉，土如銅銹，望之儼如古銅鼎，底有三印，一「劉醒民制」，楷書陽文方印；一「千秋」二字，有邊小長方印；一「戊子」小方印，皆陽文作瘦金書，精古無匹。

《香港中興報》1934 年 6 月 4 日

大刀山宋瓷花插

　　大刀山宋代舊窯盆盎碗盞甚夥，多殘闕，完好者無多。余以重直與工人購得一花插，製作至為精雅，高約三寸強，上作蓮蓬形五孔，蓮蓬下作蓮花瓣倒垂，下無底，如柱，傍有兩縫，高寸許，寬三寸弱，置陶盎中插花，金冬心之古甎花供，無此奇古也，市上東西洋瓷銅玻璃之花插，皆俗劣不堪寓目，余將以此倩石灣名手仿之。

　　　　　　　　　　　　　　　　　　　《香港中興報》1934 年 6 月 4 日

大刀山出土明宜興砂壺

　　南海李鳳坡景康 [1] 得明宜興窯紫砂壺，高身方形，制度古拙，亦昔年大刀山叢塚出土。鳳坡跋云，「此紫砂壺，曩歲自廣州西郊大刀山明塚中發現，製作黿樸，身著砂一顆，大如青豆，四周釉淚爛□ [2]，流鋬均有竹刀削痕，蓋之的無孔，通體現古甕之銀光色，氣格高古，底有大篆四字朱文方印，印文曰『陽羨□ [3] 壺』，第三字漫漶莫識，而篆法古奧。」案，明季周伯高 [4]《陽羨茗壺系・金沙僧傳》，「僧習與陶缸者處，摶其細土，加以澂鍊，製壺後附陶穴燒成，人遂傳用。又稱金沙僧 [5]、供春 [6]、董翰 [7]、趙梁、袁錫、時朋、李茂林七人為創始時期。」又云，「自此以往，壺乃另作瓦囊，閉入陶穴，故前此名壺，不免沾缸壇釉淚，據以上兩說，斯壺既現甕質，復沾釉淚，縱非金沙僧手製，亦屬初期作品無疑也。」

　　　　　　　　　　　　　　　　　　　《香港中興報》1934 年 6 月 4 日

【注釋】

　　[1] 李景康，詳見《附錄　蔡守與時人交遊考》。

　　[2] □，原文字模糊莫辨。

　　[3] □，原字空白。

　　[4] 周伯高，即周高起，詳見《附錄　蔡守與古人交流考》。

　　[5] 金沙僧，即靜智和尚，詳見《附錄　蔡守與古人交流考》。

　　[6] 供春，即龔供春，詳見《附錄　蔡守與古人交流考》。

　　[7] 董翰，詳見《附錄　蔡守與古人交流考》。

鳳坡論壺七則

　　鳳坡與余同有壺癖，比日與張谷雛 [1] 同輯《陽羨砂壺圖考》，蒐集精詳，

惜未出版，茲先錄其論壺七則如左：

一壺泥，歷考傳器，宜興所有之土，以紫泥為最夥，朱泥次之，白泥又次之。蓋自大彬而後，嬗遞至道光間潘壺、伍壺，凡諸名家紫泥傳器，無不泥質堅美。朱泥壺則自明季以迄乾嘉，均甚精美，道光而後，雖製作極工，泥質已遜，非淡則微黃，且弗逮前之堅美。白泥則色枯而黯，佳者更罕覯，故後之作者，縱有名手，亦為泥質所限也。

二壺色，以予蠡見，茗壺以保存原質色澤之美者為上乘，參雜色於泥者為中乘，製後加釉以飾外觀者為下乘。

三壺形，形式雖古樸精巧，各有擅場，然究以不師古人而自然敦古者為上，仿古而得其神味者次之，精巧而名貴者又次之，奇特而有別趣者又其次也，纖巧而俗者，風斯下矣。

四壺款，宜興砂壺，見重於明季清初者，莫不出自名工之手，其所欣賞，乃在形質風格韻致耳，或有士大夫代署款者，亦僅書匠人之名，所重者仍在壺而不在款也。自清初曹廉讓 [2] 輩，創為文人署款之舉，嘉道間陳曼生 [3]、郭頻伽 [4]、江聽香 [5]、高爽泉 [5]、查梅史 [5]、瞿子冶 [6] 等，遂盛行之，名工名士相得益彰，固屬兩美，顧比來只尚虛聲，不問壺之雅俗，但求名流署款，則舍本求末，未免過當也。

五款印，明季製壺，大都署款者鮮鈐印，鈐印者尟署款，風氣所趨，無論名工庸手，如出一轍。至於製銘者署款，造壺者鈐印，大抵清初始成風尚，此後則製銘之人，造壺之工，各皆署款者有之。印章分鈐壺底、壺唇、鋬下、蓋內者有之，無非表示鄭重之意。降及近世，則市製劣品，亦往往一壺而鈐數印，益形其醜耳。

六銘識，題銘切茗切壺，尚矣。陳曼生 [3] 製壺，皆自為銘，多能切壺切茗，兼切壺形，尤為獨到。至於泛用前人詩句，而壺與茗俱不切者，轉覺可厭，反不若無銘之為愈，語云「衣不稱身，身之災也」，銘不切壺，寧非壺災。

七結構，砂壺結構，是否得宜關係綦重。余嘗創為岳字觀壺法之說，意謂言肖壺身，山象壺蓋，彳似壺流，犬類壺鋬，無論篆隸楷行草書，要須各部大小相稱，長短相關，顧盼有情，行筆有致，雖體制各殊，氣味各別，奇正異趣，風尚異時，要皆不能出此，執此繩之，名手庸工，可立判矣。

《香港中興報》1934 年 6 月 5 日

【注釋】

[1] 張谷雛，詳見《附錄　蔡守與時人交遊考》。

[2] 曹廉讓，詳見《附錄　蔡守與古人交流考》。

[3] 陳曼生，即陳鴻壽，詳見《附錄　蔡守與古人交流考》。

[4] 郭頻伽，即郭麐，詳見《附錄　蔡守與古人交流考》。

[5] 江聽香、高爽泉、查梅史，皆陳洪壽幕客，詳見《附錄　蔡守與古人交流考》。

[6] 瞿子冶，即瞿應紹，詳見《附錄　蔡守與古人交流考》。

釋步朗鍾形茗壺銘

　　鳳坡謂壺銘以能切茗切壺，兼切壺形為佳。余藏釋步朗鍾形茗壺，其銘且稱身份，尤為難得，亟錄之：

　　「亦清亦雋，發人深省。」此銘隸書，類清初人筆。「一杵僧樓，禪參趙州，客到且吃，莫問曾來過不平聲。」此銘行書，甚精嚴。

　　　　　　　　　　　　　　　　　　　　　　《香港中興報》1934 年 6 月 5 日

蔡少峰紫砂加彩茗壺

　　余獲楊彭年 [1] 為蔡少峰 [2] 錫恭製紫砂加彩茗壺，底有「少峰」二字篆書方印，鋬下有「彭年」二字篆書小印，製作極精湛。摯友區夢覺齎用張叔未 [3] 解元廷濟題蔡少峰藏時少山 [4] 大彬壺原韻題之，「陽羨溪頭一丸土，從心搏冶無城府。紫砂傅彩化神奇，推倒茗壺圖錄譜日本奧玄寶著《茗壺圖錄》，載壺之種類至夥，獨無紫砂加彩者，又周高伯《陽羨茗壺系》，吳兔床（騫）《陽羨名陶錄》亦皆未著是品。彭年名滿天地間，流風直欲紹頤山吳仕，號頤山，為龔供春之主。千壺看過知壺道，鐵澀銅腥一例刪。甲戌春初旋斗柄，寒瓊持此索長詠。規模似仿時大彬，更有壺癡稱後勁寒瓊並藏有壺癡砂壺，由明代名手傳器。遜清茶具天下崇，林林名手著乾隆。葵生雕漆朱堅錫，又見旋采工鐫礱。少峰壺與君謨錄，君家雅事吾精熟。紗帽籠頭手自煎，何須紫餅截圓玉。媿我無錢事買田，只尋日月在壺天。常思借此清肌骨，一榻松風伴藥煙。人生此物乃清供，詩乞難將如願送，由來佳茗似佳人借句，幽齋日夕甘同夢。」

　　　　　　　　　　　　　　　　　　　　　　《香港中興報》1934 年 6 月 6 日

【注釋】

[1] 楊彭年，詳見《附錄　蔡守與古人交流考》。

[2] 蔡少峰，即蔡錫恭，詳見《附錄　蔡守與古人交流考》。

[3] 張叔未，即張廷濟，詳見《附錄　蔡守與古人交流考》。

[4] 時少山，即時大彬，詳見《附錄　蔡守與古人交流考》。

盧葵生漆壺

　　二十年前與李茗柯 [1]、鄧爾雅 [2] 偶過龍藏街冷攤，茗柯以二金得盧葵生 [3] 漆壺一事，錫胎方壺，漆褐色，一面刻落花小蝶，精細無匹，一面刻行書「共約試春芽，槍旗幾時綠，丙申八月，湘秋書」，鋬有「葵生製」隸書三字，古雅罕覯，洵茶具中之俊品也。後夢園以數百金易，每過談藝，猶得摩挲把玩。

《香港中興報》1934 年 6 月 6 日

【注釋】

[1] 李茗柯，即李尹桑，詳見《附錄　蔡守與時人交遊考》。

[2] 鄧爾雅，即鄧爾疋，詳見《附錄　蔡守與時人交遊考》。

[3] 盧葵生，詳見《附錄　蔡守與古人交流考》。

申錫壺

　　鳳坡於歲朝得申錫壺一事，一面刻甲戌漢洗文曰「太歲在甲戌，初平五年，吳□ [1] 宜子孫」繆篆十四字，一面刻「右臨初平洗銘文」，凡十四字。據阮氏拓本，行書十六字，蓋摹周伯囧敦銘文，大篆十六字，底刻「甲辰仲冬，彭年造」行書七字，分二行，鋬下有「申錫」二字篆書小長方印。蓋子貽「申錫號」仿彭年製者，鳳坡酷喜之，為詩曰，「惜非太上能忘情，半生寂寂囚書城。理亂聒其耳，哀樂傷其膺。不學驅車痛哭阮步兵，不師謫仙沉醉思騎鯨。一甌在手聊自快，盡祛塵慮如釋冰。百壺坐擁煮石髓，靈襟豁豁雙眸清。群器相映有奇趣，式度尚未跨朱明。申錫望古竟遙集，孕育周漢成壺形。客來驚睹貌沉古，幾疑鐵澀與銅腥。蟲魚字跡有所本，岐山敦與江東銘。赫然紀歲在甲戌，巧遭此物逢歲星。屠蘇大醉可預卜，半甌苦茗能為醒。春來畫筆異風格，對之探古思冥冥日前明歌者張二喬生朝，麗社同人開瓶花展覽會以祝，伍佩琳以宜興白泥瓶插麗春膺上賓，此瓶亦摹刻漢甲戌洗文者，亦巧合也，因並記於此。」

《香港中興報》1934 年 6 月 7 日

【注釋】

　　［1］□，原文字空缺。

瓶花會

　　夏曆三月十六日為明張麗人二喬 [1] 生朝，麗社同人開瓶花展覽會以祝。友人謝英伯 [2] 為徵求出品小啟，「瓶花藝術，東西洋人士素所研究，而我國人尚未甚注意，不知瓶花之饒益人生，提倡美感，其效甚大。明張謙德 [3] 有《瓶花譜》之作，惜其書《四庫》僅為存目，未見著錄。今人得讀者甚少，素社社友，曾於去年在白雲山倚雲別墅首次舉行瓶花展覽會，某女郎以『舞姿』一品獲首選，遂開研究瓶花藝術之先聲下略。」

　　英伯又為《瓶花小志》，第一章，瓶花與人生觀，自資本主義日益發展，農村經濟之社會，一躍而成為都市經濟之社會，人類漸漸被迫的捨棄其森林文化之生活，蛻轉而接受城牆文化之生活，其與大自然接近之機會，不復可多得，非惟名山大川、清風明月，與我絕緣，即庭際幽花、窗前綠草，亦非都市之所謂新式洋樓者所能有。蓋都市生活，一切皆商業化，以建築謀利者，斷不肯留咫尺餘地布置庭園，雖間有狹小之露臺，亦不足以雜樹花卉，藉資點綴。故生活於今日之都市者，多養成一種卑鄙近利之人生觀，欲求救濟之方法，非使一般人民多接近自然美不可。外國大都市多設公園，俾人民工作之餘，得欣賞花卉，此市政之良者也。然而一市之大，公園有幾，全市人民，又未必皆居近公園，且能時往公園，亦非普遍之道也。

　　家庭美化，為今日有識者極力提倡，圖畫、古董，頤養天和，其方法至不一，竊以為皆不若瓶花效率之大也。蓋數枝之花，為值至微，一二瓶樽，購置殊易，家庭經濟，一無所損，其利一也。盆花盆景，雖亦同具雅趣，然培養保全，均非易易，費時失事，得不償失，瓶花無之，其利二也。屋頂花園，露臺花園，非崇樓大廈，不能設置，若瓶花則几案之上，即屬我之園地，雖小小廳事，蔚成美觀，無產階級，皆可辦到，其利三也。具此三利，欲謀家庭美化者，更無他道矣。

　　家庭美化，則美的人生觀，自容易養成，社會需求花枝既多，則園藝隨之發展，社會經濟闢一新源，則其利直及於全國矣。

　　第二章，瓶花之藝術，以折枝花供諸瓶樽，人人皆能之，似無所用其巧，然能交插入畫，富有詩意，足以引起人們之美感，表示各個不同之人生觀，則

非素有深刻之研究不為功，於是乎瓶花之藝術尚焉。古人詩云「如仙妙手插瓶花」，是插置瓶花，有需乎如仙之妙手也。茲列舉五者，以為瓶花藝術研究入門之助：

（一）花枝，選採適應時令之各種花枝，以一種專供一器，或合數種同供一器，均無不可。但須修短合度，生趣盎然者，方為上選。其過遲過早者，苟保全及催開得法，亦足供欣賞。

（二）花色，花色之濃麗、雅逸、淡素，各有其自然之美，以容易引起觀者眼根之美感者為上乘。

（三）花態，婀娜多姿，而不淪於夭冶，有若幽嫻貞靜之美人，語默動靜，無一點不莊嚴，斯乃天女之化身。

（四）花語，雖一小小瓶供，必須寓意深遠，美人名士、俠客老僧，情緒不同，襟懷各異，而能以一花語表而出之，饒有人生觀感，及文學意味者為上乘，不拘成語或創作。

（五）花器，名不限乎瓶、樽、罈、盂、盤、罐，質不論乎銅、鐵、陶、瓷、竹、木、石、玉、玻璃，凡可以注水養花者，皆可用為花器，式樣色素，與供花枝相和合者為佳器。

以上五者須有相當之配合，方成妙品，若剛健之花枝，須著有強烈之顏色，始足以表示雄研之姿態，然後題以悲壯之花語。供以古拙或瓊麗之銅瓷瓶，便具有英雄文學之意味。試為舉例，嘗見一品，以盛放之白桃花數枝，供以發紫藍色之石灣古瓶，題以前人詠白桃花詩「想是前身留俠骨，避秦猶著白衣冠」之句，紫藍白三色，相映成畫，蒼莽鬱勃，如覿奇俠。更讀花語，遂不盡風蕭水寒之感矣。

此會雖不至如吾粵水仙會、菊花會之惡俗曾憶有題小欖賽菊會詩云，「欖溪千朵平頭菊，未必淵明愛此花」，或謂其謔而虐，余則以為道其實也，然亦未免七夕式一連數十張臺。且數百瓶花，堆置一巨案，千紅萬紫，真有五色令人目盲之歎，亦使人有看朱成碧之迷也。他省之蘭花、菊花會等，莫不借地名園，在廳事、長廊、水亭、水榭之間，一人占一席。一席者，一長方形之半棹臺也，此臺由出品人自行陳列，或高低几二三事，盆盎三兩事，多者亦不過四五事，務必位置精嚴，盆與几亦皆精雅，席之前以活欄護之，使參觀者可望不可即，如是方稱雅會。

會上出品人自署花名，尤多有令人發笑者，全場之石竹剪春羅，皆寫丁香，

詎知丁香乃木本。而花紫色成串者，石榴作杏花，南洋小花作芍藥，皆因粵人未嘗見杏花、芍藥之真相也。又有以草豆蔻為龍吐珠，以刺桐為龍牙花，標名之誤，觸目皆是，至若以晚香玉為玉簪，稱薝蔔為白蟾，相沿之誤，尤為久矣。

　　此會有某富人，欲獲首選，與花地花王百數十金，令其以至好時花，輦載而來者。有特令人持鉅資，去香港花園，不惜重直而求者。聞一花之微，而耗十數金者，則殊忤英伯提倡之旨矣。余以為花枝宜自採摘，買於花市者次之，全仗剪裁工夫耳。此次會上，以何覺夫 [4] 夫人之出品為最佳，韓瓶中插連翹一株，一小枝向上而微欹，一大枝向下而斜舉，花態題曰「大垂手」，真得美人舞態，花語題曰「銅雀春深」，與張麗人之芳名二喬暗合，允稱全場之冠，詎知名列第四，似未安耳。

　　　　　　　　　　　　　　　　　《香港中興報》1934 年 6 月 7、8、9 日

【注釋】

　　[1] 張麗人，即張喬，詳見《附錄　蔡守與古人交流考》。

　　[2] 謝英伯，詳見《附錄　蔡守與時人交遊考》。

　　[3] 張謙德，詳見《附錄　蔡守與古人交流考》。

　　[4] 何覺夫，詳見《附錄　蔡守與時人交遊考》。

淨妙尼造彌勒木像

　　香柟造彌勒佛像，橫僅三寸強，佛像側臥，左手支頤枕隱囊，右手為袖所掩置膝上，閉目假寐，態度靜默，不露齒，不袒腹，與尋常所見彌勒造像不同，造像記刻在底，「彌勒同龕四字小篆，蔡居士端卿供養，時弘光乙酉佛生日，白衣庵尼淨妙敬造」，廿三字楷書，亦甚古拙。案，張喬 [1]《蓮香集》有《春日偕女伴歐瓊芝、李弱仙、鄧羽卿過白衣庵》詩二首，「結伴尋芳破碧煙，款關何必為參禪。空門亦有春來意，種得桃花照玉泉。」「驀入花關路幾丫，浪尋天女訪煙霞。相逢便合三稽首，願向雲中學散花。」又祝彭孟陽 [2] 三十初度詩序曰，「臘之三日，彭子誕辰，余偕劉玉真、徐楚雲、歐瓊芝、汪襄雲、黃文燕、鄧羽卿、蔡端卿載酒燕祝，兼呈以詩，彭子即席賦答云，『眠雲嘯月此身閒，三十知名未出山。聖主可能容野傲，佳人偏自狎癡頑。香羅簇簇花為隊，綺席層層錦作關。一石醉沈仙子勸，丹砂何羨駐紅顏。』」

時同集黎美周 [3]、黃虞六 [4]、姚穀符 [4] 諸詞客各有分賦。二喬詩曰，「華年三十任時名，走馬章臺意氣橫。醉倒花間天月出，興來筆下海濤生。綺羅細膩知寒暖，壇坫風騷在品衡。世法俗緣都脫落，惺惺聊復解多情。」據此知蔡端卿為張二喬姊妹行，白衣庵二喬亦嘗隨喜，但庵之故址，與比丘尼淨妙，皆不可考。弘光年號遺物，粵中僅存百花冢上一碑及此柟木造像，安得不珍弆歟。

《香港中興報》1934 年 6 月 9、10 日

【注釋】

[1] 張喬，詳見《附錄　蔡守與古人交流考》。

[2] 彭孟陽，詳見《附錄　蔡守與古人交流考》。

[3] 黎美周，詳見《附錄　蔡守與古人交流考》。

[4] 黃虞六、姚穀符，均為張喬詩友，詳見《附錄　蔡守與古人交流考》。

祝張麗人生日

日前麗社同人祝張麗人生日，詎知百年前已有為之者。案《東溪詩話》，黎忠愍公晴眉閣故址在廣州城內豪賢街，即今梁園，昔張喬侍忠愍黎遂球飲於此者。潘鴻軒 [1] 先生恕《雙桐圃集》有《三月十六日，同鄭小谷、譚玉笙、李紫鬝集梁園，祝張麗人生日》長篇云，「杜鵑花落春將暮，雨洗行人踏青路。關心遙憶百花墳，無主棠梨開幾樹。花冢香魂想未銷，詞壇近少清樽澆。憐才有客主風雅，翩翩裙屐勞招邀。城中地選晴眉閣，是處麗人曾伴酌。恰逢揆覽此芳辰，我幸再來情不薄前月十六日曾集雙桐圖預祝。多情終數彭孟陽，惻惻吟成空斷腸。豔骨久埋愁地老，遺編重讀感蓮香。也知當日聲華盛，在識雙忠青眼定陳文忠子壯，黎忠愍遂球。比較前朝鄭妥娘，梅遇濃桃盡甘勝。昔人冢上各栽花，癡到無聊亦可誇。筵前試與佳期訂，一人一瓣香流霞。四十年前記吟社，百幅濤箋盡情寫。雪巢人去老漁歸常蔭軒詩社中有百花冢一題，雪巢評取張維屏冠軍，相逢今亦知音者。前拜蓮鬚閣有詩去年七月初五日李紫鬝招集柳堂，祝黎忠愍公美周生日，花間還愛詠新詞。情根未死應含笑，合唱風流殿撰知美周稱牡丹狀元。」

《香港中興報》1934 年 6 月 10 日

【注釋】

[1] 潘鴻軒，即潘恕，詳見《附錄　蔡守與時人交遊考》。

張喬遺墨

老友潘飛聲 [1] 蘭史藏張麗人畫蘭便面一幀，筆意蕭疏，不減眉樓神韻，自題一絕云,「盈盈秋水寫瀟湘，欲把閒情寄澹妝。謝卻離騷怨公子，雲邊分得可人香。」款署「天涯淪落人張喬 [2]」。此詩《蓮香集》未載，比來麗社同人將重刻《蓮香集》，當據潘氏《東溪詩話》補入也。目前蘭史已歸道山，此扇又不知流落誰家，曾馳函屬續友人吳仲珺 [3]，託訪之，尚未裁答。回憶當年剪淞閣上蘭史出示同欣賞，今思之寧毋黯然。又摯友黃晦聞節 [4] 藏張麗人寫詩，即集中所載《送黎美周 [5]》者，詩云,「春雨潮頭百尺高，錦帆那惜掛江皋。輕輕燕子能相逐，怕見西飛是伯勞。」署款「張喬」，字甚娟秀張喬此詩映片，廣州東華西路二三八號《藝穀》寄售，每張二元。張麗人遺墨，不特今日罕覯，當時亦不易得。因錄屈翁山大均 [6]《題畫詩與序》，可想見其珍貴也,「龐祖如以張喬美人畫蘭見贈，詩以答之，並序。友人龐子祖如有張喬美人畫蘭一幅，上有陳文忠公桐君所題詩，詩曰,『谷風吹我襟，起坐彈鳴琴。難將公子意，寫入美人心。』公嘗於南園五先生抗風軒，集名流十二人開社，喬每侍公弄筆墨賦詩，有送黎孝廉美周詩云詩見前不再錄。又有送李山人煙客 [7] 詩云『子夜徵歌特底忙，奈何花月是離觴。春江千折牽遊舸，若個津頭柳線長』，又云『香作飛塵玉作煙，輕寒微月養愁天。梅花本是江南美，一疊關山倍可憐』，皆清婉多風，得詩人比興之旨。喬既工於詩，復美顏色，歌舞妙絕一時，故為諸名士大夫所愛，每有讌集，喬必與。年十有九，病垂危，彭孟陽 [8] 文學以數百金贖之，附於千金市駿骨之義，喬竟不起，孟陽葬之於白雲山麓梅花坳，送者百數十人，下至緇黃，人詩一章，植花一本以表之，號曰『百花塚』。祖如嘗至其處，以為可與花田相頡頏云，文忠忠臣，喬麗姝，其書與畫，世不多有，祖如藏此四十餘年矣。丁卯秋當是康熙廿六年，張喬死於崇禎六年癸酉，相距才五十五年偶為余言及其事，遂割愛相贈，蘭凡兩叢，生石上，葉長者五，短者八九，花已開未開者有七，葉細花柔，宛有露笑煙啼之致，蘭根傍有小印一，文曰『逢永』。逢永者，黃孝廉聖年 [9]，南園社中十二人之一也。逢永嘗有贈蘭妓詩，『試問蘭妃下蘭畹，青蘭何似紫蘭佳』，蓋謂喬也。又有《九曜山房對梅贈歌者張喬》詩，而王說作 [10] 過喬墓，亦為詩云，『今人薄意氣，紅粉死多時。惆悵花林暮，荒涼白露滋』，其慨歎之若此。頃見湯建孟 [11] 言其少時，嘗見諸詩人挽張喬詩及喬傳墓誌，孟陽集為一編，載某人栽某花卉，而刻喬遺像其上，字畫精麗殊可玩。壬戌秋至戴氏家，出

美周先生手書觀之，則所錄喬詩三絕，乃喬送已及煙客之作，讀之怳然想見其為人，嗟乎！文忠忠臣，美周亦忠臣也，喬一女子，而三詩一畫，乃籍二公以傳，喬亦何幸而得此。建孟亦有喬所畫蘭一幅，余為建孟題詩其上，並以贈余，余將從戴氏乞取美周所書三詩，並陳中洲 [12] 給諫之跋，裝潢為一大軸，出入提攜，以為吾忘憂躙忿之物焉。中洲者，文忠之弟，亦南園社之一。吾他日復修南園詩社，又將以此為風雅嘉話矣。祖如索詩為報，因賦六章，以答其意。詩曰，『自來忠潔者，香草最情深。況出佳人手，芳馨直至今。數莖才作態，一朵已生心。尺幅風流在，相貽愧所欽。』其二，『珠江如錦水，亦有薛家濤。白紵徵吳曲，紅箋出楚騷。長因蘭蕙草，益見鳳皇毛。相國多憐惜，題詩採筆勞。』其三，『碧血成黃土，紅顏化紫煙。心香花上發，手澤扇頭妍。秘賞勞之子，珍藏積有年。紫莖將綠葉，長託畫圖傳。』其四，『相國真書少，銀鉤為紫鴛。美令紈扇貴，忠使墨花香。松柏歌難歇，蘭蓀恨正長。義公魂魄在，應倚杜秋娘。』其五，『美人魂葉葉，終古託忠貞。白璧譏元亮，梅花笑廣平。離騷能好色，太上豈忘情。出入吾懷袖，應高畫苑名。』其六，『誰知蘭麝土，花冢即花田。有影隨蝴蝶，無聲與杜鵑。畫空留兩幅，詩已失諸篇。割愛持相贈，知君是好賢。』

《香港中興報》1934 年 6 月 11 日

【注釋】

[1] 潘飛聲，詳見《附錄　蔡守與時人交遊考》。

[2] 張喬，詳見《附錄　蔡守與古人交流考》。

[3] 吳仲珺，詳見《附錄　蔡守與時人交遊考》。

[4] 黃晦聞，即黃節，詳見《附錄　蔡守與時人交遊考》。

[5] 黎美周，詳見《附錄　蔡守與古人交流考》。

[6] 屈翁山大均，即屈大均，詳見《附錄　蔡守與古人交流考》。

[7] 李山人煙客，李煙客，與張喬友善之詩人，詳見《附錄　蔡守與古人交流考》。

[8] 彭孟陽，詳見《附錄　蔡守與古人交流考》。

[9] 黃孝廉聖年，即黃聖年，詳見《附錄　蔡守與古人交流考》。

[10] 王說作，不詳。

[11] 湯建孟，不詳。

[12] 陳中洲，即陳子升，詳見《附錄　蔡守與古人交流考》。

張麗人遺像

潘觶仲龢 [1] 藏原刻《蓮香集》之殘本，卷首有瑞金女史賴俶汪氏《嶺南畫徵略》失載，可據此補入所畫張喬抱琴小景，頁後有二詩，詩曰，「似花如火總難工，桃葉楊枝想像中。可是月明曾入夢，故教千載識春風。」「憐君生死託知音，為寫七絃思不禁。多少曲高便淪落，夜臺休更怨春深。」下不署款。內子張傾城摹為巨幀，劍川趙石禪尚書藩 [2] 為題曰，「『明季麗人張喬小像』，為當時瑞金女史賴俶所寫，刻於《蓮香集》首，此幀乃寒瓊賢儷傾城夫人所轉橅也，己未秋中四日，為題款於幨眉，石禪老人趙藩書。」「喬家二美具，天上一星張。惜枉氤氳使，難為妜嬬妝。楚魂招澧浦，漢曲咽河梁。莫倚凌波步，而今海變桑。　紙上驚鴻影，翩然是也非。何時明月滿，是處彩雲飛。阿母心知惜，天公願總違。為郎憔悴盡，一幅認崔徽。美人黃土恨，遺冢百花香。題碣黎忠愍，揮金彭孟陽。洛神歸縹渺，河伯聘荒唐。兒女英雄淚，雙流到海長。海應難貯淚，山亦不埋愁。此冢人千古，群公貉一丘。氣吹蘭郁郁，寒倚竹脩脩。便借瑤琴譜，哀音滿指秋。清河夫人轉摹此像，因賦五律四首題之，乞寒瓊道兄同正，石禪老人趙藩。」

「松楸十里沙河道，高冢相望盡鬼雄。誰識梅坳深邃處，有人曾此瘞春風。美人從古稱尤物，亂世尤難得幸存。我讀梅村腸斷句，墓門應是勝侯門。百花冢弔張麗人舊作，寒瓊道盟屬錄於麗人小景上，即似正之，隨齋學人胡毅 [3]。」

「素馨斜古月黃昏，那及梅坳韻事存。記得百花墳畔過，枝枝都是美人魂。　書畫居然馬守真，瀟湘雲水置全身。零縑今日爭收拾，莫認天涯淪落人。余藏張麗人寫蘭便面，署款『天涯淪落人』，故云。寒瓊道兄一別八年，己未九月，訪余剪淞閣，屬題張麗人小象，即乞正之，水晶庵道士潘飛聲 [4]，年六十二。」

「畫苑齊蘇翠蘇翠，宋咸淳間供奉樂部，善寫蘭，見《繪事備考》，針神繼夜來。春回百花冢，家近越王臺。蓮盡餘香夢，箏殘有剩哀。梅坳曾弔古余兩遊廣州，皆至墓上，合薦白雲杯。右五律一首，十疊鷗社九集來臺哀杯韻。銅雀春深，翠禽夜悄，錦瑟華年虛度。舊時月色認江南，照嬋娟。滄汝眉嫵，零歌斷舞。是依約，庭花恨譜，晚風寒，幻水仙環珮，凌波微步。　鴛盟誤，願作疊羅，不作隨風絮。鏡中倩影總亭亭，劫塵經。更誰儂汝，淋鈴暗雨，有瑤怨，哀弦如訴。謝離騷，甚處閒情寄與。右調寄西子妝，寒瓊社督儷政，仲可弟徐珂 [5] 初稿。」

「上元甲子醉流霞，小謫依然到蔡家。袖角裙邊留墨妙，還從卷裏憶簪花張憶娘有簪花圖卷子。秋娘容與泰娘嬌，圖畫春風未易描。新得麗人碑一紙，百花香夢小梅坳。寒瓊社督近至白雲山梅坳訪張麗人百花冢，以碑脫見貽，又以傾城夫人手橅麗人抱琴小景索題，展賞之餘，率感二截，即呈儷教。己未九月，西神王十三薀章 [6]。」

「漫笑珠江蕩子辭，低徊身世有餘悲。娟娟素素皆凡下，爭似南園弄墨時。陳忠簡子壯，弟子升黎忠愍美周座上盡奇才，憂國深心寄酒杯。太息倉皇春夢醒，霜吹碧血嶺頭梅。　琴歌劍俠契生平，未是青樓浪得名。一去不知亡國恨，年年花冢自清明。　載酒南濠燭影搖，追蹤飛絮祝生朝。千金市駿彭郎意，卻勝秦淮馬月嬌。　畫蘭題字足翛閒，學士高風不可攀。今日綵舟何處是，冷煙蕭瑟錦袍灣。一花半茗集詞人，我讀遺篇為愴神。王邦畿李正歐主遇黎邦城詩句在，欲歔都是老遺民。　小梅坳畔黯平蕪，宮柳梨花剩幾株。勝事百年猶記取，琴山詞筆墨池圖。　梁癡願效蘭亭殉，屈選都難蔭苑搜羅天尺 [7]《五山志林》云，『梁麟生購得《蓮香集》原刻初印本，酷愛之，寢食必偕，將歿，屬其子必以此書殉葬』，屈大均 [8] 輯《廣東文選》遍搜此峽無存，梁寶之固其宜矣，是刻罕覯，不特今日也。豈獨此編惜零落，故書誰問大桁頭。寒瓊道兄以其賢儷張夫人傾城所摹二喬抱琴小景見視，因錄舊作乞正之。己未十月，羅浮老民汪兆鏞 [9] 並記於微尚齋。」

壬申八月廿八夕與月色訪黃慈博佛頤 [10]，見乾隆三十年乙酉複刻《蓮香集》，卷首有喬仙遺像，乃在窗內調琴，窗外有瓜棚，與賴瑞金所寫抱琴小景不同，為黎萃堂所繪。考黎萃堂，名光，字拔朝，南海人，工畫，兼善援鈎，能詩，有山水癖。乾隆四十年十月偕關魯窩 [11] 購西樵山白雲洞地，闢荊榛，建籠嵷閣，固名士也，故寫喬仙像筆意嫻雅，因假歸摹之，改瓜棚為洞戶。

「明歌者張二喬洞戶調弦圖，月色賢嫂夫人摹黎萃堂本，李根源 [12] 題。」隸書。

「百花冢畔，靈蛻餘紅汗。錦瑟華年無一半，留得人天公案。七條弦上無聲，十香移軫初平。調出風流小石，與君訴盡平生。清平樂，月色夫人拍正，霜厓吳梅 [13]。」

「白雲山下烏欲棲，百花冢上鶯亂啼。誰家兒女踏青去，一雙羅襪沾輕泥。紅顏身世嗟蓬梗，少小離鄉逾五嶺。枉費豪家十斛珠，難得美人一心肯。彭郎年少美如玉，願為紫燕巢君屋。況復閨中大婦賢，滌硯薰衣意良足。昨賽江神

卜必願，鳩媒苦為天吳勸。不管羅敷已有夫，強委聘錢過十萬。彭郎彭郎奈若何，天上人間別恨多。寄謝風流貴公子，千金市骨葬山阿。會葬名流足矜寵，手把花枝插香冢。至今墓木生翠煙，樵採禁同賢士壟。仲姬妙筆入豪髮，不重妍皮重清骨。封題寄我彩雲間，髣髴長松掛明月。月色夫人嫵明麗人張二喬小景，遙寄滇南索題。癸酉冬十月，劍川趙式銘弢父 [14] 並記。」

「獨坐調弦夜向闌，那堪玉軫頓生寒。平生多少傷心事，付與焦桐細細彈。　多情好事彭公子，蓄意輸心張麗人。嘉耦可憐天未許，百花冢上四時春。月色夫人正之，晉寧方樹梅朧仙 [15] 初稿。」

「棠梨綻雪，驀吹香，引我遊鞭先駐。斜日荒煙山亂疊，彷彿真娘遺墓。人自千秋，花無一樹，豔魄知何處。妝臺磊砢，臨風應唱詩句。　猶記歌館南濠，問霞聽月，名士誇奇遇。一瞥彩雲驚易散，況是滄桑又度。裙屐舊歡，多成奇節，不枉傾城顧。而今俠骨，素娥常為呵護。調寄念奴嬌，牟軒賢儷棨正，慈博弟黃佛頤倚聲。」

「紫蕭遠。生怕殢影平蕪，恨執歌扇。南朝空憶飛花，閒情幾許，歲華侵管。　露猶泫。回首暮春清暇，俊遊鶯勸。單衣更怯殘寒，養愁天氣，絲縈絮亂。腸斷重來依舊，淚綃無那，青衫愁濺。因念那時蓮香，妝鏡分豔。黃蜂粉蝶，歌舞空蒽蒨。桃根渡，春江短棹，東風慳便。好夢隨雲散。情傷灞水，箏弦澀雁。還又年涯晚。吟望久，蕭蕭淒風生怨。馬塍凝碧，芳馨誰薦。調寄瑞龍吟，曾傳軺 [16] 初稿。」

《香港中興報》1934 年 6 月 12、13 日

【注釋】

[1] 潘觶，即潘仲龢，詳見《附錄　蔡守與時人交遊考》。

[2] 趙藩，趙石禪，詳見《附錄　蔡守與時人交遊考》。

[3] 胡毅，詳見《附錄　蔡守與時人交遊考》。

[4] 潘飛聲，詳見《附錄　蔡守與時人交遊考》。

[5] 徐珂，詳見《附錄　蔡守與時人交遊考》。

[6] 王十三蘊章，即王蘊章，詳見《附錄　蔡守與時人交遊考》。

[7] 羅天尺，詳見《附錄　蔡守與古人交流考》。

[8] 屈大均，詳見《附錄　蔡守與古人交流考》。

[9] 汪兆鏞，詳見《附錄　蔡守與時人交遊考》。

[10] 黃慈博，詳見《附錄　蔡守與時人交遊考》。

[11] 關魯窩，詳見《附錄　蔡守與古人交流考》。

[12] 李根源，詳見《附錄　蔡守與時人交遊考》。

[13] 吳梅，詳見《附錄　蔡守與時人交遊考》。

[14] 趙式銘弢父，即趙式銘，詳見《附錄　蔡守與時人交遊考》。

[15] 方樹梅曜仙，即方樹梅，詳見《附錄　蔡守與時人交遊考》。

[16] 曾傳輻，詳見《附錄　蔡守與時人交遊考》。

張麗人墓誌

　　張麗人墓，在廣州白雲山陰之小梅坳，往歲為萑苻 [1] 之藪今為中山大學林場，已無盜。余嘗命上校參謀李子韜領兵往遊，並監督張金精拓墓誌數百本，及墓前妝臺石上刻「百花冢」三字此石已為蘇家山占為后土。「百花冢」三字隸書，字高今粵裁尺高三寸強，無書人姓氏，左側下有題名三行，楷書甚漫漶，僅見「□戌花朝厓山張一行下闕同□者何□左存糸旁，二行下闕胡雲□三行下闕」，墓誌高二尺又半寸亦粵裁尺計，下同，寬一尺又五寸。「歌者張麗人墓誌銘」篆書八字，每字高約一寸又半寸，橫刻於碑首。墓誌銘都二十又三行，行五十又一字，楷書，首行黎遂球 [2] 撰書署名已磨去，末行「弘光元年，歲次乙酉閏六月念六日丙午之吉，友人彭日禎 [3] 等拜手立石」一行廿八字，下有「土名小梅花坳□□□□□之原」一行十三字，字略小。《蓮香集》前後刻本均未載，墓誌銘實二十又一行，雖漫漶已甚，但以精拓數本，以校《蓮香集》與伍氏刻《蓮鬚閣集》多有不同，如臨送人名次第亦不合，且多數人。當以原石刻本為據，耗浹辰工夫，始能校正如左：

　　「麗人姓張氏，母吳娟也，以能歌轉買入粵，生麗人，體瑩潔，性巧慧，小即能記歌曲，尤好詩詞，每長吟唐人銅雀春深句，因自命伍刻作『名』二喬，以其本吳女，流滯於粵，蓋以自況云。及喜作吳妝，調笑操吳儂語，時而弄鏡問影，婉轉自憐，嫣然不自持也。客伍刻無或謂『二喬』雙稱也，不如以小喬呼之，即應聲曰『兼金雙璧，名有相當』，因指鏡而伍刻無笑曰『此亦一喬』，於是張誕伍刻作『旦』二喬之名，雖城市鄉落，童叟兒女，無不豔稱之，以得觀其歌舞為勝。喬既長，母欲伍刻誤作『為』擇優伍刻多『之美者』三字贅焉伍刻又多『有爭為落籍者』六字，顧喬志存文雅，思得詞采有心之人，永相屬和。時時虞人見奪，間有覬為落籍者，每婉轉託辭，謂伍刻作『喬長歎謝，』以聲色悅人，亦復何

-411-

所自好，奈吾母鍾愛伍刻多一『我』字不能暫離，且伍刻誤加『已』字委身人妻伍刻作『為人妻』，蝶粉可汗，燕巢終在，不聊勝於入他人手。吼獅換馬，又隨風飄泊哉。是以粵三城多豪華子弟，以三斛珠挑之，百計買其心，堅不為動。甚至設機械，張畢羅，喬惟舞眉冷哂而熱嗔之。無已，則向大人先生之風流雅望者，使為祝解。於時文酒之會，則喬必在，脫珥佐觴，張燈拂席，三城詞壇，遂為名花之藪伍刻作『叢』，媚珠之淵，避鸛獺乎？顧亦能為小詩，善觴政操縱，雖一花半茗，清歡無疲，雅善鼓琴，往往伍刻無此二字人靜夜長，欣然而弄。好博塞呼賭，輒盡輸其金釵珠璫，未嘗肯伍刻無稍負責於人。然亦未嘗以小頓肯易心向金夫也，麗人可謂加一等矣。

　　余學道人也，每社事相期，呵筆捧硯，不能不悲其為意。昔《蓮香集》作『往』歲伍刻作『今年』元宵在都門，於諸公席間，傳聞麗人死，爭相與為詩弔之。比歸晤黃子逢永 [3]，談麗人死事甚奇，蓋時在新秋，麗人隨諸優於村墟賽神為戲，宿於所謂水二王廟者，夜夢王刻期聘之為妃，醒以《集》無『以』字語其母，泫然悲歡，或歌或吟，皆昔人淋鈴比紅諸句，果以其時不疾而逝。嗟乎，予往知麗人，故不屈於勢者，王何緣致之，豈甄后凌波，乃符銅雀之讖耶。若夫粉黛何假，美人何真，豔色等空，春花易謝，後之過者，知為麗人埋香處。明月為鏡，清風引簫，好鳥和歌，蛺蝶自舞，徘徊思之，亦可以知生死之無常。或有聞唱，不因柳毅傳書，恍然而悟者乎？麗人生於萬曆乙卯年三月十六日酉時，卒於崇禎《蓮香集》乾隆刻本作『正』癸酉年七月廿五日午時，為年僅十九歲。先是喬母子彳亍多故，余友彭子《蓮香集》與伍刻皆無『子』字孟陽，居中調護，用是伍刻無此二字以《集》與伍刻皆無『以』字知己之感，相得甚《集》作『最』歡。傷伍刻無其逝也，編遺稿，集挽章，賦蓮香詩百什首，婉悼備《集》作『悲』極，用以剞劂，以貽永久《集》與伍刻均無此八字。偶堅忍上人為彭子道意於釋恭蘇先生，□ [4] 然《集》與伍刻均無此二字惠捐勝地，遠帶流泉，下臨湖水，蒼松古石，依枕禪棲《集》與伍刻，此四句皆在『去花田不百里』之下，卜以乙酉閏六月丙午之吉葬焉。是舉也，則石闇何 [5] 長者，與其從伍刻脫子景瑋氏實董厥成，至《集》與伍刻皆脫賵贈臨送則黃君虞六 [3]、陳君喬生 [3]、梁君漸子 [3]、姚君縠符 [3]、何君文荔 [3]、羅君子開 [3]、李君定夫 [3]、王君崇道 [3]、胡君耀卿 [3]、蔡君幼恭 [3]、容君明子 [3]、蘇君忍木 [3]、楊君奇玉 [3]、梁君沃宸 [3]、何君景奭 [3]、楊君行玉 [3]、梁君懋修 [3]、黃君惺蓮 [3]、黃君運生 [3]、彭君聲木 [3]、彭君仲文 [3]《集》與伍刻，皆作黃虞六、蔡元友、陳喬生、梁漸子、姚縠符、何文荔、蕭繼

六、羅子開、胡沃宸、蘇忍木、何景奭、楊行玉、梁懋修、吳惺蓮、彭聲木，次第不同，且多
舛誤，至如黃運生一人，遍閱《蓮香集》無其人，幸賴此原刻不磨滅而存耳，暨麗人閣趙璧、
何文秀、余日生、江澹仙、郭清如、汪一生、趙素雲、陳荊玉、柏雲松、陳冰
肌、徐秋輪、錢文如、施碧霞、汪妙姑、王楚生、沈奇翠、郭昆秀、施秀芝、
陳翠容、周群芳、曹娟娟、李若仙《集》與伍刻均作閣趙璧、何文秀、王楚生、江澹仙、
郭清如、汪一生、陳荊玉、趙素雲、柏雲松、陳冰肌、徐秋輪、錢文如、施碧霞、汪妙姑、余
目生、沈奇翠、郭昆秀、施秀芝、周群芳、曹娟娟、李若仙、陳翠容，次序亦多舛誤，皆一時
倜儻慕義者也。地在三城之北，去花田不百里《集》與伍刻，此下有『蒼松古石，依
枕禪棲，遠帶流泉，下臨湖水』四句，獨原石，則此四句在『卜以酉』以上，且顛倒不同，為
特異耳，蓋庶幾吳伍刻無真娘墓云，屬余為誌以告後人，是不可無銘。銘曰：『豔
如火，水之妃，是耶非耶，噫，嘻，嗟乎伍刻無此三字！麗人之不朽者，乃在於
《集》與伍刻皆無『於』字斯！」

潘飛聲 [6]《南船北轍錄》云，「相傳卞玉京墓在無錫錦樹林，余兩至惠山
訪尋，詢之土人，已不知其地。戊午十月遊虞山，亦未得河東君葬處也。惟吾
粵張二喬百花冢，在白雲山之北。近聞蔡君寒瓊倡議為之修葺，其夫人張傾城
又以集中抱琴小像重摹巨幀，招諸詞人賦詩，則喬身後之福，又非秦淮八豔所
及耳。」

曩歲與劍川尚書倡議修葺張麗人墓，嗣因政變，趙尚書遽歸滇南，余亦卸
戎衣，挈眷避地香港，事遂不成。十餘年來未嘗去懷，去年癸酉距麗人卒於崇
禎癸酉恰三百載也，曾召要黃慈博 [7]、謝英伯 [8]、曾傳軺 [9] 三子及室人月
色往弔之，其地今屬中山大學林場即蘇家山，林場編墓第十，適南社社友鄒海濱 [
10] 為校長，將與商酌重修其墓，第世變日亟，人事棼如，未遑及此。皆麗社
同人伍君佩琳 [11] 等有修墓刻集之舉，洵勝事也，因香錄畀之。

《香港中興報》1934 年 6 月 14、15、19 日

【注釋】

[1] 萑 huán 苻，指盜賊；草寇，《明史·李俊傳》，「屍骸枕藉，流亡日多，萑苻可
慮。」

[2] 黎遂球，詳見《附錄 蔡守與古人交流考》。

[3] 彭日禎、黃子逢永、黃君虞六、陳君喬生、梁君漸子、姚君穀符、何君文茲、
羅君子開、李君定夫、王君崇道、胡君耀卿、蔡君幼恭、容君明子、蘇君忍木、

楊君奇玉、梁君沃宸、何君景奭、楊君行玉、梁君懋修、黃君惺蓮、黃君運生、彭君聲木、彭君仲文，均為為張喬送葬之時人，詳不考。

[4] □，原文字空白。

[5] 石闓何，贈送張橋墓地者。

[6] 潘飛聲，詳見《附錄　蔡守與時人交遊考》。

[7] 黃慈博，詳見《附錄　蔡守與時人交遊考》。

[8] 謝英伯，詳見《附錄　蔡守與時人交遊考》。

[9] 曾傳鞱，詳見《附錄　蔡守與時人交遊考》。

[10] 鄒海濱，即鄒魯，詳見《附錄　蔡守與時人交遊考》。

[11] 伍君佩琳，詳見《附錄　蔡守與時人交遊考》。

《蓮香集》外賷錄

邑子嚴邦英炎南 [1] 日前過牟軒，見余賷 [2] 錄張麗人事略，里旋後，以梁越裳詩序等寄示，亟錄之如左：

「梁麟生 [3]《百花冢》詩序云，『百花冢者，麗人張二喬墓也。喬母吳娟，入粵生喬於番禺案傳志皆謂『攜來粵』，梁獨謂『生於番禺』，不知何所據而云。喬美姿容，性復聰慧，小即能記歌曲，好詩詞，寫蘭竹案二喬只畫蘭，未聞寫竹，亦不知何所據也。吟唐人『銅雀春深』之句，因自命二喬，以其本吳女，流滯於粵，蓋以自況也。時先輩美周黎公偕諸名流，開社於南園抗風軒，每燕會喬必與，詩成後作蘭竹一二幅，視諸作之愜己意者贈之。先是喬母子亍多故，文學孟陽彭君輒為祝解，以是知己之感，相得最歡。彭曾願以千金為喬脫籍，母不許，及病憊，彭往訊之，母曰，『君能贖以千金否？』彭曰，『喬縱不起，吾亦何惜千金市駿骨乎？』母曰，『君高義，得其半以贍吾餘年足矣。』遂以五百金歸母，載喬而還。閱兩月，喬卒案此事從未見著錄，真不知梁氏何所據也，僅十九歲，彭厚殮之，葬於白雲山梅花坳，送殯者五百餘人此數亦無據，下至緇黃，人詩一篇，植花一本，號曰『百花冢』，謂將與花田相頡頏云。

後彭輯其吟稿，並諸挽詩，付之剞劂，曰《蓮香集》，其遺影、山圖，及植花名公姓氏，俱附卷末。詩曰，『已許歸仙籍，終難別世塵。留將明月魄，飛作越山春。紅霧長封徑，香風欲贈人。素馨墳不遠，千古是佳鄰。其二，憐汝非顏色，聰明眾所知。言陪文字宴，高席抗風時。澹墨王香卷，新聲芍藥詩。未應仙化盡，篋衍有人司案靈長此二詩及《夜泊沙腰讀張二喬〈蓮香集〉》五律一首，已

刊入乾隆複刻本續編，唯序與下一首，則未刊也。其三，千金求病骨，兩月任憂勞。杜□ [4] 歡難久，屯田義正高。□□聞勝事，白髮□□□。□□斜陽影，西風送海□。」案《順德縣志》，「梁麟生，字靈長，又字越裳，一字藥房《蓮香集續編》載又號城根，縣學生，倫教鄉人，住大良，少負逸才，名籍甚，學於其族叔家棣，作詩不墜家風，尤工豔體，著有《藥房詩稿》七卷，與邑中文士嚴大昌 [5]、羅天尺 [5]、余錫純 [5]、陳份 [5]，稱鳳城五子。」

羅天尺，字履先，號石湖。《五山志林》云，「梁藥房麟生，詩慕玉谿生體，曾於市上販書，購得粵妓張二喬《蓮香集》，酷愛之，寢食必偕，將死，屬其子曰『必以殉我』。其集鏤刻精工，序志皆美周、湛若諸公所作，屈華夫 [6] 大均葺《廣東文選》遍搜無存，靈長寶之有故矣。予哭靈長詩有『生來好罵真名士，死不相離是美人』，人以為工於寫照。」

《桐陰清話》云，「張二喬墓在白雲山梅坳，明彭孟陽 [7] 與同人植花於此，人稱百花塚，以閱年久荒蕪矣。同治初，粵中人士謀重修，何一山 [8] 貳尹桂林董其役，貳尹有句云，『一抔香塚花仍放，二月芳辰雨未晴』，蓋紀實也案墓葬於弘光元年，即順治二年，至同治初，歷二百十七年，何一山曾修一次，至光緒二十年，僅三十又三年，陸石孫等又重修一次，光緒廿年迄今又四十一年，麗社同人又倡重修之，誠如蘭史所云，二喬身後之福，不可及也。」

《柳堂詩話》云，「番禺潘鈞石分司正衡 [9]，曾結常蔭軒詩社，以廣州古蹟命題，其百花塚一首，限情字韻，頗難出色。由潘毅堂 [10] 都轉第甲乙，張南山太守維屏 [11] 冠軍，次之則劉三山孝廉華東 [12] 也。張作云，『芳塚人來弔落英，鮑家詩唱白楊聲。鶯花黃土埋香骨，槃敦青樓享盛名。空裏素琴風惻惻，夢中羅襪水盈盈。江南亦有傷心侶，鐘梵難消未了情。』劉作云，『哭花才罷咒花生，圍住春風不了情。含笑九原方是色，無言終日更憐卿。素馨斜共深埋玉，虞美人偏死得名。猶負銅臺依翠燭，淒涼琴韻與棋聲。』」

《松軒隨筆》云，「毅堂中翰《百花塚弔張麗人》一律最為人傳誦，曾錄入《羊城古蹟補抄》。詩云，『癡將花續死花生，地老天荒奈此情。白社奄乘耽永好，青樓以夢享餘榮。抑揚古些凌波去，播弄春光舉國傾。翻幸塵緣能擺脫，冷延芳緒話清明。』」

潘飛聲《在山泉詩話》云，「秦淮名豔惟柳《靡蕪集》，近人有與牧齋《集外詩》同刊者，此外朱泰玉、鄭如英、顧橫波遺稿均不可見。吾粵張二喬與之同時，所著《蓮香集》四卷，余行篋中本秘本也。其詩幽豔淒馨，得晚唐遺韻

案余曩歲訪蘭史於剪淞閣，曾獲把玩，乃原刻初印本，紙墨亦極佳，蘭史愛護如頭目，秘不輕示人，聞有粵之富人，願以千金易之，亦未肯割愛。前年上海倭寇之役，蘭史倉黃出走，與麗人畫扇均未及攜取，余嘗馳書問訊，俟得蘭史答書云，亂後浹辰事略平返剪淞閣，欣幸《蓮香集》麗人畫扇與圖書，均一一無恙，今蘭史已歸道山，未識能如梁癡以殉乎。

去歲夏間，區君夢園 [13]、姚夫人得賜約愚夫婦同遊梅花坳，弔張二喬百花冢。夢園賦詩云，「隔宵商略過牟軒，齊挈朝雲展墓門。幼婦獨尋捫碧落，美人同對感黃昏。風情色藝空能道，文采笙簫久不存。莫向旗亭重畫壁，短歌明月為誰溫。其二，微行安步抵乘軒，同出東門訪隧門。人在畫圖窺約略，花隨開落自晨昏。扇餘繪事香難滅，石刻妝臺跡尚存。欲斷情根還未斷，更栽松子待春溫是日談月色以雲南寄來之赤松子遍種墳上。」

「潭觀飛水正歸軒時予遊鼎湖山甫回，道經廣州，又得相隨去市門。斜似素馨成冷落，碑叢碧蘚漸蒙昏。兩朝蘇嶺魂應在，八豔秦淮跡莫存。最是白雲環淨土，深深埋玉更含溫。姚得賜 [14] 和作。」

「結言弔古並魚軒，買夏雙雙出郭門。續寫蓮香殘本足，重尋梅坳仄讀斷碑昏釋大訴蔣山詩，『弔古斷碑昏』。花栽元友姓同署《蓮香集·山中植花記》有蔡元友，年刻弘光字半存陸游詩，『斷碑零落苔俱遍，滿壁微茫字半存』。搔首人天五癸酉，妝臺石上有餘溫。蔡寒瓊和作。」

「忽聞樓外駐高軒，旋有金釵輕叩門。言弔梅坳成俊約，相攜蘭袂步初昏。一升松子新分種，百樹花枝已不存。為拓殘碑為摹像，兩家晨夕瓣香溫。談月色和作。」

「忘情太上笑羲軒，訪墓奚煩叩寺門。豔跡小喬同尺土在岳州曾見重修記刻本，荒郊叢籜近斜昏。美人已渺猶憑弔，存者如今復幾存。不植瓊枝培鐵幹，佩壺倒酒自生溫。其二，樊素朝雲載一軒，獨尋芳冷遠朱門。蘿岑快陟腰仍健時寒瓊夙疾初痊，蘚碣重看眼未昏。韻事易將前代說，名花詎有百年存。剪燈共把榛苓賦，雲母屏寒麝鴨溫。何博謇子陶 [15] 和作。」

「莫愁湖畔訪瓊軒，豔跡空留白下門。何似梅坳傳韻事，卻從穗石破重昏。孟陽情誼古難匹，喬倩精魂今倘存。太息百花零落盡，猶捫遺碣弔芳溫。又倒疊前韻一首，酒酹村醪麝炷溫，《蓮香集》在豔名存。花栽百本久無跡，蘚剔三弓忘仄聲向昏。應有芳魂來黑塞，漫因華表感朱門。從何領略騷人趣，且喜郊遊得並軒。蔡為珍嘯府 [16] 和作。」

香港諸大吟壇鑒，倘有和作或題百花冢詩詞，望遙寄本港九龍城打鼓嶺道五十六號三樓，

蔡寒瓊收，畀轉麗社編入重刻《蓮香集》為幸。

《香港中興報》1934 年 6 月 19、20、21 日

【注釋】

[1] 嚴邦英炎南，即嚴邦英，詳見《附錄　蔡守與時人交遊考》。

[2] 叠 ni，聚集貌，叠合，聚集；匯合。《集韻·入緝》，「叠，聚貌。」清李慈銘《越縵堂讀書記·蒼頡篇》，「而復別輯揚雄之《訓纂篇》，杜林之《倉頡訓詁》及《三蒼》各為一卷，出入紛孥，轉亂耳目，不如孫氏之叠合為一也。」

[3] 梁麟生，詳見《附錄　蔡守與古人交流考》。

[4] □，原文字空白。

[5] 嚴大昌、羅天尺、余錫純、陳份，均為清代順德詩人，號為「鳳城五子」，詳見《附錄　蔡守與古人交流考》。

[6] 屈華夫，即屈大均，詳見《附錄　蔡守與古人交流考》。

[7] 彭孟陽，詳見《附錄　蔡守與古人交流考》。

[8] 何一山，詳見《附錄　蔡守與時人交遊考》。

[9] 潘鈞石分司正衡，即潘正衡，詳見《附錄　蔡守與古人交流考》。

[10] 潘毅堂，詳見《附錄　蔡守與古人交流考》。

[11] 張維屏，詳見《附錄　蔡守與古人交流考》。

[12] 劉華東，事詳見後文《劉華東攻訐盧觀恒入祀鄉賢祠全案始末》。

[13] 區夢園，詳見《附錄　蔡守與時人交遊考》。

[14] 姚得賜，詳見《附錄　蔡守與時人交遊考》。

[15] 何博謇子陶，詳見《附錄　蔡守與時人交遊考》。

[16] 蔡為珍嘯府，詳見《附錄　蔡守與時人交遊考》。

曾文正手書與手批安稟真蹟

蔡兒年壽卿 [1] 出示世守曾文正 [2] 與乃祖少彭手書真蹟索題，適蔡敬襄蔚挺 [3] 從江西寄示曾文正手批安稟真蹟，文正兩遺墨，皆吾家藏弄，因並錄存之。

「少彭尊兄大人閣下，接冬月初五日惠書，具悉一切，釐務漸次就理，深仗藎籌擘畫，猶復推功小泉，彌持謙抑，珮仰曷已。北江五廠，炮船既有益於釐務，自未便遽議裁減，其經費歸入本省分成，如有尚須多留之處，請彤翁就近權衡。在珂鄉分多潤寡，幾疑捨己芸人，在敝處飲水思源，亦何敢顧此失彼。

彤翁現作主人，誼同一家，益可不存畛域也。承購洋槍等件，均經解到，鄙意攻守之要在人而不在器，每戒舍弟不必多用洋槍，而少荃到上海後盛稱洋槍之利，舍弟亦難免習俗之見，開此風氣，殊非左右。洋人號令嚴明，隊伍齊整，實不專以火器取勝。此次金陵援賊，洋槍極多，而我軍堅持如故，且有開花炸彈打入營中，未傷多人，我以炸彈打入賊營，賊亦不甚慌亂，此事似無必勝之道。粵滬兩口，洋器極多，購買極便，特以管見所及，坿陳所見。江省釐務，贛局尚有起色，省局尚無頭緒，比來軍事竭蹶，未暇悉心整頓，擬就大卡酌易數人，不審果有裨益否。專泐復問臺安，附璧謙版不宣，愚弟期曾國藩頓首，十二月十七日。」右書楷書二十又五行，行十有八字，箋高六寸，橫一尺有三寸，有間行。

跋，「壽昌少時，即聞吾鄉蔡少彭 [4] 觀察服官江西，政績卓著，觀此書而觀察之賢及曾文正公用人之術，皆可見一斑矣。觀察於文正為僚屬，文正此書，與之商榷事情，純如朋友之誼，不用公文式半點官氣。蓋曾、胡諸公類如此，此其所以能領袖群才，而有以成大業也。考文正年譜，同治元年三月，奏請特派大員馳赴廣東辦理釐金，專供蘇浙皖三省之餉，其月奉旨，以副都御史晏端 [5] 赴廣東辦理釐金稅務。五月公又片奏，保道員黃冕 [6]、李瀚章 [7]、趙煥聯 [8] 等九員前往廣東，隨同晏端辦理分卡，抽收釐金。又《文正全集》書札卷二十有八，有復觀察一書云『奏辦釐金事，頃已奉旨派晏彤甫 [5] 副憲督辦，擬即奏請先派熟手數員入廣會同本地官紳，粗為經始，以待星使之至。江省道府大員，欲屈閣下及小泉觀察一行，兩君條理精當，物望允孚，抵粵後當不至有所齟齬』云云。此書所謂彤翁指晏，所謂小泉指李也，此書又不主多用洋槍，然風會所趨，竟非文正所能阻遏。但其所謂洋人號令嚴明，隊伍齊整，實不專以火器取勝者，觀於數十年來中外之兵事，其言尤可深念也。此書《文正集·書札》未載，足補文獻之闕。蔡君壽卿為觀察賢裔，幸其家經兵燹後得存此劄，出以見示，摩挲玩讀，謹為題識，壽卿眷念先澤，其永寶之。辛未小雪節，楊壽昌 [9] 記於廣州嶺南大學。」

跋二，「同治十年湘鄉曾文正公宴客於莫愁湖，先子與焉，事見湘潭王壬秋 [10] 先生《湘綺樓日記》及瑞安孫琴西 [11] 先生《遜學齋詩鈔》。文正公與道州何子貞 [12] 先生及奉新許文敏 [13] 公書，皆述及先子事蹟，先世知己之感，非偶然也。惠陽蔡君壽卿頃以公與其曾王父書札相示，書中乃當日商辦釐金情事，用人行政，悉心擘畫，大首已詳楊君《果庵題記》中，展誦再三，益

歎賢輔經綸為不可及，而壽卿誦芬詠烈之盛心，亦良足尚矣。壬申臘南海桂坫[14]記。」

題詩，「裝諸寶篋麗金箱，展卷猶存翰墨香。委宛盡關天下計，綢繆奚只十三行。八賢妙跡今何在，兩代清芬誦不忘。舉目乾坤須整頓，更誰攬轡繼湘鄉。甲戌夏四月既望，壽卿宗先生屬題，宗末守寒瓊。」

曾文正公手批妥稟真蹟，前有木刻銜「欽命辦理浙江軍務前任兵部右堂曾批」十六字宋體木刻一行，又有「咸豐九年八月十七日到」木印，「八」與「十七」三字，筆加者。

「安稟閱悉。身列仕途，時時存一自重之意。自待者重，則它人之所以相待亦不至太輕。自待者之重有道，銀錢不苟，廉隅自飭則內重矣。言必中理，不躁不妄則外重矣。該員若能從此二事痛下工夫，自可勉為好官也，慎之慎之，八月十七日手批。」行書九行後有楷書一行「同知銜安徽候補知縣梁令」十一字，上斜鈐長方鉅印，印文曰「欽命辦理浙江軍務前任兵部侍郎關防」十六字朱文兩行。

案曾文正年譜，咸豐八年公在長沙與駱秉章[15]、左宗棠[16]會商軍事，刻木質關防，其文曰「欽命辦理浙江軍務，前任兵部侍郎」。咸豐九年八月十一日，公行抵黃州，與胡林翼[17]相見於行館，留七日而行。則此安稟稱「咸豐九年八月十七日到」，即日手批，是在黃州行館時也。此批關係政治道德，可作現在貪官污吏之針砭，茲徇女婿熊適逸[18]之請，景刊寄贈英國倫敦駱任廷爵士。蓋駱爵士現年七十五，係英倫第一流之學者，為最高學府之重心人物，曾任香港威海衛總督，在華四十餘年，極崇拜吾國曾文正，其生平著作甚富，且深究中國文學，恐國人尚少有及之者也。民國廿三年五月，蔡敬襄記於蔚挺圖書館。

《香港中興報》1934 年 6 月 22、23 日

【注釋】

[1] 蔡兒年壽卿，詳見《附錄　蔡守與時人交遊考》。

[2] 曾文正，即曾國藩，詳見《附錄　蔡守與古人交流考》。

[3] 蔡敬襄蔚挺，即蔡敬襄，詳見《附錄　蔡守與時人交遊考》。

[4] 蔡少彭，即蔡應嵩，詳見《附錄　蔡守與古人交流考》。

[5] 晏端，詳見《附錄　蔡守與古人交流考》。

［6］黃冕，詳見《附錄　蔡守與古人交流考》。

［7］李瀚章，詳見《附錄　蔡守與古人交流考》。

［8］趙煥聯，詳見《附錄　蔡守與古人交流考》。

［9］楊壽昌，詳見《附錄　蔡守與時人交遊考》。

［10］王壬秋，即王闓運，詳見《附錄　蔡守與時人交遊考》。

［11］孫琴西，即孫衣言，詳見《附錄　蔡守與時人交遊考》。

［12］何子貞，即何紹基，詳見《附錄　蔡守與古人交流考》。

［13］許文敏，即許振煒，詳見《附錄　蔡守與古人交流考》。

［14］桂坫，詳見《附錄　蔡守與時人交遊考》。

［15］駱秉章，詳見《附錄　蔡守與古人交流考》。

［16］左宗棠，詳見《附錄　蔡守與古人交流考》。

［17］胡林翼，詳見《附錄　蔡守與古人交流考》。

［18］熊適逸，詳見《附錄　蔡守與時人交遊考》。

《南昌城磚圖志》

　　江西新建蔡敬襄蔚挺 ［1］ 輯《南昌城磚圖志》甚完善，將出版，今書此用告並世之有古磚癖者。

　　《南昌城磚圖志》序，「國中之有城隍古矣，近頃以來，以國防在海，又戰具防泰西，攻守異形，於是名都大郡，多墮墉塞塹，夷為馳道，南昌亦其一也。蔡君蔚挺，創義務女校南昌二十餘年，其為教不溺今而非古，金石文獻，允所究心。當戊辰南昌毀城，君一日行市中，治路工方糜城磚，見中有文字者，異而求之，則前碎不可追尋者多矣。自是歷四寒暑，冒烈日風雪，與工人伍，泥手塗足瓦礫間，得磚二百餘品，擇其朝代年號，或姓字府州縣名可考識者，自漢初迄清末，拓其文，第其先後，雜考諸書，成《南昌城磚圖志》。美矣乎！非專且勤不能也，南昌於漢為豫章郡，其後或名洪州，或名鍾陵，然常為省會。城始建自灌嬰，當漢高祖六年，今存磚四，列之卷首者是也。其間雜出墓磚，則南唐時平南王鍾傅據洪州發古冢，取碑碣以繕城者也。漢時造磚人，往往自鐫名，後但紀年，宋元造磚，隸使府窯務。明則所屬郡縣，咸造磚供役，此其大略可見者也。漢晉磚，多雕文工致，唐以下無之矣。嗚呼！自始建城以迄於茲，蓋二千百有餘年矣。其營繕修葺，勞民力，耗國帑，不知其凡幾也。戰鬥征伐，何代蔑有，攻者守者，竭智慮捐肢體於茲城者，又不知其幾何也。成而

有之,如此其艱也。爭而存之,如此其難也。一旦以為無用,摧毀掃蕩,曾不數載,岩岩百雉,泯然無復存者,又何其易耶。微蔡君葆此殘遺,後之人欲考古代之遺制,弔廢興之陳跡,將何取徵哉?他行省城之毀也,其所得吾不知何如,度必有資考訂備掌故如吾南昌者,而圖志之作無聞焉,蔡君之識,抑又過人遠矣,壬申冬月,義寧陳三立 [2] 散原父志。」

蔡蔚挺輯《南昌城磚圖志》自題七絕十首:

(一)「治亂循環演大同,回思炎漢闢鴻蒙。二千一百餘年事,彷彿河山泡影中。」《漢書》高帝六年,潁陰侯灌嬰渡江,定豫章郡,始建城,至民國十七年,南昌市長伍毓瑞 [3] 悉毀而築馳道,自建城至毀城凡二千一百餘年,治亂循環,人事變遷,彷彿河山泡影耳。

(二)「墓磚散掘忽成城,軍使威風最可驚。誰識澹臺靈爽在,猶能入夢護殘塋。」明陳士業 [4]《江城名蹟記》載唐末南平王鍾傳初入洪州,命修城軍使散掘墓磚以稱用。工畢,傳夢一人來謁曰「將軍何得暴我居處」,覺,問軍吏賓客,莫有知者。市老羅通入謁曰「舊圖云,城東南角三十步,有澹臺了羽 [5] 先生墓,甚靈,恐軍人取磚,有所觸犯」。傳使人視之,果驗,即命整砌修飾,更立亭於上,以表古蹟。復夢致謝,傳以束帛賞羅通焉。今余所採集城磚,多晉人墓磚,殆南平王修城時遺磚歟。

(三)「救國拼身無顧惜,浠湖忠義自平生。文山正氣鄉邦化,抵死都羞城下盟。」明末,姜相國曰廣,新建縣浠湖人,戊巳江城之變,姜公抵抗滿清,乃殉難於城內□ [6] 家塘。當時有黃孝廉文旦謂姜公曰,相國年高,只拼這身子出來救國,不愛一死,毫無顧惜,可謂誠忠。溯自滿清入主中夏二百七十餘年,褒崇明末忠節,獨不及姜公,余仰慕鄉賢之忠義,發揚民族之精神,特表彰之,撫今思昔,感愴如何。

(四)「無情兵火撲城來,危急存亡仗汝才。數萬生靈堪託命,堅如山嶽敵難摧。」清咸豐年間洪楊之役,湘、鄂、皖、蘇、浙各省之城,相繼失守,殘破糜爛,生民塗炭,惟江西省城被圍八十日,未能攻破,數萬生靈,得以保全。雖江忠源 [7]、張芾 [8] 激厲將士死守之力,然非賴有此堅固之城,曷克抵禦。

(五)「西山風景依然在,城郭人民慨已非。世界潮流今激蕩,天空戰鬥有飛機。」西山距省城三十里,為江西省會屏障,風景如畫,昔王子安 [9] 滕王閣詩,珠簾暮卷西山雨,今閣付劫灰,城亦毀矣。而原有城門凡七,曰章江、

曰德勝、曰永和、曰順化、曰進賢、曰惠民、曰廣潤，均一方向，準對西山，相傳為郭璞 [7] 所定。時至今日，既有空中飛機，戰時足以摧毀建築物，雖有堅固之城，亦失其效用，毀之宜哉。

（六）「隸書楷變幾經年，追溯源流在眼前。未有花紋唐以後，先民藝術見城磚。」隸始於漢，至晉變楷，王右軍父子蘭亭序、洛神賦，為書家之革命。茲從漢建城磚拓起，至清末修城磚止，以歷代年號書勢定次序成一巨冊，俾二千餘年文字書法之變遷，世運之升降，一目了然。自唐以後，磚無花紋，質粗且鬆，而漢晉磚質花紋，甄陶甚佳，又極堅固，可見先民藝術之精，後乃失傳耳。

（七）「漢晉風規字可珍，隋唐後漸少精神。收藏不滌沙泥跡，永見廬山面目真。」余採集歷代城磚，以漢晉有文字者，意味樸厚，質堅而細，花紋亦佳。隋唐以後，書法俗靡，古意漸亡，屢見人家藏有漢晉磚，琢為硯，用蠟製，喪失本來面，致人多疑為偽物。今余所獲者，係韞藏城牆，泥沙石灰，封塞模糊，僅用水輕滌，以現出文字為止，不雕琢，不蠟製，所以存真而徵信也。

（八）「搜羅金石始歐陽，章水淵源溯瓣香。斷甓摩挲西漢字，緬懷集古獨蒼茫。」歐陽公 [10]《集古錄》，議論淹博，為考定金石之鼻祖，然以不獲西漢碑文字為憾。今余遇毀城，竟獲西京灌嬰建城磚文字，喜不自勝，惜歐陽公有此同好而未之見也。

（九）「繼歐尚有洪文惠 [11]，《隸釋》先成考古家。人傑地靈今已矣，殘山剩水不勝嗟。」鄱陽洪文惠繼歐陽公而作《隸釋》，十年成書，徵引辯證，精覈無遺，不但後來金石家奉為圭臬，即今之考古學者，亦莫不推崇備至。人往風微，望古遙集，而感傷江西現狀，盜匪肆虐，殘破不堪，尚不知伊于胡底也。

（十）「潁陰侯建豫章城，歷代增修到勝清。誰料二千年後毀，我來編輯字留名。」城為漢潁陰侯灌嬰建，歷代修築，至民國十八年悉毀之，於是江西省之城，共有二千一百餘年之歷史，所經變遷，不知凡幾。余性嗜金石，採集有文字朝代年號之城磚編為圖志，得二百餘品，自漢灌嬰建城始，至清宣統元年修城終，以成有歷史統系之作，若以文字優劣論，則唐以後，等於自檜，不足觀矣。然磚上刊有各府縣名，及提調、同知、照磨、主簿、通判、知縣、縣丞、司吏、推官、監官等官銜，又地方總甲首、甲首、小甲、窯匠。

跋，「丹塗張諟齋 [12] 大將軍景遜嘗以南昌發見唐磚墨脫寄示，知為宗英

蔚挺搜集，室人月色曾有題跋附後。往歲因家賢初大將軍廷鍇囑籌備家族西山學校事，與通聲問，知戊辰南昌毀城時，犯暑沖寒，勞瘁四載，搜集得自西漢迄清末，二千一百餘年來城磚二百餘品，精拓詳考，成《南昌城磚圖志》，將景印行世。其專且勤寧勿令人欽敬，所得之磚皆不洗滌敷蠟，尤合發地考古之要旨，戊午己未之交，廣州毀城，余亦狂臚磚拓，得三千餘種，並世考古者，考釋題詠殆遍，亦欲景印以貽海內外嗜古之士，只以世變日亟，人事棘軏，未償斯願。唐代修城，多取漢晉墓磚，宋元明以來城磚，有地名官名人名，與各省毀城發見之磚，儼同一揆，唯西京文物，未嘗多覯，僅餘杭王季歡 [13] 修所輯杭州城磚，有鴻嘉三年者。南昌竟得灌嬰四磚，足傲各地矣，廣州毀城，發見『南海』二字大篆一磚，劍川尚書石禪趙藩 [14] 雖定為西漢文字，顧未有碻證也，僅有東漢『永元』、『永壽』二磚耳。況蔚挺是編，自西漢以迄清末，成一有歷史系統之作，尤為折服。南京古物保存所收明磚不尠，王季歡磚輯，收至道光廿二年趙之琛 [15] 等修南屏淨慈寺磚，及光緒二十年青鎮徐氏磚，余輯小收至光緒十三年張之洞建廣雅書院磚，僉同斯旨。但視蔚挺之婣且勤，則媿赧多矣。七十八甲戌夏五月，溽暑如惔，揮汗泚筆，順德蔡守寒瓊識於牟軒。」

附跋，「右唐專，南昌毀城發見者，新建蔡侯，取而庋於蔚挺圖書館。疇昔廣州毀城，亦發見唐專不鮮，主君寒瓊，取而藏諸廣東博物院。噫！兩地毀城發見之唐專，都如爨桐椽竹，得遇中郎而保存，何其巧歟。主君重遊宣南，曾獲唐『仙』字全瓦以為枕，『仙』字正如魯公書麻姑仙壇記，咸笑主君為蔡經之後身，誠雅謔也。前賢搜藏專甓瓦當，僅注重兩京文字，詎意李唐專瓦，亦不鮮精湛者，安得一一皆遇蔡侯之好古耶！語云『金石出土，有幸不幸』，信然，信然，昭陽作鄂端午前三日，雨過乍涼，適黃山隱者葛於華 [16] 遙餉茶筍，與主君同坐牟軒，量泉淪茗，玩賞墨脫，意味清絕，泚筆跋之，蔡談月色。」

附王季歡《杭州城磚志》序，「吾郡故多古磚出土。余幼好弄，讀書餘暇，時作郊坰之遊，童僕相隨，因詔之於斷礎頹垣間，物色磚之有花紋及文字者，有所獲則嘉賞以鼓勵之。若輩誠不知是何所用，特以賞之不薄，而求之匪至難，恒有所獻，久之所得遂不少，其中頗有前人思之而不可得者。宣統庚戌以還，余久在外，遂不復多所新見矣。嘗謂千甓亭雖富，中多雁 [17] 也，且當時因縣金以求，致有發冢窮搜以獻者，是不免巧取豪敚之嫌矣。余所得者皆自瓦礫之丘，俛拾即是，轉以未得百磚千甓相誇為幸也。今秋自都門南歸，侍親避兵扈瀆，鄉人來，知先人故廬，於甲子乙丑之交，兩為戎帳，所蓄古物圖籍，半為

駐軍所毀，古磚浮砌在廳事前者，悉被取作竈陘，文字多損，不可復拓。因檢舊時手拓零片，饋贈同嗜之餘，什不存一，匯而錄之，竊取書去目存之義聊用自慰，何敢擬諸著述之林，乙丑冬仲王修記於揚庵。□此卷於丙寅秋曾景印成書，考證求碻，釋麗於圖，未及布行，壞於盜劫，一冊無存。今重付印，圖與考析，圖不能具，視前精美，益勿勝已，拾遺八磚，均溫孺人彝罍於戊辰己巳之交，得之於杭州者，均可資考證，未必弱於曩所獲，宜附著錄。然書再成，彝罍竟不及見之，余益悼痛，茲後其無事再搜求矣乎！度磚以清工部營造尺為準，景印之圖，窘於尺幅，未能一如拓本，例應附識，庚午四月既望，王修再誌。」

　　附《溫州古甓記》序，「昔儀徵阮文達公，嘗謂浙中漢晉碑刻甚少，獨磚文敗垣牆角間嘗有見者，故其志《兩浙金石錄》，漢至五代，漢文逾八十種，而溫州未有著錄者。近年嘉善戴教授咸弼 [18] 著《東甌金石志》，始於瑞安隆山得明因寺宋大觀修塔磚，而詒讓別得永嘉松臺山淨光塔宋元祐熙寧諸磚，並拓以貽之，咸著於錄，然未嘗見唐以前磚也。光緒己卯詒讓侍家大人歸自江寧，里居多暇，與二三同志，若林祈生 [19] 慶衍、周伯龍 [20] 瓏、龍仲 [21] 璪輩，恣意遊覽，窮搜古刻，偶得梁天監斷磚於邑之東郊，輒相與傳觀，矜為創獲。繼又得晉升平宋元嘉諸磚，率皆斷裂文字，或刓蝕不具，第以其舊物有紀年，悉收弆之，復拓以貽戴君，咸謂吾鄉金石之古，無逾是者，雖殘闕猶寶貴也。今年十月，家大人以蓋竹先塋封土，命詒讓往視工，歸時道過邑之廿四都下灣，傭者為言十餘年前，黃氏造家，掘山取土得古冢，其磚皆隱然有花紋字畫，粲然可辨，試登山觀之，冢已破壞殆盡，零甓滿地，檢視其文，則晉泰和二年作也。拾其完善者數塊，攜歸以示林周諸君，咸驚歎為得未曾有，閱數日，復攜工往為修葺，並搜剔遺磚，所得甚夥，鄉農聞余得磚，皆相與聚觀，則詫曰『是累累者，何遽珍重若是，某村某山，破冢堁堁，其磚乃亦皆類此』。蓋各鄉舊甓出土者甚多，樵牧習見之，初不知其為古物也，則相率導予往求之，短屐長鑱，尋訪累日，得晉至梁磚，無慮數十種，乃知荒埏廣隧間，零落者不可勝算，惜曩時無過問者，村農輒取以楷床墍竈，率多毀滅，今之僅存者，乃其千百中之一二。然所得猶若是，蓋亦幸矣。既而鄉人之以古磚來告者日眾，輒偕林周諸君訪致之，又旁及於它縣，咸有所獲，檢校其目，以視文達所錄兩浙磚文，數殆過之，其文字多完具可讀，因摹刻為《溫州古甓記》，通若干種，為若干卷。昔宋劉球 [22]、洪适 [11]、馬居易 [23]、婁機 [24] 諸人，集漢隸蓋多採磚

文，此記所摹，雖多晉以後物，其文取足紀年月姓名無它記述，然其字畫奇古，篆隸咸備，異文詭體，多與漢魏六朝碑版相合，間有古里聚官秩氏族，尤足資考證。區區陶瓴，遂為吾鄉文獻之徵，是誠不可以無述也。至於墜文甂甃，日出不窮，後之所獲，當復倍葆於是，將隨時續增之。庚辰十二月，瑞安孫詒讓 [25] 書於百晉精廬。」

《香港中興報》1934 年 6 月 24 至 28 日

【注釋】

[1] 蔡敬襄：即蔡蔚挺，詳見《附錄　蔡守與時人交遊考》。

[2] 陳三立，詳見《附錄　蔡守與時人交遊考》。

[3] 伍毓瑤，無考。

[4] 陳士業，即陳弘緒，詳見《附錄　蔡守與古人交流考》。

[5] 澹臺子羽，即澹臺明滅，詳見《附錄　蔡守與古人交流考》。

[6] □，原文模糊莫辨。

[7] 江忠源，詳見《附錄　蔡守與古人交流考》。

[8] 張芾，詳見《附錄　蔡守與古人交流考》。

[9] 王子安，即王勃，詳見《附錄　蔡守與古人交流考》。

[10] 歐陽公，即歐陽修，詳見《附錄　蔡守與古人交流考》。

[11] 洪文惠，詳見《附錄　蔡守與古人交流考》。

[12] 張諟齋，即張景遜，詳見《附錄　蔡守與時人交遊考》。

[13] 王季歡，即王修，詳見《附錄　蔡守與時人交遊考》。

[14] 趙石禪，即趙藩，詳見《附錄　蔡守與時人交遊考》。

[15] 趙之琛，詳見《附錄　蔡守與古人交流考》。

[16] 葛於華，無考。

[17] 雁，贗品。

[18] 戴咸弻，無考。

[19] 林祈生，詳見《附錄　蔡守與時人交遊考》。

[20] 周伯龍，詳見《附錄　蔡守與時人交遊考》。

[21] 龍仲，詳見《附錄　蔡守與時人交遊考》。

[22] 劉球，詳見《附錄　蔡守與古人交流考》。

[23] 馬居易，未考。

[24] 婁機，詳見《附錄　蔡守與古人交流考》。

[25] 孫詒讓，詳見《附錄　蔡守與時人交遊考》。

廣州城磚散記

　　戊子己未之交，廣州拆城，發現古磚不鮮，余盡心力搜求，及狂臚墨脫，得二千餘種，並乞當代考古學者，考釋題詠，欲以景印成書，詎料堆於篋衍，迄今垂十餘年，人事椷椪[1]，未遑整理，不知何時斯願才償。友人曾傳輻[2]欲輯《廣東晉磚志》，黃秩南任恒[3]欲輯《廣州城磚記》，皆未成書，余今信手散記，亦聊備將來治廣州城磚記者之採錄耳。

　　排[4]即書籤「廣州城磚集拓，揭陽曾經剛父[5]題」，楷書，端即書首（一）「廣州城磚集拓，己未五月，楊天驥千里[6]題」，篆書。（二）「廣州城磚集拓，杭州鄒安適廬[7]署耑」，楷書。（三）「城專集拓，陳卷施[8]」草書。（四）「解瓵甓之音，劍川尚書審釋，寒瓊蔡守集拓，蕭嫻[9]署籤」隸書。

　　跋，「歲在己未，廣州拆城，發見漢永元專一，南海郡專一，南海、東莞專各一，南漢梁承事專一，宋景定修城專一，石禪尚書郵寄見貽[10]，墨采古香，照人心目。案，廣州城築自越人公師隅，號曰南武，五羊之瑞，肇自楚威王，任囂、趙佗相繼卜築，漢改築番禺城為南海郡，建安十五年步隲為交州刺史，及大拓番禺城，建州治於此，至今不改。永元漢和帝建元第一，九年歲在丁酉，尚先於步隲百年餘，或云與南漢梁承事兩專，非故城專，修城時斂自他處者。南海郡專，自天寶以後無南海郡，是在天寶之前。南海、東莞兩專，字跡古樸，然至德三載，改寶安曰東莞，定為唐專。六朝東莞，則山東莒州也，景定修城，不見於史，然宋自嘉定、紹定、端平、開慶，皆嘗修治，至景炎二年降於元，次年元毀天下城隍，獨廣州子城無恙。各地城專，皆有古專，或無有者，在經理得人不得耳，江蘇、濰安、揚州、寶應城專皆見著錄。此次江南拆貢院，明專亦甚古，瞿鏡濤[11]曾得建康府專，即斂自他處者，然不見發現，經理皆犗人，無廣州人之留心耳。江陰繆荃孫[12]跋用《藝風堂金石萃編》格紙，小楷十八行，行二十字。」

　　題詠，「記得前年吾與子，拓題鬥韻日千紙。歸鞭夜指衡嶽雲，別淚朝添珠海水。羨子淫書天性奇，周秦古物縱橫稽。庋藏有屋陳彝鼎，肥遯無心擇潁箕。殘金斷石逢人間，湖舫斠碑□[13]尤韻。筆妙能傳山水神，氈包重累舟車運。古磚出土與今殊，篆隸欣瞻唐宋書。收入錦囊都拱璧，不教滄海有遺珠。沈霾千載紋難毀，中有兩磚製殊詭。好月團團照鏡花，闕文斷爛刊魚豕。眾星

錯落斗猶存，品共西京片木尊。松雪後身工考訂謂趙石禪，雲臺功首細評論謂鄧爾疋 [14]。磨杵成針無月日，磨磚為鏡難千一。內府應添插架籤，中郎待補生花筆。考獻徵文一代豪，楚天南望嶺雲高。雀臺汲冢憑呵護，一字流傳萬鬼號。廣州拆城，寒瓊社督得唐宋古磚，中有鏡紋者尤奇，奉題長句，則希正之，醴陵劉今希 [15]。」

「一臥滄江忘甲子，日伴蟫魚□故紙。世變紛紛東海塵，禪心湛湛曹溪水。望氣東南聲以奇，沉沉寶物千年稽。菱花一任霾苔蘚，赤土依稀畫簸箕。為僧出定君休問，中郎原解焦桐韻。適從湖舫斠碑來，更向寒灰徵劫運。寶光滿地妙且殊，群疑蔡邕得異書。踏破鐵鞋知幾許，衣底乃繫摩尼珠。摩尼不共羊城毀，磚耶鏡耶製殊詭。仙痕窈窕漢龍鸞，古字斑斕混魚豕。西來大意只今存，磨塼妙契世所尊。著書觀心有差別，生天成佛難並論。安得鏡光罔慧日，百界千如接入一。盡教塵劫更成塵，當窗長映寫經筆。君不見秦帝當年顧盼豪，金鏡一奩秋月高。坐令鏡失中原暗，簧火叢祠狐夜歸。奉題塼鏡齋，劉約真 [16] 和前韻。」

「寒公手腕空餘子，日寫黃庭二千紙。筆陣橫驅南嶺雲，冠縷慣濯滄浪水。生平嗜古兼嗜奇，吉金樂石勤鉤稽。遊蹤十載遍阪澀，靈光萬丈寒斗箕。飄零國故無人問，起衰重嗣昌黎韻。忍白空山厭薜蘿，獨於殘闕扶文運。鹹酸我亦與人殊，雙鯉頻勞長者書。媵之名拓若束筍，輝煌照眼都璣珠。粵王臺下堅城毀，得塼三百字奇詭。細溯源流到宋唐，別尋紀載糾魚豕。田海遷移此尚存，並時趙鄧品題尊。斂謀影拓供天下，一往幽情難具論。用夷變夏傷今日，彝鼎球刀存百一。問字容過揚子廬，封侯肯擲班生筆。古歡薈萃公真豪，遙指秋月標孤高。我歌未足張韻事，題寄權作寒蟲號。劉雪耘 [17] 和韻呈教。」

「昔遊曾追傅介子謂熊湘，窮荒鑿險面如紙。祁連山高碑插天，華陰道壁沈□ [18] 水。侯王未央語未奇，漢文秦刻難鉤稽。七年塞上得拓本，夜夜光芒搖斗箕。南歸此物無人問，俠少場中時賭韻。寒瓊嗜古工冥搜，恨不萬牛廻首運。咄咄寒瓊生性殊，不學隋唐以下書。蕤賓 [19] 乍聞識舊鐵，魚目掃盡甄明珠。臺傾殿拆乾坤毀，手弄遺塼意詼詭。磨塼作鏡照混茫，渡河未許欺二豕。此塼此鏡能久存，從此齋名定一尊章炳麟 [20] 為篆《塼鏡齋》額。西京之木南越字，並弄斯齋勤討論。前年劉子東遊日，袖中分我怪石一。鐫刻微名亦可憐，眼見寒瓊施鐵筆。我分一石猶自豪，寒瓊石況齋問高。寄語百靈慎將護，六丁下攝

天風號。卜世藩 [21] 和韻。」

（缺文）

「『韓總管置』楷書四字。韓總管為北宋寶元修城時之官，是磚即為所監造，字體秀整，官中之物，究與尋常市製不同。己未七月，杭州鄒安適廬觀於扈牘。」

「『萬善』楷書兩大字，黃氏《廣東通志》載，萬善寺在觀音山上，為越王臺故址，唐人多登此玩月，明永樂初改作觀音閣，此當是萬善寺磚也。兆鏞 [22]。」

「符籙刻於『萬善』磚背，城塼畫符籙者不少，然屬於道家者為多，此在萬善專背，當是佛教宗符印也。連山月裳女史林桂馨 [23] 記。」

「『似從工做到如今，日日挑柴吃苦辛。一日秤來要五百，兩朝定是共千斤。山高路遠難行步，水深泥滑阻工程。傳語諸公除減少，莫教思苦眾軍人。』行書八行，行七字，橫刻於塼面。北宋城專委鬼工，繕完郭堞卻寇攻。今得專文苦工作，眼底揮斥藩籬空。古今事勢庸有異，窺時萬態焉能窮。鬼薪城旦良可念，減除寄語非匆匆。姓名不復記誰某，書格頗近黃涪翁 [24]。莫論興廢視殘字，永嘉斷甓將毋同。汪兆鏞題。」

「專字何年劃，將毋委鬼工。殿屎在城旦，監造豈摧鋒。配以西京木，陳□南漢幢。是非誰管得，□竟壞崇埔。鄧爾雅題。」

「司空城旦書，乃出軍人手。塼上字數行，眼中淚一斗。燒塼貴挑柴，一日斤五百。只求除減少，吟諷意悱惻。誰監城塼役，中左與摧鋒。一踢倒靴尖，溯往難為功。築城昔云苦，毀城今豈樂。傳語丁令威，莫化歸來鶴。戊午秋廣州折內城子城，至己未春二月中，折文明門，得塼於城根，刻七言詩一篇，無年月，蓋軍人苦役之謠也。同時又發見有塼或題中左，或題摧鋒，皆當時軍伍之名歟，石禪老人趙藩 [25]。」

「『天人來』行書三字。天人來，駕遊霧。霧送來，煙推去。來時暗記銘其塼，去後相思知那處。調寄花非花，用白香山原句。己未閏七夕，予美思琅得此塼墨脱寄示，營山張光蕙稛蘭 [26] 題於桂林榕湖之蘊香樓。」

「天人來，豔如許。白雪歌，霓裳舞。啼香怨粉滿東南，第一銷魂除是汝。天人來，夜將半。燭影紅，簾波顫。如今天樣阻蓬山，片石題名呼萬遍。醴陵傅熊湘屯艮 [27] 倚聲。」

《香港中興報》1934 年 6 月 29、30，7 月 7 日

【注釋】

[1] 榛柂，往復馳逐。漢王延壽《王孫賦》，「扶嶔崟以榛柂，蹑危臬而騰舞。」

[2] 曾傳輅，詳見《附錄　蔡守與時人交遊考》。

[3] 黃秩南，即黃任恒，詳見《附錄　蔡守與時人交遊考》。

[4] 排，一解作「排列；編次」。南朝梁沈約《注制旨連珠表》，「連珠者，蓋謂辭句連續，互相發明，若珠之結排也。」

[5] 曾經剛父，即曾經，詳見《附錄　蔡守與時人交遊考》。

[6] 楊天驥，詳見《附錄　蔡守與時人交遊考》。

[7] 鄒安適廬，詳見《附錄　蔡守與時人交遊考》。

[8] 陳卷施，無考。

[9] 蕭嫻，詳見《附錄　蔡守與時人交遊考》。

[10] 眂 shi，通「示」，出示。《漢書·趙充國傳》，「至春省甲士卒，循河湟漕穀至臨羌，以眂羌虜。」顏師古注，「眂，亦示字。」

[11] 瞿鏡濤，瞿木夫，即瞿中溶，詳見《附錄　蔡守與古人交流考》。

[12] 繆荃孫，詳見《附錄　蔡守與時人交遊考》。

[13] □，原文缺字。

[14] 鄧爾疋，詳見《附錄　蔡守與時人交遊考》。

[15] 劉今希，詳見《附錄　蔡守與時人交遊考》。

[16] 劉約真，詳見《附錄　蔡守與時人交遊考》。

[17] 劉雪耘，詳見《附錄　蔡守與時人交遊考》。

[18] □，原字模糊莫辨。

[19] 蕤 rui 賓，古樂十二律中之第七律。《周禮·春官·大司樂》，「乃奏蕤賓，歌函鍾，舞大夏，以祭山川。」

[20] 章炳麟，即章太炎，詳見《附錄　蔡守與時人交遊考》。

[21] 卜世藩，詳見《附錄　蔡守與時人交遊考》。

[22] 兆鏞，即汪兆鏞，詳見《附錄　蔡守與時人交遊考》。

[23] 林桂馨，詳見《附錄　蔡守與時人交遊考》。

[24] 黃涪翁，即黃庭堅，詳見《附錄　蔡守與古人交流考》。

[25] 趙藩，詳見《附錄　蔡守與時人交遊考》。

[26] 張光蕙穉蘭，即張光蕙，詳見《附錄　蔡守與時人交遊考》。

[27] 傅熊湘屯艮，即傅熊湘，詳見《附錄　蔡守與時人交遊考》。

朋儕原名錄

日前與江亢虎、謝英伯坐荔灣水榭清談，談及江謝二君原名，鮮有知者。江君原名紹銓，近號康瓠，謝君原名華國，余原名有守，小名珣。因及朋儕原名並信筆錄之如左：

劉申叔光漢，原名師培，又字左庵；章太炎炳麟，又名絳；吳江柳亞子，原名棄疾，字安如；上海朱少屏，原名葆康；嘉善沈道非，原名礪，又字勉後；金山姚石子光，原名後超，字鳳石；吳江葉楚傖，原名葉，字小鳳；醴陵傅屯根専，原名熊湘，字君劍；台山馬小進，原名駿聲，字夢寄；富順雷鐵崖，原名昭性，字詧皆；三原趙其相，原名世鈺；海寧杭辛齋，原名慎條，字夷則；崑山余大遠，原名順，字疢儂；歙縣黃濱虹，原名質，字樸存；涇縣胡樸庵，原名韞玉，字仲明；吳縣包天笑，原名公毅，字朗生；涇縣胡寄塵，原名懷琛，字季仁；吳興陳英士其美，又字無為；閩侯林秋葉，原名之夏，字涼笙；合肥范鴻仙，原名光啟，字孤鴻；崑山胡石予，原名蘊，字介生；湘鄉張默君，原名昭漢，字涵秋；吳江蔡冶民，原名寅，字清任；天津李息霜，原名凡，字叔同，為僧名弘一；閩侯林浚南，原名學衡，字愚公；清江楊杏佛，原名銓，字死灰；曼殊，俗姓蘇，名玄瑛，字子穀；芮縣景秋陸，原名耀月，字太昭；江寧陳匪石，原名世宜，字倦鶴；松江姚鵷雛，原名錫鈞，字雄伯；丹徒葉中冷，原名玉森，字葓漁；鶴山易大厂，原名廷熹，字季復，又號晬民；紹興邵元沖，原名庸舒；順德黃晦聞節，原名純熙，字佩文；東莞鄧爾雅萬歲，原名溥，字季雨；太倉狄君武，原名膺，字雁月；紹興邵力子，原名聞泰，字仲輝；宛平白中疊，原名炎，字臥羲；諸暨陳越流，原名樗，字藥叉；湖口楊吶冰，原名賡笙；醴陵李仲莊，原名隆建；南海盧諤生，原名維岳，字逸少，號盧魂；南海陳藹生大年，原名絹文；常熟黃摩西，原名人，字慕庵；中山馮自由，原名懋龍；紹興壽石工，原名璽，號印匃；吳縣李璽齋尹桑，原名師實，字若柯，號壺父；番禺何陶叟博睿，原名鑄，號夢句；營山張心瓊，原名光蕙，字稚蘭；番禺黃琢魂騷香，原名婉瑜；山陰秋璿卿瑾，原名閨瑾，字競雄；上谷王秋湄薳，原名世仁，字君衍；杭縣鄒適盧安，原名壽祺，字景叔；餘杭王屈瓠維季，原名禔，字福庵；孫中山文，原名德明，字逸仙，小名帝象。

《香港中興報》1934 年 7 月 14 日

癡洪《梅譜》題辭

（前文缺）「冰雪聰明莫與京，但知耐冷不爭春。君家富有喜神譜，萬綠千紅未似貧。亦知世界都烏有，下筆終難盡子虛。不獨畫梅守家法，能為蝯叟晚年書。方爾謙地山[1]，近號大方。」

「舉世酣嬉說臥薪，何時寒極始回春。梅花數點天心見，煮石生春足療貧。梅尉不須求市隱，逋仙只合住清虛。江南香雪真成海，細嚼瓊英讀漢書。孫雄師鄭[2]原名同康。」

「茫茫塵海滅勞薪，劫火燒殘不算春。安得韶華彈指現，陽和遍療范丹貧。一點春心畫不如，閒參易理悟盈虛。喜君留得家風在，百幅梅花萬卷書。龔心湛仙舟[3]。」

「孟堅譜與靜齋詩，畫史風流想見之。一片殘山圖不得，胸中冰雪見橫枝。　寫就官梅寫野梅，山農妙筆見風裁。江南春比燕南早，冷醉閒吟卻費才。郭則澐嘯麓[4]。」

「出關羈客厭龍沙，林際春申寄興嘉。拓取花魂當賦別，梅妻依舊屬林家。　香雪無如鄧尉奇，寫生粉本筆難施。江南春色從誰畫，一卷紅梅布政詩。　硪砥[5]名香著作林，教兒餘事學冬心。人間造孽錢知免，兩代丹青換米人。王式通書衡。」

「寬孫南行就我別，袖中攜有龍山雪。謂將歸奉高堂春，百幅橫斜燦瓊屑。　冬心畫梅昔最工，衣缽惟稱二樹童。喜神今見傳家譜，不數滄江貫日虹。萬繩栻溪園[6]。」

「畫家往往字元章，芾冕高官意未忘。因似□□[7]家學在，梅花萬本即耕桑。　昌碩曾工畫牡丹，梅花恐索解人難。補之試與徐熙較，廿萬錢經窘易安。　山農煮石又金農，如此農家本固窮。畫向桑田滄海處，梅根應與畫蘭同。陳衍石遺[8]，時年七十五。」

「梅譜相傳此世家，舊時詞筆見風華。囊空不畫青山賣，為有江南換米花。關賡麟穎人[9]。」

「傳家妙筆絕纖埃，鐵畫銀鉤具別裁。太息詩篇洪玉父，斜陽空地玉龍衰。　獨向天涯作畫師，一花一幹藝能奇。天然韻格饒冰雪，可是前身楊補之。葉恭綽玉父[10]。」

「橐筆東西幾度春，暫從人海一藏身。桃符書罷渾無事，靜對梅花畫喜神。　灑落天機世豈知，橫斜香雪妙臨池。風流二樹今重見，萬幅梅花萬首詩。

朱益藩艾卿［11］。」

「百幅冰繩絕點埃，君家父子擅清才。一官淪落垂垂倦，各有千秋是畫梅。　東洲書法擅雄奇，筆陣從知獻學羲。曲曲龍蛇題紙尾，萬橫香雪稱虬枝。　曾向臺南鬻畫還，海隅文化絕人寰。定知清澈元章墨，灑遍鯤身鹿耳間。　萬戶閩僑氣類通，重洋遠隔喜同風。畫梅倘是東來法，會播天南島國中。袁勵准中舟［12］。」

「自號癡洪豈是癡，辭官浮海意先知。最難筆挾冰霜至，不寫南枝寫北枝。　半幅梅花抵萬金，洛陽紙貴自儒林。一從換米江南後，中有乾坤鐵石心。陳增榮向元［13］。」

「十幅生綃百首詩，秦亭風格少人知。放翁自避新桃李，正欲煩君寫一枝。　妙筆矜嚴譜喜神，疏枝熳葉自生春。試翻雙桂堂中本，異代驚看宋佰仁。傅增湘沅叔［14］。」

「冬心逝矣梅伯仙，更誰解悟華光禪。容齋絕藝世無敵，手揮椽筆圖春妍。一枝兩枝南北異，千花萬花冰雪碎。惟勁斯秀雄斯奇，踏遍寒山寫高致。更思萬里揚海桴，赤嵌高處瞻方壺。興酣語我索題句，鬱鬱恨不聯君裾。王景岐石孫［15］。」

「故鄉香雪能成海，無數梅花春曉開。卻向彼蒼爭化育，一齊攝入筆端來。　紹衣無愧趙仲穆，家學誰如米友仁。兩代清聲蜚藝苑，而今又喜得斯人。言敦源仲遠［16］。」

「紙窗爐火唐花影，此味年來亦久諳。不見漫山香雪海，每從畫裡憶江南。　洪君畫梅得梅意，臨發經過索贈詩。去去吳中花正好，一枝枝與譜清夷楊補之號清夷長者。何振岱梅生［17］。」

「洪家畫梅代有人，世牒恐梅是前身。家訓不許學凡植，獨於畫梅使逼真。　辛勤近更作畫譜，意匠慘淡筆超古。冰紈細剪葩萼繁，虬龍驚入枝柯舞。北地無梅忽覯此，寒香疏影生堂廉。誰知良士不久羈，橐筆西風走南土。羅浮縞袂高暗清，西冷美人笑月明。歎息君歸得飽眼，颯然落筆千人驚。虞銘新和欽［18］。」

「頻年賣藝託霜豪，霜意徐徐上鬢毛。畫筆吾將收拾起，江南換米有兒曹。　清白吾家守喜神，一篇傳授未為貧。京華冠蓋曾何盛，盡是盧生枕上人。　添丁自少好塗鴉，多看官梅學畫花。此日南行寧本意，竟將清興動詩家。　論畫莫如龔定庵，病梅館記尚須參。外觀縱好非天性，下筆無貽敗絮

柑。洪亮 [19] 題毅兒畫稿。」

《香港中興報》1934 年 7 月 25、26 日

【注釋】

[1] 方爾謙，詳見《附錄　蔡守與時人交遊考》。

[2] 孫雄，詳見《附錄　蔡守與時人交遊考》。

[3] 龔心湛，詳見《附錄　蔡守與時人交遊考》。

[4] 郭則澐，詳見《附錄　蔡守與時人交遊考》。

[5] 硃砒，砒，同「砭」，《玉篇・石部》，「砭，刺也，以石刺病也，砒，同上。」《集韻・鹽韻》，「砒，或作砒。」

[6] 萬繩栻，詳見《附錄　蔡守與時人交遊考》。

[7] □□，原文缺字。

[8] 陳衍，詳見《附錄　蔡守與時人交遊考》。

[9] 關賡麟，詳見《附錄　蔡守與時人交遊考》。

[10] 葉恭綽，詳見《附錄　蔡守與時人交遊考》。

[11] 朱益藩，詳見《附錄　蔡守與時人交遊考》。

[12] 袁勵准，詳見《附錄　蔡守與時人交遊考》。

[13] 陳增榮，無考。

[14] 傅增湘，詳見《附錄　蔡守與時人交遊考》。

[15] 王景岐，詳見《附錄　蔡守與時人交遊考》。

[16] 言敦源，詳見《附錄　蔡守與時人交遊考》。

[17] 何振岱，詳見《附錄　蔡守與時人交遊考》。

[18] 虞銘新，詳見《附錄　蔡守與時人交遊考》。

[19] 洪亮，詳見《附錄　蔡守與時人交遊考》。

《壺雅》

室人談月色與余同有壺癖，所撰《壺雅》頗多異聞，揀錄數則於左：

泡茶用壺，始自何時，頗難考證，但蘇子由 [1] 煎茶詩「相傳煎茶只煎水，茶性仍存偏有味」，郭元登 [2]《西屯女》詩「解鞍繫馬堂前樹，我向廚中泡茶去」，可證宋元已用壺泡茶。泡茶既用壺，則陽羨為產茶地，且有良土，因而製壺，故梅宛陵 [3] 詩「紫泥新品泛春華，雪貯雙砂罌」。又周履道 [4] 砥、馬孝常 [5] 治《荊南倡和集》及永春侯王清真寧 [6] 與姚少師獨庵 [6]、南洲和尚鬭

—433—

茶會，茶具多稱陽羨紫砂者，並可證宋元間宜興早有砂壺之製，若云自金沙僧始，殆未深考耳。

《香港中興報》1934 年 7 月 26 日

【注釋】

[1] 蘇子由：即蘇轍，詳見《附錄　蔡守與古人交流考》。

[2] 郭元登：即郭登，詳見《附錄　蔡守與古人交流考》。

[3] 梅宛陵：即梅堯臣，詳見《附錄　蔡守與古人交流考》。

[4] 周履道：即周砥，詳見《附錄　蔡守與古人交流考》。

[5] 馬孝常：即馬治，詳見《附錄　蔡守與古人交流考》。

[6] 永春侯王清真、姚少師獨庵、南洲和尚，均為明初飲茶名家，詳見《附錄　蔡守與古人交流考》。

李祈年像跋

　　李稔，字祈年，番禺人，善奕與詩，妙絕一時。遭亂奉母隱於順德之龍江，與薛劍公始亨 [1]、陳獨漉恭尹 [2]、釋跡刪光鷲 [3] 等遊。獨漉贈詩云，「長裙玉面正青春，可歎飄零亂身後。老母幸存為客早，故山雖在欲歸貧。能工麗句追前輩，偶著枯棋服世人。相見江城沽美酒，醉吟忘卻落花旬。」劍公有《李祈年過山中留別詩》云，「江皋幼客悵佳期，寄跡浮萍過亂離。金盡青樓調笑嫩，酒醒涼榭和歌遲。來宜簷雨蕭蕭竹，去惜山秋采采芝。南浦斜陽寒汐急，煙郊回首吹參差。」祈年嘗語人曰：「其棋不如琴，琴不如畫，畫不如書，書不如詩，詩不如文，文不如道。」時聞者莫不稱善，惟跡刪不然其說，以為道外無技。祈年自是復求於道，晚年有得，技日益進。跡刪歎以為天下畸人，其後寄懷祈年詩，亦謂「東南有曠士，道勝無欣戚」云。屈翁山贈鄭卉詩，有「岑李近來稱國手」句注，李謂祈年也，劍公有送吳妙明 [4] 女真人入羅浮詩，「海客曾乘八月槎，名山原屬列仙家。松巢老鶴將雛子，石壁蒼藤落細花。絳節有期朝玉闕，芳詞何處寄瑤華。上清路比明河遠，秋入無縫片片霞。」得此知妙明能寫真，可補《嶺南畫徵略》。是像曾經陳蘭甫澧 [5]、何伯瑜昆玉 [6]、梁杭雪于渭 [7] 鑒藏，何丈鄒厓 [8] 得之，以祈年隱於龍江，遂以贈余，因略考之如右。

《香港中興報》1934 年 8 月 3 日

【注釋】

[1] 薛始亨，詳見《附錄　蔡守與古人交流考》。

[2] 陳恭尹，詳見《附錄　蔡守與古人交流考》。

[3] 跡刪光鷲，即成鷲，詳見《附錄　蔡守與古人交流考》。

[4] 吳妙明，詳見《附錄　蔡守與古人交流考》。

[5] 陳蘭甫澧，即陳澧，詳見《附錄　蔡守與古人交流考》。

[6] 何伯瑜，即何昆玉，詳見《附錄　蔡守與古人交流考》。

[7] 梁杭雪，即梁于渭，詳見《附錄　蔡守與時人交遊考》。

[8] 何鄒厓，即何藻翔，詳見《附錄　蔡守與時人交遊考》。

彭竹本 [1]《水墨石竹卷》

（前文缺）「竹老堅多節，石老性成頑。勝朝有遺老，遺墨在人間。區大原季懤 [2]。」

「草書嘗聞竹本派，餘力更肆竹石奇。草書寥落不可見，竹石磊砢何淋漓。千竿一卷擢秋骨，疑與造物同爐錘。想見醉墨時落紙，氣凌顛旭齊張芝。吾邑逸節寄書畫，後起籍甚逢簡黎。不知相望誰尹邢，谷雛先生當辨之。岑光樾 [3]。」

「龍江人物盛朱明，多少遺民禾黍情。高節堅貞何處見，解衣盤礴此精誠。　狂臚文獻有痼癖，必談忠孝始開顏。等閒不入尋常眼，竹太清高石太頑。鄧爾疋 [4]。」

又盧子樞 [5] 藏彭竹本《竹石立軸》，紙本高二尺有六寸，寬九寸有半寸，行書款三行「未見管夫人，妄傳其筆勢。毋令識者看，世間之通弊。村餘彭睿瓘。」「彭睿瓘印」白文，「村餘」朱文。

「雨葉風梢走筆奇，梅花老衲是真師。槎枒婀娜通神處，漫笑閨襜管仲姬。遺祠花石渺難尋，醉墨淋漓寄託深。我羨盧全茶夢熟，二彭風趣契苔岑。子樞道兄以明遺老彭竹本畫竹石小幀屬題，此較仿梅花道人，尤有風韻。君先得彭伯時 [6] 滋山水畫筐，今復得此，可謂二彭美具矣，故次首及之。庚午小寒前三日，微尚居士汪兆鏞 [7] 題記。」

《香港中興報》1934 年 8 月 6 日

【注釋】

[1] 彭竹本，即彭睿瓘，詳見《附錄　蔡守與古人交流考》。

[2] 區大原，詳見《附錄　蔡守與時人交遊考》。

[3] 岑光樾，詳見《附錄　蔡守與時人交遊考》。

[4] 鄧爾疋，詳見《附錄　蔡守與時人交遊考》。

[5] 盧子樞，詳見《附錄　蔡守與時人交遊考》。

[6] 彭伯時，無考。

[7] 汪兆鏞，詳見《附錄　蔡守與時人交遊考》。

今再尼像贊

今再字來機，天然和尚 [1] 之妹，為無著地開山祖也，其像今藏庵中。

無著老師太真贊，「棄卻閨閣中物，拽轉泥鼻泥牛。自是隨分水草，養成自在優游。坐徹紫霄雪月，橫行太白峰頭。駕慈航於粵海，起洞上之玄猷。仰止千載苦期人，不盡清風雲靄靄隸書八行。時乾隆三年，歲次戊午浴佛後三日，海幢心視題。」

《香港中興報》1934 年 8 月 6 日

【注釋】

[1] 天然和尚，詳見《附錄　蔡守與古人交流考》。

無著地

「無著地」乃天然和尚 [1] 之妹來機今再所建，為明葉尚書家園故址今麗水坊，康熙六年丁未歲落成，王令 [2] 撰記，曾逢泰 [3] 書，門榜亦王令書。大殿聯「皎月原定，隨在鑒心都是證；名花即色，就中招手便成參。伊秉綬墨卿 [4] 撰並書」。觀音閣聯「揭梵海三乘，曇雲出谷；迸曹溪一滴，古月生潮。王令撰並書」，祖堂牌位「大日庵智母福、今再之母，善解脫、今再之嫂，頓徹心、今再之妹」，庵中字派「道滴今古傳心法，默啟相應達本宗」十四字。辛酉春入庵隨喜，晤達康、達柱兩尼，為余述之。

《春雨齋筆記》載琬妃一則，異聞也，錄之，「廣州城東麗水坊無著地，有名之尼庵也。當明鼎革，天下大亂，曾有琬妃，薙度其中。妃本粵人，幼年流轉入官，以溫靜敦良，故思陵特冊封為琬妃。李自成陷京師，上崩於萬歲山，斯時城中鼎沸，妃為民婦妝，雜於眾中逃出皇城。既出，不知所向，念已為粵人，不如復返故里。遂間關遠行，辛苦萬狀，既抵廣州，茫無所知。蓋妃本少小離鄉，不惟道里遺忘，即氏族亦在依稀略記。況斯時唐桂二王爭立於廣肇，

李成棟 [5] 大軍駸駸進逼，一波未平，一波又起，十里羊城，迄無寧宇。妃進退無所，聞人言無著地幽靜，遂輾轉向其地棲身，乞老尼收為弟子，法號玄妙。其後亂定，不復還俗，間於夜深人靜時，向同伴述其梗概，人始知其為思陵貴妃。歿後，葬於白雲山麓，各尼始泄其事於人，好事者多至墓上憑吊云。夫明季亡國，其妃嬪宮人，類多大節，費宮女即其表表者，其他逃出為尼者尤多，讀吳漢槎《秋茄集》[6]《白頭宮女行》，為之低徊欲絕，今琬妃亦以尼終，視胡后為樂妓，羊后之再醮，而以闇夫誚司馬家兒，亦鸞鳳之於梟獍矣。」

又庵中藏今釋行書一軸，綾本，長六尺五寸，寬一尺八寸，「調御人天即丈夫，非男女相漫名模，欲栽美玉先觀地，更鑄精金別鼓爐，□□ [7] 六天應共聽，難兄一宿豈殊塗。南山莫獻無疆壽，禁得油□喝也無。丁巳康熙十六年陽月，寄為來機大師六秩初度，同門今釋拜手。」

《香港中興報》1934 年 8 月 6、7 日

【注釋】

　[1] 天然和尚，詳見《附錄　蔡守與古人交流考》。

　[2] 王令，詳見《附錄　蔡守與古人交流考》。

　[3] 曾逢泰，詳見《附錄　蔡守與古人交流考》。

　[4] 伊秉綬，詳見《附錄　蔡守與古人交流考》。

　[5] 李成棟，詳見《附錄　蔡守與古人交流考》。

　[6]《秋茄集》，清吳兆騫著。吳漢槎，即吳兆騫，詳見《附錄　蔡守與古人交流考》。

　[7] □，原文缺字，下同。

《麟枕簿》[1]

曩歲謁繆藝風荃孫 [2] 於滬寓，藝風與梁杭叔于渭 [3] 為金石交，聞其歸道山後，所著《麟枕簿》尚可得見否。返櫂五羊，力求之，旋由凌去愚鴻年 [4] 假觀，匆匆志之如左，稿本高五寸七分，寬七寸，約四百葉。

第一冊，又重一冊，夏、周、秦、漢、三國、晉、南北朝、隋。（一）夏至後秦，都二百又二十又二品，付目一百又一十，三十七篇。（二）劉宋至北魏都三百八十又三品，付目三十八，三十八篇。（三）西魏至北周都三百又三品，付目四十五，三十八篇。（四）隋碑都三百四十又五品，付目十一，二十五篇。

第二冊，（五）唐武德至永昌都五百三十又二品，付目一百四十七，四十七篇。（六）唐，未定頁。

第三冊，梁二頁，唐二頁，晉二頁，漢一頁，周二頁，十國八頁，遼十六頁，西夏二品。

第四冊，宋四百八十又四品，南宋一百七十又二品，一百二十七篇。

第五冊，金二百八十又二品，三十二篇，付齊一頁二品，元五百品，七十一篇，明半頁，南詔半頁，吐蕃半頁，高麗二頁，倭二品自注，庚寅六月初九日止，得四千九百八十又六品。

繆君已久逝，凌君亦別十餘載，未知是稿尚在人間否，寧毋黯然。此誠鄉邦至珍之文獻，特書以此告都人士之考古學者。

《香港中興報》1934 年 8 月 7 日

【注釋】

[1]《麟枕簿》清梁于渭著，未刊稿，為考證金石之作。

[2] 繆荃孫，詳見《附錄 蔡守與時人交遊考》。

[3] 梁于渭，詳見《附錄 蔡守與時人交遊考》。

[4] 凌鴻年，詳見《附錄 蔡守與時人交遊考》。

茗壺洗銘

余與室人傾城、月色僉嗜茗飲，喜用宜興砂壺。壺不可太小，茶不可太濃，以鐵木作洗，髹漆五六次，洗深寸又半寸，為壺舟，泡茶於壺，復用沸水澆壺外而浸之，曾乞趙、何、葉三公為製銘。

一，壺公溫溫，外燠內暖。錫湯沐邑，用策爾勳趙藩石禪 [1]。二，湯婆腳暖，熨斗柄熱。寒瓊乃悟，淪茗之訣。洗圓如月，泉沸如雪。壺小如杯，茶釅如□ [2]。內外汽蒸，液瀝淳潔。翕翕之力，大發馨烈何藻翔翻高 [3]。三，匪盤匪瓶，其德溫溫。曰不夜侯，亦涵春君。四，溫君腹，衛君足。儷寒瓊，比暖玉葉玉森蔪漁 [4]。五，破鼻香，洗頭盆。大灌頂，小溫存。六，欲求諸熱《晉書》，不因人熱《世說》。翕其增熱《張衡賦》，我其內熱《莊子》。七，茶性寒，其德溫。涵性沐德故有盆。八，茶婆湯婆，合為一器。其象維何，水火既濟。九，醍醐灌頂，溫天下當如是茗。十，盆洗頭，香破鼻。大灌頂，茶三昧。十一，比佳人，媵湯媼。侍君子，長相保。十二，社謂之湯，室謂之湢。君予以澡身浴德。十三，湯盤銘，日日新。娛清晝，雨前春。十四，香不渙散，味不耽閣。速於

-438-

壺□，在此一勺。十五，水熱而湯《易疏》，得熱之方《晉書》。趙、何、葉所為四銘，餘皆余與季雨及室人為之，一一刻於壺洗也。

《香港中興報》1934 年 8 月 8 日

【注釋】

[1] 趙藩，詳見《附錄　蔡守與時人交遊考》。

[2] □，原文模糊莫辨。

[3] 何藻翔，詳見《附錄　蔡守與時人交遊考》。

[4] 葉湋漁，詳見《附錄　蔡守與時人交遊考》。

題廖氏藏陳蘭甫 [1] 遺稿櫝面

　　北山堂整理蘭甫遺稿時，廖行超 [2] 假百五十冊，還時莫氏為製紫檀函貯之，而刻記於面。「陳蘭甫先哲，遺著千餘冊，十九為《東塾叢書》所未見，蓋稿本也。因思鄉邦文獻，至可寶貴，卷帙既繁，恐一散不可復聚，遂有合併付刻之議。復得何鄒厓 [3]、崔百越 [4]、蔡寒瓊、鄧爾疋 [5] 四君子，力在編校，事稍就緒，雲南廖子品卓 [6] 時駐軍吾粵，亦得百又五十冊，已郵寄歸滇，知有此舉馳電追返，高軒過訪，慨然許以借錄，而事前固未有一面之雅也。盛意高風，良可感紉，聊記於櫝，敬志弗諼。甲子冬仲，莫漢鶴鳴 [7]。」

《香港中興報》1934 年 8 月 8 日

【注釋】

[1] 陳蘭甫，即陳澧，詳見《附錄　蔡守與古人交流考》。

[2] 廖行超，詳見《附錄　蔡守與時人交遊考》。

[3] 何鄒厓，即何藻翔，詳見《附錄　蔡守與時人交遊考》。

[4] 崔百越，詳見《附錄　蔡守與時人交遊考》。

[5] 鄧爾疋，詳見《附錄　蔡守與時人交遊考》。

[6] 廖品卓，詳見《附錄　蔡守與時人交遊考》。

[7] 莫鶴鳴，詳見《附錄　蔡守與時人交遊考》。

聽颿樓書畫價目

　　曩歲與潘佩如 [1] 假得其家藏《聽颿樓書畫記》[2]，每種詳記買來價目，間有椒堂 [3] 朱筆批識。曾屬小女玉燕鈔錄副本，藏之有年。當時書畫價目，

倘亦今之收藏家所樂聞，特刊出不欲秘也。

　　卷一，《唐拓定武蘭亭敘卷》二百兩，《唐人楷書藏經冊》十四兩，《唐李昭道山水卷》三十五兩，《唐貫休羅漢軸》是種下未記價目，以後凡未記價目者不錄，《唐、宋、元山水人物冊》一百四十兩，《南唐周文矩賜梨圖卷》一百兩，《宋仁宗、高宗臨蘭亭卷》一百兩此卷藏蓬萊新街盧小雲家，凡價目下所注者，皆當日椒堂朱筆所批也，後皆如此，《宋高宗墨敕卷》一百兩，《宋封靈澤敕卷》一百兩，《宋李唐采薇圖卷》二百兩寒案，此卷今在何冠五處，絹本高八寸七分，長二尺八寸又三分，當時潘氏只二百兩得來，聞何氏已千餘金購得，今值數千金也，《宋趙大年山水卷》二十兩，《宋李嵩擊毬圖卷》二十八兩藏何昆玉骨董店，《宋蕭照山水小軸》二十兩，《宋王庭筠墨竹軸》二十八兩，《宋王晉卿山水軸》六十兩，《宋范寬溪山行旅圖軸》七十兩，《宋祁序花鳥卷》三十兩，《宋蘇文忠公札冊》二十兩此帖歸蓬萊新街盧弱雲家，《宋徽宗白鷹小軸》十四兩，《宋夏珪觀潮圖軸》二十兩，《宋岳忠武手札卷》四十兩，《宋陳所翁墨龍卷》二十兩，《宋趙千里仙山樓閣圖軸》一十八兩，《宋北磵和尚詩卷》七十兩，《宋、元斗方團扇畫冊》一百七十兩共二十幀，其第三、第五、第十一、第十六，四幀，藏嶽雪樓，《宋、元山水人物冊》一百四十兩，《元趙文敏遊行士女圖軸》二十兩，《元趙文敏佛像軸》二十八兩此軸歸蓬萊新街盧老五家，上有張南山十六字贊，紙本太殘，《元黃大癡山水軸》一百兩，《元錢舜舉海棠軸》二十兩寒案此軸今在馮已千處，《元倪雲林枯木竹石軸》二十兩，《元王叔明萬松仙館圖軸》一百兩，《元王叔明松山書屋圖軸》一百兩，《元六家書貞一齋敘卷》一百兩，《元趙仲穆雙駿軸》一十八兩，《元曹雲西山水軸》七十兩，《元方方壺雲林鐘秀圖卷》七十兩此卷在張樵野太常家，《元方方壺山水軸》三十五兩，《元吳仲圭墨竹卷》二十兩，《元人花卉翎毛軸》二十八兩，《元王孟端梧竹軸》二十八兩此幅存骨董周之孫處，石佳而梧桐不類，跋尚真，《元陳良璧山水軸》十四兩此軸已贈楊十振甫方伯，《元人霜柯竹石軸》十四兩，《元王元章梅花軸》七十兩，《元梅道人山水軸》二十五兩。

　　卷二，《宋、元團扇山水花卉冊》一百四十兩，《宋元斗方人物花卉冊》一百四十兩十六葉，第十五葉馬麟山水，藏嶽雪樓，題《松廬危坐》，《元、明山水人物花卉冊》□ [4] 百兩，《明邵文莊點易臺詩卷》四十兩，《明方正學加冠圖軸》十四兩，《明解大紳草書軸》十兩，《明呂紀荷花翎毛軸》十四兩，《明沈石田花果卷》五十兩此卷歸西關李乾初家，辛卯八月九日由佩裳得觀，《明沈石田枯木竹石軸》二十兩，《明沈石田山水軸》四十兩，《明沈石田仿黃大癡軸》二十兩，《明唐

六如看雲圖卷》四十兩藏嶽雪樓,《明唐六如山水軸》四十兩,《明仇十洲修禊圖卷》五十兩,《明仇十洲人物卷》五十兩,《明祝枝山詩卷》二十兩,《明文待詔書歸去來辭,畫松竹菊卷》十兩,《明文待詔蘭石軸》十兩,《明文待詔山水軸》十四兩,《明文待詔書赤壁賦冊》十兩,《明文待詔詩畫卷》三十兩,《明張東海詩卷》十兩,《明唐荊川書桂源秋景記卷》二十兩,《明陸包山金明寺圖卷》二十兩,《明文五峰仿黃鶴山樵軸》五十兩,《明吳文中桃源圖卷》三十兩,《明程孟陽翳然圖卷》十四兩此卷從吳晴溪家購回,已贈李新吾同年,《明陳白陽花卉詩卷》二十兩此卷藏十七甫澄湖侄家,《明周東村撫琴圖軸》十四兩,《明徐青藤詩卷》十兩,《明徐青藤墨荷軸》七兩,《明文休承山水軸》五兩,《明董文敏仿米家山軸》二十兩,《明董文敏仿黃大癡軸》三十兩,《明董文敏仿倪雲林軸》三十兩,《明董文敏臨各帖卷》二十兩,《明董文敏八景山水冊》二百兩藏嶽雪樓,《明董文敏山水詩軸》三十兩,《明陳眉公梅花詩卷》十四兩,《明藍田叔山水冊》十七兩,《明石溪溪山無盡圖卷》五十六兩,《明石溪仿黃大癡軸》十四兩,《集明人十六札冊》三十兩,《明王雅宜書萬壽宮詞冊》十兩,《明謝思忠花卉軸》二十兩,《明崔青蚓人物軸》十四兩。

　　卷三,《明陳文恭詩卷》四十二兩,《明黃石齋松石卷》五十兩,《明黃石齋詩卷》二十兩,《明倪鴻寶詩卷》十四兩,《明倪鴻寶詩軸》七兩,《明陳章侯人物冊》五十兩,《明沈石田山水扇冊》七十兩,《明周東村山水人物扇冊》七十兩,《明文待詔書畫扇冊》六十兩十六葉,第一葉楷書《桃花源記》,丙戌年從盧氏購回,《明文待詔山水花卉扇冊》一百兩,《明唐六如山水花卉扇冊》一百兩十二葉,第三葉《萬山秋色》最精,藏吳晴溪家,第五葉《秋林晚泊》,丁亥夏從吳晴溪家購回,《明仇十洲山水人物扇冊》一百兩十葉,第七葉丁亥夏購回,《明謝思忠山水扇冊》五十兩,《明張君度山水扇冊》五十兩,《明王酉室花卉扇冊》七十兩,《明陳白陽花卉扇冊》六十兩,《明魏之璜、之克山水扇冊》四十兩,《明陸叔平山水花卉扇冊》七十兩十二葉,壬辰正月廿一日從李湘文借觀,《明周少谷花卉扇冊》一百兩,《明丁南羽山水人物花卉扇冊》七十兩,《明陳誠將山水扇冊》四十兩此冊無幅不佳,《明董文敏行草扇冊》五十兩,《明董文敏書畫扇冊》七十兩,《明董文敏山水扇冊》一百兩十二葉,聞此冊藏猖嶽雪樓,《明陳眉公行草扇冊》卅五兩,《明陳章侯書畫扇冊》六十兩。

　　卷四,《集明人楷書扇冊》一百兩十二葉,第七葉王穀祥從盧氏購回,第十二葉乃覺斯非石齋也,《集明人行草扇冊》七十兩,《集明人書畫扇冊》一百兩廿四葉,第

六葉文待詔山水，丁亥年從吳氏購回，盧逸卿藏，□巘山水長卷極佳，已開四王一派，第十一葉吳振，從吳氏購回，第二葉為顧原，《集明人人物扇冊》七十兩，《集明人山水冊》一百兩，《集明人花鳥冊》七十兩寒□，此二種原刻無，乃椒堂朱筆加入，《集明人蘭竹扇冊》三十五兩光緒壬辰□月從李湘文假觀，《詒晉齋行書詩卷》二十兩，《詒晉齋梅花詩畫冊》二十兩，《大滌子山水詩冊》七十兩己丑正月觀於明聖里鄧弼卿家，《黃岩雙瀑》，《月明林下》二葉最佳，《大滌子山水花果冊》三十兩，《大滌子花卉詩冊》二十兩，《大滌子山水花卉扇冊》六十兩，《王覺斯楷書石鼓歌冊》十四兩，《王覺斯臨各帖卷》三十兩，《王覺斯臨蘭亭卷》二十兩，《吳漁山仿黃鶴山樵軸》十兩。

　　卷五，《惲南田水墨荷花卷》二十四兩，《惲南田拙政園圖軸》二百兩紙本高二尺又四寸，寬一尺又六寸，「秣陵秋老莽煙塵，愁□天寒日暮身。今日江村紅樹好，不應空谷有佳人。己丑秋仲，石谷壇長拙政園落成，囑為補圖，並繫以詩，跛鱉追駃驪，石谷當有以教我也，南田惲壽平。」案拙政園為海昌相國別業，此題石谷，或別有一拙政園耶，壬午暮秋遊拙政園一詩，付錄於此，「庭院秋風木葉枯，海昌遺躅半荒蕪。我來但見丹楓落，無後□茶放寶珠。梅村有拙政園寶珠茶歌，癸未孟冬椒堂」，《惲南田山水軸》二十兩，《惲南田山水冊》七十兩，《惲南田山水花卉冊》一百四十兩現藏光雅里吳晴溪家，光緒十六年十月六日購回，與前歲取收山水軸，同為傳家至寶，子孫其永守勿失，寶鏡謹識，《惲南田仿倪雲林軸》二十兩此軸藏二圍盧逸卿家，用筆純似董文敏，《惲南田山水花卉扇冊》一百兩，《王煙客仿古山水冊》五十兩此冊因議價不就，為吳清卿河帥購去，惜哉，《王煙客仿古山水扇冊》五十兩，《王煙客仿黃大癡卷》二十兩，《王煙客仿黃大癡軸》三十兩，《王圓照仿古山水冊》三十兩此冊現存吳晴溪家，並無吾家收藏印，墨色不匀，時有敗筆，似摹本，荷屋跋亦無，仿趙文敏及米家山二頁尤劣，《王圓照仿古山水扇冊》五十兩，《王圓照仿黃大癡卷》五十兩，《王石谷松竹石圖卷》五十兩，《王石谷仿黃鶴山樵卷》五十兩康熙乙酉十月望日，《王石谷仿古山水扇冊》一百兩，《王石谷、楊晉山水合冊》四十兩，《楊晉仿古山水掛屏》二十兩，《龔半千山水詩冊》二十兩，《八大山人花鳥冊》十四兩，《王麓臺仿古山水冊》一百兩，《王麓臺進呈扇畫冊》一百兩，《王麓臺仿古山水扇冊》一百兩，《集名人法扇冊》三十兩，《集名人山水人物花卉扇冊》四十兩，《新羅山人山水花鳥扇冊》三十四兩，《新羅山人人物冊》二十兩，《集閨秀山水花卉扇冊》三十五兩趙文俶二，仇珠一，林雪一，錢書二，雪儀一，馬荃一，李因一，王皆令一，馬湘蘭一，薛素素一，共十二頁，《集方外書畫扇冊》三十

兩天然行書，石溪山水，雪珂山水，智舫行書，漸江山水，八大山水，通岸楷書，清湘山水，宏仁山水，僧□[4]山水，共十頁，《黎二樵書金剛經冊》二十兩，《黎二樵青綠山水冊》一百兩，《黎二樵二筆山水冊》一百兩此冊設色鮮豔，筆可屈鐵，直入唐宋之室，光緒十六年十一月初二日，從高第街朱理谷家購回，次孫寶鎮謹識，《黎二樵自書詩冊》十二兩右共計銀八千三百一十八兩，以下所列九種，未刻入書畫記，目亦補寫者，寒志，《宋元人山水冊》十葉一百三十兩，《宋巨然山水軸》四十兩，《沈石田赤壁圖卷》十五兩，《謝思忠山水冊》十二頁二十八兩，《倪文正公楷書冊》十兩，《人物毛詩圖卷》八段二十八兩，《李玉鳴楷書冊》十兩，《邢子願石軸》十兩，《惲南田牡丹軸》二十五兩。

　　續刻卷上，《唐閻右相秋嶺歸雲圖卷》四百兩《辛丑銷夏記》凡例云「余所見贗跡，如閻立本之秋嶺歸雲一卷與原載題詠，及卷內尺寸，絲毫相符，蓋斗斛權衡，互相盜竊，奸駔狡獪，愈出愈奇」，夫銷夏記既以為贗，則卷內不應跋以為真，吳氏之欺人，往往如是，其奸駔狡獪，不更甚耶，此卷今歸鹽商孔少唐家，千金敝帚，秘不示人，鄙態可笑，椒堂志，《唐賢首視野師法書卷》四百兩藏嶽雪樓，《前蜀貫休搗藥羅漢軸》一百兩有子瞻朱文印，藏嶽雪樓，《後蜀黃荃蜀江秋淨圖卷》三百兩藏嶽雪樓，《宋高宗臨黃庭經卷》三百兩，《宋高宗團扇行草冊》一百兩十二頁「潮聲當畫起，山翠近南深」一扇，在嚴根復家，《宋蘇文忠偃松圖贊卷》一百兩，《宋蔡君謨楷書小軸》三百兩與唐人寫經、東坡羊邊帖、錢文僖字、宋元畫裝一冊，在盧五處，《宋緝熙殿花卉翎毛軸》十兩，《宋陳所翁水墨龍卷》二十兩，《宋郭河陽雪山行旅圖卷》一百兩，《宋趙千里後赤壁圖卷》二百兩，《宋趙子固水仙軸》四十兩在頌儀六叔處，微有蠹蝕，庚寅秋，用價十兩購回，寶鎮謹識，《宋李晞古牧牛圖軸》一百兩在蓬萊新街盧五處，似是贗鼎，《宋李公麟梨竹梅松卷》三十兩在孔少唐處，《宋陳居中百馬圖卷》一百五十兩在孔家，《宋董北苑茅堂消夏圖軸》二百兩在孔家，《宋巨然雲山古寺圖卷》二百兩此卷僅索價五十金，晴湖侄嫌昂，為三水李樂胥所得，《宋王晉卿萬壑秋雲圖卷》三百兩在孔氏嶽雪樓，《宋張溫夫書華嚴經卷》五十兩，《宋李嵩、蕭照合畫思陵瑞應圖卷》二百兩，《唐、宋、元名人畫冊》二百兩在孔家，《宋、元董跋畫冊》三百兩，《宋、元名人畫》二冊，上冊二十幅，下冊十二幅，共三百二十兩，《元趙松雪青綠山水長軸》四十兩，《元趙松雪致中峰和尚手簡冊》二百兩據孔跋當在虞弱雲家，《元趙松雪草書七古軸》七十兩，《元趙松雪畫陶淵明事蹟圖卷》一百兩辛卯秋仲，有人攜來求售，墨色甚淡，贗本也，《元黃大癡楚江秋曉圖卷》五百兩墨色乾枯無生氣，己丑正月得回，旋為晴湖售去，贗本也，《元王叔明山村晴靄圖軸》五十

兩，《元王叔明長林話古圖軸》五十兩，《元倪雲林書畫卷》五十兩，《元倪雲林古木竹石軸》一百兩，《元倪雲林山水軸》一百兩在何蓬庵骨董家，《元趙仲穆八駿圖冊》四十兩，《元虞伯生臨聖教序卷》七十兩，《元鮮于伯機行書掛屏》七十兩，《元盛子昭秋林垂釣圖軸》三十兩，《元梅花道人墨竹卷》一百兩，《元錢舜舉折枝梨花卷》一百二十兩紙本高尺許，長約三百尺，在高第街朱理谷家，寒案，此卷今在李子雲耀漢家，《元人百果呈祥圖卷》七十兩，《元管仲姬楷書璇璣詩冊》三十兩在盧五家，《元吳仲圭詩畫軸》十四兩在盧五家，精而真，《元人胡笳八拍圖冊》一百兩此冊尚存，寶鐏謹識。

續刻卷下，《明唐六如仿倪高士卷》七十兩，《明沈石田、文徵仲山水合卷》一百二十兩，《明方希直畫吳草廬詩意軸》十兩，《明方希直雙喜圖軸》三十兩，《明仇十洲飼馬圖軸》三十兩，《明王酉室折枝花卉卷》二十兩，《明戴靜庵水墨菊竹軸》二十兩，《明沈石田赤壁圖卷》十四兩，《明沈石田仿王叔明軸》二十兩，《明謝思忠山水冊》三十兩，《明文待詔仿宋元山水軸》二十兩，《明文待詔玉女潭圖記卷》七十兩，《明文待詔畫洛神圖軸》十兩，《明文待詔像紀恩詩小楷合卷》三十兩，《明文待詔水墨花卉卷》八十兩，《明文待詔山水冊》六十兩，《明祝枝山楷書前後出師表卷》一百兩，《明王陽明、倪鴻寶手札合卷》四十兩，《明天然和尚書信心錄冊》三十兩，《明石溪仿宋元山水軸》十四兩，《明石溪山水長軸》十四兩寒案，是軸今在何冠五處，《明黃石齋楷書冊》三十兩，《明董文敏山水卷》七十兩，《明董文敏行書詩軸》五兩，《明董文敏行書掛屏》八十兩，《明董文敏行書軸》十兩，《明董文敏行書詩卷》二十兩，《明丁南羽山水軸》十兩，《明倪文正戲墨冊》二十兩，《明李靖亭大楷書冊》五兩，《明朱子價水墨桃軸》十兩，《明陳眉公水墨菩提軸》十兩，《明子羽折枝花果卷》二十兩，《王覺斯行草手札卷》四十兩，《王覺斯水墨花卉卷》七十兩，《王覺斯便面書冊》六十兩，《王覺斯行書長軸》十兩，《王覺斯枯蘭復花圖卷》六十兩，《王覺斯臨右軍草書軸》十四兩，《惲南田詩畫冊》八十兩，《惲南田山水軸》七十兩，《惲南田山水花卉扇冊》一百六十兩，《王石谷仿倪高士軸》十四兩，《王圓照仿古山水冊》一百兩，《三王、吳惲山水合冊》七十兩，《八大山人花鳥冊》二十兩，《集名人山水花卉人物冊》一百兩，《清湘山水卷》七十兩，《清湘搜盡奇峰打草稿圖卷》七十兩，《新羅山人花鳥卷》四十五兩，《新羅山人墨蘭卷》三十兩，《陳章侯便面畫冊》一百四十兩，《陳章侯便面字冊》八十兩，《陳章侯人物花卉掛屏》三十兩，《王麓臺仿黃大癡卷》一百兩，《王石谷

仿王叔明軸》三十兩,《王石谷夏口待渡圖軸》十四兩,《王麓臺富春山圖卷》五十兩,《王麓臺仿倪黃山水軸》二十五兩,《王麓臺仿古山水橫幅》十兩,《王圓照雲壑松陰圖軸》二十五兩,《王圓照層巒聳翠圖軸》二十五兩,《方間遠山水人物花卉冊》三十兩,《華秋岳花卉翎毛掛屏》三十兩,《王廉州仿古山水軸》二十五兩,《黎二樵仿古山水冊》八十兩,《梁藥亭行書詩軸》五兩,《錢籜石水墨蘭竹軸》十兩寒案,椒堂手批購回,有較原價折閱甚遠者,但以今較之,則有十倍百倍者,何也。

《香港中興報》1934 年 8 月 8 至 14 日

【注釋】

[1] 潘佩如,詳見《附錄　蔡守與時人交遊考》。

[2] 《聽颿樓書畫記》,清潘正煒著。潘正煒,詳見《附錄　蔡守與古人交流考》。

[3] 椒堂,即潘寶鐄,詳見《附錄　蔡守與時人交遊考》。

[4] □,原文字缺。

錢舜舉梨花卷

　　元錢舜舉 [1] 折枝梨花卷,為吾粵流傳有緒,著名之劇跡。嘉靖間子京 [2] 以價十兩購得,道光末年季彤 [3] 以一百二十兩購之,相距已三百餘年,僅加價十一倍耳。及理谷 [4] 以五百兩購之,仿蘇 [5] 以千兩購之,至乙丑年子雲 [6] 謂值七千兩,距潘氏才八十七年,至增至六十倍,距今未十年,聞已抵萬金也。余二十年前觀於邑子辛氏,十年前觀於李氏,昔年奧家子民院長元培 [7] 訪子雲島寓再觀之,今為詳識於後:

　　是卷紙本,高尺許,長約三尺,卷首有項子京、王銑 [8]、文徵明 [9]、文彭 [10] 等印廿三方,上有「乾隆御覽之寶」,下有「詒晉齋 [11] 圖書印」,卷尾有子京、壽承 [12]、梁清標 [13] 等印二十方,又有「奉天靖難,推誠宣力武臣,特進榮祿大夫柱國駙馬都尉廣平侯袁容 [14] 圖書印」。

　　「寂寞闌干淚滿枝,洗妝猶帶舊風姿。閉門夜雨容愁思,不似金波欲暗時。雪溪翁錢選舜舉。」

　　「一曲清平按未終,梨園花草幾春風。如今白髮看圖畫,彷彿朝雲落莫中。　披圖苦憶雪川翁,藝苑留情獨最工。更有不傳三昧法,至今遺恨水晶宮。金臺馬顒 [15]。」

　　「一枝香雪畫闌東,淡白丰姿夜月中。得與梅花同歲莫,肯隨紅紫媚春風。

吳仲莊 [16]。」

「明月上花梢，容光淡相映。楚楚冰雪姿，對此瑤臺鏡。山空夜氣涼，露冷曉妝靚。何以駐芳時，拂石寄幽詠。袁輔 [17]。」

「素心冰潔異群芳，粉白溶溶淺淡妝。更有可人情意味，一天明月倍生香，宜春夏伯寅 [18]。」

「淡妝宜對月昏黃，何事東風亦斷腸。落寞行雲春夢杳，畫闌留得粉痕香。番陽朱璠 [19]。」

「香雪綴寒枝，粉霞凝芳蕊。素豔遠塵氛，淡妝羞錦綺。卻憶故園春，金尊醉花裡。東吳陸豈 [20]。」

「東風長憶洗妝時，曾折輕盈雪一枝。拭目天涯圖畫見，清香冷豔最相宜。四明大興。」

「雪川錢公舜舉，巧出天思，其摹寫名物，精詣入神，為當世所重。今觀其所畫梨花，雖一枝朵之微，其風神姿度，飄逸瀟灑，宛有生氣，豈世之規規於丹墨者比哉。蓋其晚年得意之筆，誠可珍玩也。歲在閼逢閹茂，律中夾鐘下澣，金華王紳仲縉 [21] 跋。」

「傳說江南信，東風一夜開。只緣春意重，贏得蝶蜂猜。石橋禪悅 [22]。」

「淡白妝成粉膩勻，芳姿猶帶舊精神。畫闌寂寞無人見，回首東風別是春。檟隱潛老 [23]。」

「霓裳舞罷下瑤臺，淡整冰容淚滿腮。羞見東風嬌豔色，淒涼長與月徘徊。赤城章溥 [24]。」

「一枝帶雨逞芳妍，豔質妖容敢比肩。記得江南曾賞處，粉牆朱戶映秋韆。天台鄭玉 [25]。」

「人皆為妖冶，君獨慕清白。謂此冰雪容，不資粉黛色。露湛玉生輝，雪飄香可襲。以茲貞潔趣，於焉輔吾德。珍同五色芝，異比九穗麥。咄彼桃與李，紛華亦何益。慎保天賦姿，毋令染繢黑。天台周雍 [26]。」

「玉闌春暖煙花碧，斗帳香飄紫綃濕。一枝晴雪護余屏，獨下瑤階踏春色。綠雲壓鬢橫翠鈿，花顏欲與爭嬋娟。秋韆影高紅日曉，嬌鶯啼破花間煙。東風墮地白玉碎，雙蛾暗蹙青山翠。悶來休向雨中看，個中盡是傷春淚。四明晏晃 [27]。」

「不入東風冶豔場，冰容長伴月淒涼。如何泣向庭前雨，惹得閒人也斷腸。四明晏昱 [28]。」

「嘉樹結繁花，春明滿幽院。璀璨冰雪容，淡掃新妝面。華月欣載臨，芳露宜相炫。因思美實時，深深致恩眷。有母在故園，知誰與供獻。念此長別離，戕伐顏鬢變。風物易傷懷，嗚嗚淚如線。會稽楊魯 [29]。」

「粉妝新抹半葳蕤，寂寞東風泣向誰。院落無人春夜靜，玉容惟有玉相宜。華陽范彥良 [30]。」

「臨風幾度獨憑闌，素豔清香帶露寒。憶在故園春雨裡，畫圖那忍客中看。青山道迢 [31]。」

「一枝團雪旁東闌，玉質生香媚曉寒。開向百花零落後，令人寫作畫圖看。華項師鑒 [32]。」

「元錢舜舉梨花圖詠，名人題。墨林項元汴 [2] 清玩，原價十兩。」

「明嘉靖三十年六月，購於錢唐張都闌 [33] 處。睿謨珍鑒。」

「春波小漲綠溶溶，桃葉輕煙柳絮風。惆悵不成金鴨夢，靜憐明月照玲瓏。乾隆五十四年七月，皇十一子 [11]。」

《香港中興報》1934 年 8 月 14、15 日

【注釋】

[1] 錢舜舉：即錢選，詳見《附錄　蔡守與時人交遊考》。

[2] 子京，即項元汴，詳見《附錄　蔡守與時人交遊考》。

[3] 季彤，詳見《附錄　蔡守與時人交遊考》。

[4] 理谷，民國期間古玩店主人名，在廣州高第街。

[5] 仿蘇，民國期間古玩店主人名。

[6] 子雲，民國期間古玩店主人名。

[7] 奧家子民院長元培，「奧」，室內西南隅，古時祭祀設神主或尊長居坐之處。《儀禮·少牢饋食禮》，「司宮筵於奧，祝設几於筵上，右之。」王先慎集解，「謂藏室之尊處也。」這裡意為「蔡元培是蔡家尊貴的家人」。

[8] 王銑，詳見《附錄　蔡守與古人交流考》。

[9] 文徵明，詳見《附錄　蔡守與古人交流考》。

[10] 文彭，詳見《附錄　蔡守與古人交流考》。

[11] 詁晉齋，皇十一子，即愛新覺羅永瑆，詳見《附錄　蔡守與古人交流考》。

[12] 壽承，文彭的別號，詳見《附錄　蔡守與古人交流考》。

[13] 梁清標，詳見《附錄　蔡守與古人交流考》。

[14] 袁容，詳見《附錄　蔡守與古人交流考》。

[15] 馬顒，無考。

[16] 吳仲莊，無考。

[17] 袁輔，無考。

[18] 夏伯寅，無考。

[19] 朱璠，無考。

[20] 陸豈，無考。

[21] 王紳仲縉，無考。

[22] 石橋禪悅，無考。

[23] 樘隱潛老，無考。

[24] 章溥，無考。

[25] 鄭玉，無考。

[26] 周雍，無考。

[27] 晏晃，無考。

[28] 晏昱，無考。

[29] 楊魯，無考。

[30] 范彥良，無考。

[31] 青山道遐，無考。

[32] 華項師鑒，無考。

[33] 張都閫，無考。

銅四朱法馬

余嘗記玉質東阿四朱見《藝術與人生》第七二九期，日前易旅園 [1] 寄贈《古印甄初集》，為漢陽周氏石言齋藏印，潛江易氏旅園審定，靈薐內史製譜。易君名忠籙，其夫人萬靈薐，伉儷同有印癖，故是集格紙印泥皆極精雅。但漢穿帶印中即兩面印有一紐，一面「四朱」二字白文，左「四」右「朱」非「朱四」，一面一「代」字，亦白文，字甚精勁，確為漢器。「四朱」兩字之中有小孔，乃法馬非穿帶印也，穿帶印之孔扁方在側，此孔小而在字間，制與穿帶印異，且法馬之「四朱」皆有郡名，如「東阿四朱」「臨菑四朱」「驪四朱」是也，今此器一面有「代」字，「代」，西漢郡名。考西漢代郡，今直隸宣化府蔚州之東北也。

《香港中興報》1934 年 8 月 19 日

【注釋】

[1] 易旅園，即易忠籙，詳見《附錄　蔡守與時人交遊考》。

《何氏老孺人遺句圖》姓氏考

余前錄何氏老孺人遺句圖題詠見《藝術與人生》第七三五期至第七三八期，邑子嚴炎南邦英為我詳考寄示，殊為欣幸，亟錄之：

何小範名仁鏡，順德羊額鄉人，道光壬午科舉人，特授羅定州學政，兼訓導事。咸豐四年克復羅定州城出力，加國子監學政銜。著有《洛如花廨詩》《笙磬同音》《續李氏蒙求竅吟編》《竅吟編卷三》，有，「拙圃翩羽寄示讀亡婦墓誌詩，即次韻奉謝。夢回還似死前看，轉怪莊周作達觀。熨冷情真媿荀倩，悼亡詩久欠潘安。刀頭浪勸砧趺出，碧血空存翠腕闌。梅煞秦嘉隨計吏，鏡鸞釵鳳痛分翰。幸有陽春白雪腔，鑴銘題句總無雙。孝傳人口心猶憾，曲奏姑恩恨未降。待瘞亡琴遲殉墓，每聽細雨感吟窗婦有『細雨小窗知』句傳播藝林，至形之圖畫，多至數十幅。今存篋衍，每一展卷，為之淒然。與君各醒鰥魚眼，黯絕魂消賦別江拙圃翩羽亦□ [1] 炊臼之感。」

黃樂之，字仲孝，世居大良東門，嘉慶癸酉科拔貢，道光壬午順天舉人，福建浙江按察使，署浙江布政司。著有《棗香書屋詩鈔》。精隸書，工畫山水花卉。子經，翰林，山西按察使。子統，翰林，貴州學政。孫建筦，江寧布政司。

陳桂籍，字月樵，新安人。道光辛丑科進士，官主事，工書畫。前錄誤作順德人。

易景陶，原名崇端，字君山，鶴山人。流寓大良城南青雲文社右，與順德呂培、呂翔、黃丹書、嚴倫、佘鳳、梁元沖、區瑞結鳳城畫社。監生，官山東林廟守衛府兼署奎文閣典籍。

蔡詔，字紫山，道光辛卯科舉人，饒平縣訓導。

何筆江，原名士端，字正符，號一波，順德羊額鄉人。文宰與黎二樵友善之子，布衣，工畫梅。

夏藻生，南海人，道光癸卯科舉人。

潘楷，字法卿，號小裴，順德沖鶴鄉人。道光己丑科進士，貴州按察使，署雲南布政使。著有《馴鶴墅詩文集》。弟恂，咸豐元年舉孝廉方正。

胡斯錞，字和軒，順德桂洲鄉人。監生，官江蘇常州府督糧通判，太倉州

總運。著有《眠琴館詩鈔》《陔餘叢錄》《靈巖圖詠集》。為夢齡之孫，雲梯之子。

何惠群，字介峰，順德羊額鄉人。嘉慶甲子科解元，己巳科進士，翰林院庶吉士，江西新呂縣知縣。著有《飲虹閣詩鈔》。父向中，嘉慶庚午欽賜副貢。

馮志昕，字朗厓，順德人，世居大良南門。道光甲午科順天舉人。父蘭亦舉人，欽州學正。

唐廷旦，字朝暾，高要人，道光戊子科舉人。

陳勤勝，字拙圃，順德容奇鄉人。道光辛卯科舉人，工畫山水。弟壬勝，字林川，亦舉人。

《香港中興報》1934 年 8 月 19、20 日

【注釋】

[1] □，原文模糊莫辨。

林和靖 [1] 象

逋仙象，紙本，長一尺六寸有半寸，寬六寸，閔寅雲臣 [2] 摹。「雲臣」朱文方印。

「粲粲梅花冰玉姿，一童一鶴夜相隨。月香水影驚人句，正是沉吟入思時。舜舉。」翁覃溪摹行書三行。

「逋奉白，秋深體履清適，大師去後，曾得信未，院中諸事如常否，今送到少許菱角，容易容易，謹此馳致，不宣，暫倩一人，引此僕去章八郎家。」

「逋奉簡三君，數日前曾勞下訪，屬以多故謝，感媿感媿，如因暇時，許相過否，馳此不宣。從表林逋頓首。託買物錢二索，尚恐未足，餘面致。」右二札，行書十一行，亦覃溪摹。

「此錢玉潭舊圖，友有視余者，因檢舊紙，囑閔生雲臣重繪之，並鉤摹原題及二札焉，覃溪方綱識。」「蘇齋」長方白文印，行書三行。

「玉潭先生生宋晚，二百年前吸湖淥。只應借此冰雪人，坐對瓶梅粲霏玉。東坡只記眸子瞭，未盡天機澣塵俗。豈知全是梅花神，月影橫窗斜轉燭。梅花之外即湖光，六橋三潭寫不足。濛濛一片來几榻，子鶴妻梅真骨肉。水邊竹外尚有句，梅序歐評那能錄。昭琴不鼓點瑟希，有聲之畫無弦曲。看梅吟趣亦強名，雲山韶濩非絲竹。空山寂寥悟者誰，落花無言淡如菊。乾隆四十四年冬十一月廿日，北平翁方綱。」「覃溪」朱文方印，「翁方綱」白文有邊方印，行書

四行，行約四十一、二字。

「逋仙隱跡難為續，湖水茫茫春水涤。畫使傳神狀愛梅，與梅各自成清玉。人言梅花不煩贊，讕詞剩語皆成俗。自從處士有詩篇，夜行遂秉光明燭。巽峰醉後樂揮豪，貌得高情湛然足。膽瓶相對意欣欣，骨秀由來勝畫肉。他時燕訴海棠風，五首流傳銷夏錄。幽人觸景必關情，豈獨於梅申款曲。要之萬樹繞孤山，未若一枝穿瘦竹。迢迢晉宋兩花翁，只得新人傲陶菊。新安程晉芳[3]題。」印已麻茶不明，楷書，詩七行，行二十字，款一行，行六字。

「閔生臨本欲傚真，折枝花帶朝煙涤。童子精神映孤鶴，先生樸貌如璞玉。間安筆硯儼構思，有句吾知皆脫俗。更摹二札居其次，學士心明眼如燭。昔之三印皆模糊，今者雙鈎神滿足。湖菱翠色奉尊師，絕勝人間誇食肉。三君知復是何人，五百年來遞收錄。最初手跡倘存耶，聊借諸詩譚委曲。分明好夢入溪山，古水泠泠浸寒竹。有書可法畫堪師，後賦何妨論札菊。晉芳再疊前韻。」「晉芳」朱文方印，楷書九行，行十六字。

「放鶴空庭倚孤麓，殘梅零落湖波綠。寥寥遺墨在人間，不共沉埋一簪卞。八郎三君知阿誰，得識此公皆不俗。會友期聽煙寺鐘，醉遊遲剪風前燭。菱角少許致不難，寄錢二索愁未足。尋常妙語書益道，此亦何羨西臺肉。學士雙鈎宛入神，詩境停雲互收錄。鬚眉彷彿想見之，歸臥夢繞西湖曲。空山無人獨立久，夢醒似有風敲竹。乞摹蘭本映窗光，洗眼新泉浸寒菊。黃景仁[4]。」「仲則」展齒印，上白文，下朱文，行書五行，行三十二三字。

「一枝梅折孤山麓，冷浸銅瓶汲湖涤。即此便是逋仙魂，變現花前貌如玉。此花只合先生詩，便落言詮都絕俗。玉潭妙手為寫真，五百年來閱風燭。石几生雲氣尚溫，吟眸點漆神逾足。護童一鶴猶依依，詎是無情拋骨肉。妻梅謾語如可憑，清供家山問誰錄。後人但寫疏影詞，誰知別有相思曲。老去高情寄託深，幾株留伴墳前竹。何當喚起圖中人，茗話寒宵淪甘菊。景仁疊韻。」印糊模不見，行書五行，行二十九字。

「我遊西湖九秋末，芙蓉未凋湖水涤。先拜孤山處士墳，詩骨千秋潔如玉。其時仁廟方太平，留此遺民善風俗。斷橋微雪梅亂開，人往人來湖船燭。高天夜夜下元鶴，寒北鷺鷥拳一足。無妻無子亦有姪，不是一家無骨肉。平生不聘茂陵人，封禪相如無足錄。一花一詩一天池，空山無人三弄曲。誰人認作野薔薇，水仙祠下幾枝竹。宋之林逋晉陶潛，開過梅花又有菊。吳人張塤[5]同作。」「張塤」展齒印，上下皆有邊白文，行書七行，行二十三四字。

「徽宗高宗擅書品，肥瘦兩家螺黛涤。逋也早出先瘦金，秀絕琅玕如刻玉。可憐二帖落人間，富貴西臺嫌其俗。罨溪摹本欲亂真，玩之費我一寸燭。菱角少許謹馳致，買錢二索恐未足。高人寒儉只如此，亡國元常徒食肉。西湖改作銷金鍋，潛夫添注夢華錄。先生時世非流離，白頭老死終鄉曲。大名何妨在宇宙，居人不敢斬松竹。詩魂騎鶴歸錢唐，手弄梅花踏寒菊。張塤再疊前韻。」「集虛」朱文方印，行書七行，行二十四五字。

「衣帕蘊藉出塵姿，吟嘯空山筆硯隨。短檋記尋湖畔路，寒林蕭瑟雪深時。今年正月遊西湖大雪。欲登孤山不果注十五字雙行，朱履貞 [6]。」「履貞」屐齒印，上白文，下朱文，行書四行，行十四字。

案閔雲臣寅，未見著錄，可補畫史匯傳之闕。

《香港中興報》1934 年 8 月 20、21、22 日

【注釋】

[1] 林和靖，即林逋，詳見《附錄　蔡守與古人交流考》。

[2] 閔雲臣寅，無考。

[3] 程晉芳，詳見《附錄　蔡守與古人交流考》。

[4] 黃景仁，詳見《附錄　蔡守與古人交流考》。

[5] 張塤，詳見《附錄　蔡守與古人交流考》。

[6] 朱履貞，詳見《附錄　蔡守與古人交流考》。

陶子政墨盒

陶子政邵學 [1]，吾粵光緒間為宋詩至佳者，著有《頤巢類稿》。友人黃晦聞節題詩云，「悲鳴挹淚獨酸辛，壯歲無端託隱淪。蓄誼至高餘作賦，嘔心為句足殉身。風騷上簿將誰語，師友同時惜未親。敬欲瓣香曾子固，一篇遙夜憶斯人。」亦推崇之極也。余比來得其墨匣一，圓竹節形，高一寸弱，紫銅為裏，外鑲白銅，面亦紫銅，心刻牡丹一叢。外白銅邊，右刻菊花一盃，左刻梅花一盆，下刻蘭石一叢，上刻光緒癸卯，子政自製。小楷八字，分四行癸卯為光緒廿九年，距今三十有二載。顧余生平不喜用墨匣，雖在軍中草露布，亦必研墨。故李雪生閣揆根源，何敘父大將軍遂皆有笑余盾鼻磨墨之雅謔。但以詩人遺物，亦足珍玩，況其制極精，且堅而厚，雖極緊亦極易開，因為三節，有凸邊，開時殊易為力，不若平口而方邊，緊則殊難開也。余喜用藥棉蘸電油以拭印，但電油易泄，得此合子口之緊秘，至為相宜也。案湘鄉謝吉暉崧梁 [2]《今

文房四譜》謂墨匣始自何時，未得確據。或云趙甌北 [3]《簷曝雜記》載乾隆間軍機章京趕烏墩一條，即墨匣也。但乾隆戊戌間唐秉鈞 [4] 著《文房肆考》尚云用竹管預貯墨瀋，以便入場傾硯用，則可知乾隆時尚無墨盒也。又言墨盒上刻文鐫畫，始於咸豐，盛於同治，則墨盒之制，諒亦百餘年耳。又云墨盒宜用紫銅為裏，能經久不壞，白銅則不過數日必致臭味薰鼻，若銀則更易壞墨。據此說則陶氏此盒，亦甚研究，故特用紫銅為裡，而外鑲白銅也

案謝氏《今文房四譜》刊《藝海一勺》，最近出版，每部二元，乃金山高吹萬、姚石子等集資助刊之。

《香港中興報》1934 年 8 月 22、23 日

【注釋】

[1] 陶邵學，詳見《附錄　蔡守與古人交流考》。

[2] 謝吉暉崧梁，即謝吉暉，詳見《附錄　蔡守與古人交流考》。

[3] 趙甌北，即趙翼，詳見《附錄　蔡守與古人交流考》。

[4] 唐秉鈞，詳見《附錄　蔡守與古人交流考》。

黎二樵遺印

順德黎二樵簡詩畫為吾粵有清一代之冠，其篆刻則罕覯。日前畫友盧子樞過牟軒談藝，出示近得二樵篆刻一圓印，為黃芙蓉石，古澤盎然，印文「人生得意須盡歡，莫使金尊空對月」十四字，朱文，殊古茂，邊款「石道人刻」，行書四字，頗磨滅，僅可見。又邑子嚴炎公家藏三印，亦二樵篆刻。一、「嚴儀生印」，白文。二、「兩亭」朱文。三、「馥秋閣」朱文，皆百餘年舊青田石，光潤如玉，殊可把玩。摹印既古雅，奏刀亦奇峭，誠吾邑印林俊物也。

《香港中興報》1934 年 8 月 23 日

湯雨生遺硯

湯雨生貽汾 [1] 遺硯，正大西洞佳石，天然石子，長方刻蕉葉。硯背銘，「披紫雲，見綠天，中有草，聖種紙之良田。禹笙。」行書三行。紫檀匣黝澤如玉，刻銘曰，「木石與居，翰墨相契。兩美必合，廉隅底厲。丁未竹醉日雨生。」銘隸書四行，款行書一行，亦子樞所藏。

《香港中興報》1934 年 8 月 23 日

【注釋】

〔1〕湯雨生，即湯貽汾，詳見《附錄　蔡守與古人交流考》。

李抱真遺像

　　邑子李萍川孝廉逢琛懷遠堂世守李抱真〔1〕先生遺像，紙本長四尺有半尺，寬二尺四寸有七分，里人關復生〔2〕名家然，蘇六朋弟子重摹。上有羅履先〔3〕孝廉天尺題贊，「抱璞者真，漁歌一曲桃源津。師玉臺之白沙，友嘉魚之楚雲謂李承箕。嗚呼！論品而登玉籍，千秋俎豆一人隸書六行。奉題抱真李先生遺像。邑後學羅天尺。」行書三行。案李孔修，字子長，自號抱真子。順德人，僑居廣州高第街，混跡闤闠，人不識也。張詡〔4〕識之，薦於其師陳白沙，亟稱之，名由此著。得白沙無欲之旨，深造自得。操行廉潔，好《周易》。論者謂白沙之學，孔修得其真。初，赴省試，以搜檢嚴，擲硯而去。有庶母，父歿改適，誣孔修放其產，縣令鞫之，孔修操筆對曰「母言是」，令疑焉，得其情，乃大敬禮。孔修敝廬敗甑，蔬食不贍，未嘗戚戚。觀眺山水，歸而圖之，見者愛而酬之金，曰子長畫也。尤善畫貓，毛骨如生，鼠見驚走，其山水翎毛亦精絕。世人稱述子長行事，多附會以為笑柄，是在論古者毋為所惑也。吳廷舉〔5〕由縣令歷藩臬，與子長為布衣交，兩人高風，在塵壒之表。年九十卒，李憲使中，王少參崇教經紀其喪，尚書霍韜〔6〕葬之西樵山上雲路村，題墓碑曰「明抱真先生李子子長之墓」，並為之銘，西樵人士祭社，以孔修配。案抱真子有畫小景，今已佚。《文獻三集》中有陳官〔7〕題詩，「抱得天真樂可尋，春風澹蕩墨痕深。遙將有象徵無象，想見先生太古心。」

　　　　　　　　　　　　　　　　　　　　《香港中興報》1934 年 8 月 24 日

【注釋】

〔1〕李抱真，即李孔修，詳見《附錄　蔡守與古人交流考》。

〔2〕關復生，詳見《附錄　蔡守與古人交流考》。

〔3〕羅履先，即羅天尺，詳見《附錄　蔡守與古人交流考》。

〔4〕張詡，詳見《附錄　蔡守與古人交流考》。

〔5〕吳廷舉，詳見《附錄　蔡守與古人交流考》。

〔6〕霍韜，詳見《附錄　蔡守與古人交流考》。

〔7〕陳官，無考。

沈雪莊恭人畫

　　邑子嚴炎公邦英 [1] 世守其祖妣沈恭人端淑遺畫二幀，錄之以補汪氏《嶺南畫徵略》之闕：

　　紅白梅花紙本，長三尺有奇，寬一尺一寸有四分。款小楷書五行，在畫之左端，「曉妝初寫兩株梅，絳萼冰心次第開。自是大園春色早，百花頭上占春魁。　畫仿金生墨有香，雙株梅蕊劇清蒼。孤山處士風流態，白首紅顏兩不妨。　水邊籬落最傳神，紅白相兼染色新。瘦影闌干明月夜，清香吹滿馥秋春。兩亭外子以余奩有吾鄉昔耶居士冬心金先生紅白梅畫軸，囑余背仿，未悉神肖否耳。乾隆辛亥上元節，沈端淑文史並題。」「沈氏端淑」白文方印，「雪莊文史」朱文方印。

　　「白梅開放與紅梅，春色依稀眼底回。繪出靚妝斜弄影，羅浮疑是美人來。儀生題。」「兩亭」朱文方印。

　　「嘉慶辛酉仲春，余因公餘與幕友閒步東郊，途遇嚴子兩亭 [2] 茂才，邀余到其府，品茗暢談，評詩論畫，第見其案頭書畫累累，壁上懸有折枝紅白畫梅一幀，並題詠數首，叩以何人，曰此先繼室沈雪莊所臨金壽門 [3] 先生本也。雪莊為錫三觀察之媛，已逝世十載矣。余曰『與余同鄉同宗兼忝年誼，余向慕其家風孝友，一門男女皆博學，工書畫，善吟詠。前二十年，在省會公寓訪之，觀察留余竟夕而談，雪莊曾以詩就正於余。曾幾何時，而物是人非，不勝今昔之感。夫蠶織鍼管，是宜所習，不意渲染之妙而見於時。王摩詰畫中有詩，其能吟詠可知矣。余生平所見閨秀畫不一，最上如黃石齋道周 [4] 先生之蔡夫人玉卿，錢尚書陳群 [5] 母南樓老人畫，綽有徐黃遺法，妍麗中氣骨古厚，非如吳下之文淑惲冰，徒以姿媚一派見長而已。雪莊年少而技若此，深得前輩遺法，無巾幗之氣，可知家學淵源有自來矣。吾浙德清沈英，嘉興沈彥選、沈穀、沈伯蘭皆以詩畫並出冠時。甚矣吾宗何閨閣之多才也。歸安沈權衡 [6] 跋綠琴軒。」案「綠琴軒」為黃丹書 [7] 隸書，嚴兩亭蓄有古琴曰「綠琴」，故名。

　　賦色牡丹一幀，紙本長二尺有六寸，寬七寸有三分，款小楷書五行，「漫誇富貴耀華堂，僥倖唐宮伴媚娘。能共蜀葵爭幾許，一般設色卻無香。乾隆庚戌清和月仿惲南田先生筆法於馥秋閣，雪莊女史沈端淑並題。」「馥香閣」朱文方印。

　　案《順德縣志》，沈端淑，字雪莊，知縣嚴儀生繼室，浙江德清縣人。父沈作朋以名孝廉觀察粵，任南韶連兵備道，嗜儀生詩文，坦腹獲選。端淑少穎

悟，博學能文，工書畫，善吟詠，作朋一門男女皆精書畫。端淑深得家學淵源，花鳥喜摹惲壽平，奩有其鄉金農畫軸，鎮日臨仿不倦。邑令沈權衡跋其所畫紅白梅軸，謂年少而技若此，深得前輩遺法，可知家學淵源有所自來云。與儀生唱隨甚篤，惜年不永，三十三歲卒，儀生哭詩甚哀，著有《馥秋閣詩詞》各一卷。

補錄「題沈恭人畫梅　不共徐熙畫落梅，嶺頭春色此花魁。猩屏絮帽相輝映，草法原從金氏來。暘谷陳晟熾題」案陳晟熾，字暘谷，號海島，順德古樓堡樟崗鄉人，住大良，工書法，行誼載邑志列傳。

附嚴兩亭家傳，公諱儀生原名國象，以字行，號兩亭，幼穎悟，長篤學，念先世以《易》傳家，尤致力焉。年二十六以《易》學見知於李文宗調元 [8]，名列第二，補弟子員。旋以異等第一食廩餼。性純孝，嘗講學邑之沖鶴鄉，黎明間關省親，終歲如一日，門下化之。改館龍山，以路遠，故五日一歸省，寒暑風雨無間。迨後設帳廣州，士爭執贄。公慨然曰學貴實用耳，吾進不能大有濟於天下，退猶得出所學以造就一方。惟是崇實黜華，先器識而後文藝，以故及門之士，騰茂蜚英，接踵而起。如吳川林殿撰召棠 [9]，南海孔太史繼勳 [10]，何駕部文綺 [11]，區天部玉章 [12]，同邑龍宮庶元任 [13]，龍太常元僖 [14]，溫比部承悌 [15]，羅太史傳球 [16]，何郡丞太青 [17]，盧比部同伯 [18]，張大令邦佐 [19]，潘方伯楷 [20]，黃廉訪樂之 [21]，皆一時賢達。登金門，履玉堂，或祀鄉賢，或祀名宦，為鄉閭所矜式。其他為名孝廉，為名博士，指不勝屈。嘉慶壬申拔取歲貢，司鐸河源，日與諸生講《易》明倫堂，首以孝悌勖士，士風丕振。諸暨傅文宗棠 [22] 榜其署曰「鐸振古雲」。己卯丁外艱，辭職奔喪，哀毀盡禮。甫逾月，而梁太恭人殂逝，公迭罹慘變，自咎離親遠宦，抱憾終天。當道素器公，服闋保陞知縣，選受浙江昌化，力辭不就。作《大園賦》以見志，閉門課孫，重輯家乘，修理祖墳。暇則以詩書畫自娛，疾革彌留時，命長子綺蘭代書遺訓，尤以同懷老弟國玉衣食為慮，蓋至性然也。公少與同邑張太史錦芳 [23]，黃廣文丹書，黎明經簡 [24]，李大令麟徵 [25]，陳茂才晟熾 [26] 等諸名宿結「綠琴軒詩畫社」，尤工蘭竹，得力於繼配沈恭人。沈父作朋，以名孝廉觀察吾粵，試以經古，拔公冠軍，以女妻焉。所著有《易經摘解》《兩亭文稿》《無邪齋詩鈔》《綠琴軒稿》《大園雜俎》。咸豐甲寅，髮逆之亂，多毀於兵燹，遺書散佚，僅存山水蘭竹數幀而已。公於鄉族善舉靡不竭力提倡，乾隆丙午丁未大祲，自鄉賑而行族賑，而嘗款缺如。公奔走農莊，勸勉預交，藉資分

賑，鄉族德之。嘉慶己巳，海盜張保仔入擾內河，公進策採行，鄉邑賴安。水藤區何兩姓締婚後，誤聽誣詞，幾至離異，女欲以死明志，公為文兩息之，言歸於好。晚年居家，課兒孫，訓鄉族，推難解紛，口碑載道。道光丁酉，欽賜鄉進士，以老不赴都，壽臻耄耋，其諸為美意延年乎。

《香港中興報》1934 年 8 月 24、25、26 日

【注釋】

[1] 嚴炎公邦英，即嚴邦英，詳見《附錄　蔡守與時人交遊考》。

[2] 嚴兩亭，即嚴儀生，詳見《附錄　蔡守與古人交流考》。

[3] 金壽門，即金農，詳見《附錄　蔡守與古人交流考》。

[4] 黃石齋，即黃道周，詳見《附錄　蔡守與古人交流考》。

[5] 錢陳群，詳見《附錄　蔡守與古人交流考》。

[6] 沈權衡，詳見《附錄　蔡守與古人交流考》。

[7] 黃丹書，詳見《附錄　蔡守與古人交流考》。

[8] 李文宗調元，即李調元，詳見《附錄　蔡守與古人交流考》。

[9] 林召棠，詳見《附錄　蔡守與古人交流考》。

[10] 孔太史繼勳，即孔繼勳，詳見《附錄　蔡守與古人交流考》。

[11] 何駕部文綺，即何文綺，詳見《附錄　蔡守與古人交流考》。

[12] 區天部玉章，即區玉章，詳見《附錄　蔡守與古人交流考》。

[13] 龍宮庶元任，即龍元任，詳見《附錄　蔡守與古人交流考》。

[14] 龍太常元僖，即龍元僖，詳見《附錄　蔡守與古人交流考》。

[15] 溫比部承悌，即溫承悌，詳見《附錄　蔡守與古人交流考》。

[16] 羅太史傳球，即羅傳球，詳見《附錄　蔡守與古人交流考》。

[17] 何郡丞太青，即何太青，詳見《附錄　蔡守與古人交流考》。

[18] 盧比部同伯，即盧同伯，順德羊額人，道光年間進士。

[19] 張邦佐，詳見《附錄　蔡守與古人交流考》。

[20] 潘方伯楷，即潘楷，不詳。

[21] 黃廉訪樂之，即黃樂之，詳見《附錄　蔡守與古人交流考》。

[22] 傅文宗棠，即傅棠，詳見《附錄　蔡守與古人交流考》。

[23] 張太史錦芳，即張錦芳，詳見《附錄　蔡守與古人交流考》。

[24] 黎明經簡，即黎簡，詳見《附錄　蔡守與古人交流考》。

[25] 李大令麟徵，即李麟徵，不詳。

[26] 陳茂才晟熾，即陳晟熾，詳見《附錄　蔡守與古人交流考》。

郭東史題楊彭年為蔡少峰製紫砂加彩茗壺

駐日本留學生監督署郭東史 [1] 君希隗，讀《藝術與人生》七五二期，見區君夢良 [2] 用張叔未 [3] 題蔡少峰 [4] 藏時大彬 [5] 壺原韻題余藏楊彭年 [6] 為蔡少峰製紫砂加彩茗壺，依韻為詩遙寄，因錄下：

「嶺南尚有干淨土，蔡侯據之署畫府。對酒亦把龍頭鐺，試茗先考砂壺譜。陽羨砂產溪谷間，誰好事者推鄧山。挱搏成器傅以色，竹節梅根次第刪寒瓊題壺詩有『竹節與梅根，每遇輒輕棄』句。陸離花葉布流柄，置諸牟軒佐高詠。李景康 [7] 張虹 [8] 起作砂壺圖，獨推此壺作後勁。定窯哥窯名品崇，清瓷康熙接乾隆。不知孰與定高下，不羨瘻木精磨礱。夫人掞藻纂壺錄蔡夫人談月色輯《壺雅》，詩婢候湯報茶熟。武夷茗煮惠山泉，並作瑩然一甌玉。麻姑看海三成田，日共將軍住壺天。下筆自令梅生色月色夫人工畫梅，煮茗時見鶴避煙。旗耶槍都一掬拱，甘味應有薰風送。猿臂坐老不封侯，老坡來醒春婆夢。」室人月色寫梅為報，並連句題之，詩曰，「唱隨為賞櫻花去月，郭君與銘敬夫人同遊日本，想像花間挈袂行。各有兵書堆篋衍寒，中興社事共嚶鳴郭君與李洞庭 [9] 友善，洞庭將中興南社。家貧夫婦年垂老月，世亂丹青價亦平。貌取嶺南春寄似寒，蓬萊清淺一枝橫月。」

《香港中興報》1934 年 8 月 27 日

【注釋】

[1] 郭東史，詳見《附錄　蔡守與時人交遊考》。

[2] 區夢良，詳見《附錄　蔡守與時人交遊考》。

[3] 張叔未，即張廷濟，詳見《附錄　蔡守與古人交流考》。

[4] 蔡少峰，詳見《附錄　蔡守與古人交流考》。

[5] 時大彬，詳見《附錄　蔡守與古人交流考》。

[6] 楊彭年，詳見《附錄　蔡守與古人交流考》。

[7] 李景康，詳見《附錄　蔡守與時人交遊考》。

[8] 張虹，詳見《附錄　蔡守與時人交遊考》。

[9] 李洞庭，即李澄宇，詳見《附錄　蔡守與時人交遊考》。

跡刪和尚遺墨

日前與張谷雛 [1] 訪盧子樞 [2]，出示近得跡刪和尚 [3] 行書便面。跡刪書畫至罕見，昔年北平《藝林》月刊印跡刪水墨花卉卷，酷似青藤，至為欣賞。顧真蹟則今始獲覯，把玩不忍釋手，況所書山堂食品三詩，尤宜暑日素食之旨，亟錄如左：

「天生天養是吾曹，踐土還容更食毛。春到辛盤添芥辣，秋來佳味在茼蒿。兒童畫粥蒲為劍，賓主分瓜蔊作刀。品字紫頭煨穩 [4]，蹲□ [5] 留半待方袍其一。

人天清福忘承當，任運隨緣也不妨。六月六時開芋屋，三春三度割蜂房。雨前玉版初生粉，露下金櫻自有糖。晶飯早煩堪一飽，餘甘留待解人嘗其二。

何須肉食作珍饈，別有精鯖傲五侯。細嚼只□羊彳亍，大烹還是馬蘭頭。井邊杞菊堪娛老，堂背萱花可解憂。願得此生飽薇蕨，癡心饕餮復何求其三。

山堂食品之三，似澄秋居士一笑。八十五老人鷲。」印模糊不辨，殘闕兩字，容檢《咸陟堂集》補之。

《香港中興報》1934 年 8 月 28 日

【注釋】

[1] 張谷雛，即張虹，詳見《附錄　蔡守與時人交遊考》。

[2] 盧子樞，詳見《附錄　蔡守與時人交遊考》。

[3] 跡刪和尚，即光鷲，詳見《附錄　蔡守與古人交流考》。

[4] 此句缺一字。

[5] □，原文缺字，下同。

跡刪和尚刻竹界尺

跡刪和尚刻竹界尺，長八寸有六分，寬八分，刻草書一行。「見猶離見，見不能及。跡老人題」十二字，下有「跡刪」二字白文方印，色如蒸粟，光澤如玉，鄧君展 [1] 舊藏。十年前羅澤棠 [2] 作緣，以百金與易得。戊午秋間，杭州鄒景叔安 [3] 刊入《藝術叢編》，鄧跋云，「跡刪和尚成鷲，為嶺南詩僧。沈歸愚 [4] 選《國朝詩別裁》，推為緇流第一人。有《咸陟堂集》行世。曩歲在佗城西門內購得此界尺，題《圓覺經》二語於上，饒有二王家法，想是駐錫光孝寺時所遺。景叔金石家，博雅好古，特為拓出，囑贅數語，以志古歡。廣州

鄧驥英伏翁，題於滬上。」

《香港中興報》1934 年 8 月 28 日

【注釋】

[1] 鄧君展，即鄧驥英，詳見《附錄　蔡守與時人交遊考》。

[2] 羅澤棠，詳見《附錄　蔡守與時人交遊考》。

[3] 鄒景叔，詳見《附錄　蔡守與時人交遊考》。

[4] 沈歸愚，即沈德潛，詳見《附錄　蔡守與古人交流考》。

龍涎香

余與室人月色有茗癖，亦有香癖。有友以龍涎香示我，余以寄出羅禎符[1]、鄧爾雅[2]，茲錄二君覆書如左：

「龍涎香有數種，最上者為沫質，二三百換。石質次之，七八十換。土質又次之，三四十換。木本質又次之，二三十換。膠質為最下，換而已。付來之香乃木質，島市亦值二十換。惟需全看過，有白霜者，方得正品。因易為偽，若有雜質，則殊不足貴也。羅禎符。」

「龍涎香如何為真，尚聚訟紛紜。用過而有效者，色黃白，形似枯木，味香而清，膠極重，見熱即軟，牽之成絲，手撚其末，亦即粘合如臘，直五十餘換。今島市別有一種色灰黑，味香略似帶腥，膠亦極重，見熱亦軟，牽之成絲，但不如前種之長，且色灰黑耳，直八十餘換。禎符云：『此灰色者仍次等，上等今不易得，以少許入水煮之，瀘細沫至數尺之遠。又一種黃白中微近灰色，見熱即溶解如水，亦八十餘換，禎符以為偽。』余亦以為偽也。鄧爾雅覆書。」

《香港中興報》1934 年 8 月 29 日

【注釋】

[1] 羅禎符，無考。

[2] 鄧爾雅，詳見《附錄　蔡守與時人交遊考》。

水安息香

水安息出安南及廣西之猺峒，其質如枯木，生於海底或澗底，嗅之絕無香味，焚之時，以清水一盂，置諸爐畔，約距三尺之內，其煙篆自然如垂虹入水，

芬芳透腦，焚後將其炭置盂水中，原質不化，可焚十數次，倘爐畔不置盂水，則瞬息銷滅矣。土人名之曰返魂青，其功能起死人，故有是名。但凡病人至氣絕，或卒然暴悶，能使復蘇半日之久，可延期覓醫施救。大抵古人所云起死不死之藥，如押不蘆之屬，皆指或能治標，或能回蘇，或能延年，或能補益而已，非永不死也。羅君禎符 [1] 精研醫學，尤嗜焚香，曾親試之。廿餘年前，價值已達一千三百五十換，其難得可想。至普通之安息香，不產於水者另是一種，《本草》云，安息香出西戎，似柏脂，黃黑色為塊，新者亦柔軟，味辛苦無毒，主心腹惡氣鬼□ [2]。《酉陽雜俎》云，安息香出波斯國，其樹呼為辟邪樹，長三丈許，皮色黃黑，葉有四棱，經冬不凋，二月有花，黃色心微碧，不結實，刻其樹皮，出膠如飴，燒通神明，闢眾惡。洪芻 [3]《香譜》云，安息香出三佛齊國，其香乃樹之脂也，其形色類胡桃穰，而不宜於燒，然能發眾香，故人取之以和香。屠隆 [4]《香箋》中都中有數種安息，其最佳者，劉鶴 [5] 所製月麟香、聚仙香、沈速香三種。百花香即下矣。據此則西南諸國都產安息香，安息本國名，疑最初來自安息國，若屠氏所云，蓋以安息和眾香而成者，即香餅子之類也，惟水安息，則書所未載耳。

《香港中興報》1934 年 8 月 29 日

【注釋】

　[1] 羅君禎符，無考。

　[2] □，原文模糊莫辨。

　[3] 洪芻，詳見《附錄　蔡守與古人交流考》。

　[4] 屠隆，詳見《附錄　蔡守與古人交流考》。

　[5] 劉鶴，無考。

吳佩孚草書寫詞

　　日前有友人攜吳子玉 [1] 草書四屏過我，書固無足取，寫詞一首，語甚激昂，錄下：

　　「北望滿洲渤海中，風潮大作。想當年，吉江遼瀋，人民安樂。長白山前設藩籬，黑龍江畔列城郭。到而今，外寇任縱橫，風塵惡。甲午役，土地削。甲辰役，主權墮。歎江山如故，異族錯落。何日奉命提銳旅，一戰恢復舊山河。卻歸來，別作蓬山遊，念彌陀。登臨四望，遍國中無一完土。想當年，德被蠻夷，四民鼓舞。印緬韓越作藩籬，燕豫吳秦稱畿輔。到而今，兄弟鬩于牆，招

外侮。洪楊亂，邦交促，拳匪亂，聯軍入，說甚麼革命，民間幸福。民國癸亥春季在洛陽軍次。吳佩孚子玉。」

《香港中興報》1934 年 8 月 30 日

【注釋】

[1] 吳子玉，即吳佩孚，詳見《附錄　蔡守與時人交遊考》。

羅惔東 [1] 寫贈程豔秋詩

景演程玉霜 [2] 遊藝島市曾過我，獲接言笑。日昨有友人攜羅癭公 [1] 寫贈詩幅，錄下：

「程郎玉霜 [2]，京旗人，父榮某案程為英和五世孫。國變後，冠漢姓，父歿，案養伶人榮蝶仙家據程自述，寄養於內廷供奉果春林家，八歲即學唱，香林以女妻之延師教藝，習青衫，三年始出奏技，年十六矣。余屢聞人譽玉霜，未之奇也。一日觀梅郎劇罷，楊穆生 [3] 盛道玉霜聲色之美，遂偕往觀。一見驚其慧麗，聆其曲，宛轉妥貼，有先正之風。異日相見于伶官錢家，溫婉綽約，容光四照，並時無與為比。竭來菊部頹靡，有乏才之歎，方恐他日無繼梅郎者。今玉霜晚出，風華相映，他時繼軌，金玉霜其誰，賦此勖之。戊午二月。『日下新聲漸寂寥，梅郎才調本天驕。誰知後輩風華甚，聽徹清歌意也銷其一。除卻梅郎無此才，城東車馬為君來。笑余計日忙何事，看罷秋花又看梅其二。協律陳生最自豪陳彥衡 [4]，鷗弦矜絕不輕操。肯陪日暮歌臺側，珍重延年一語褒其三。小李將軍意氣橫李釋堪 [5]，散花奔月製新聲。平生難垂青眼□ [6]，許爾他年繼老成其四。風雅何人作總持，老夫無日不開眉。紛紛子弟皆相識，只覺程郎是可兒其五。紫稼當年絕代人，梅村蒙叟並相親。而今合待樊山老，評爾筵前一曲新其六。』」

《香港中興報》1934 年 8 月 30 日

【注釋】

[1] 羅惔東、羅癭公，即羅惇曧，詳見《附錄　蔡守與時人交遊考》。

[2] 程郎玉霜，即程硯秋，詳見《附錄　蔡守與時人交遊考》。

[3] 楊穆生，無考。

[4] 陳彥衡，詳見《附錄　蔡守與時人交遊考》。

[5] 李釋堪，無考。

[6] □，此句脫一字。

龍駒

馬與驢交而生騾，騾驉不育也。壬申八月間天津某村，風雨之際，龍入民廐，與騾交，癸酉二月二日，騾生駒，頂腋雙漩，鬃直貫至尾，通身毛柔密，有類水獺之毨，蹄作五色，善超躍，尤善渡水，不獨能解人意，示以物，而密藏之，縱其所之，便能尋得，殆神物歟。圖見本月壯平《藝林月刊》第五十六期，周肇詳 [1] 曰，「世有伯樂，然後有千里馬，否則終老轅下耳，駒生今日，雖稟奇負異，俗將怪而卻之，其能不見笑於駑駘乎？余識訖，亦為之擲筆一歎。」

《香港中興報》1934 年 8 月 31 日

【注釋】

[1] 周肇詳，詳見《附錄　蔡守與時人交遊考》。

漢居延筆

北平地安門外松公府西北科學考查團理事會仿製漢居延筆，管為木製，長七寸有四分，馬叔平衡 [1] 撰記甚詳，錄下：

「我國古代之筆之保存世者，曩日本奈良正倉院所藏之唐筆為最早，此外無聞言。不意今竟有更早於此者，此誠驚人之發現矣。爰就研究所得，盡先發表，以介紹於世之留心古代文化者。二十年一月，西北科學考查團團員貝格滿 [2] 君於蒙古額濟納舊土爾扈特旗之穆兜培而近地方其地在棠果淖爾之南額納河西岸，當東經一百至一百一度，北緯四十一至四十二度之間發現漢代木簡，其中雜有一筆，完好如故。今記其形制如下，筆管以木為之，分析為四，納筆頭於其本而纏以枲，塗之以漆，以固其筆頭，其首則以銳頂之木冒之如今之水彩筆，尖頂，如此則四分之木，上下相束而成一圓管筆。筆管長公尺二寸九釐，冒首長九釐，草頭露於管外者長一分四釐，通長二寸三分二釐，圓徑本六釐五毫，末五釐，冒首下端圓徑與末同。管本纏枲兩束，第一束近筆頭之處寬三釐，第二束寬二釐，兩束之間，相距二釐。筆管黃褐色，纏枲黃白色，漆作黑色，筆豪為墨所掩，作黑色，而其鋒則成白色，此實物之狀態也。

案索果淖爾，即古居延海，漢屬張掖郡，後漢屬張掖居延屬國。額濟納河，即古之羌谷水，亦即弱水，穆兜培而近之地。據木簡所記，在當時為甲渠侯居

延都尉所屬候官之一。復就所存木簡中之時代考之,大抵自宣帝以迄光武帝,若以最後之時代定之,此筆亦當為東漢初年之物,為西紀第一世紀,距今約千八百餘年矣。羽毛竹木之質,歷千八百年而不朽,非砂磧之地,蓋不克保存矣。今定其名曰,『漢居延筆』。

自來器物,必利用天然之材,而後事半功倍。筆管皆圓形,虛其中以納豪,宜於用竹,而此以木者,蓋西北少竹,材不易得,木則隨地有之,徵之簡牘,亦木多而竹少,可以知其故矣。

案崔豹 [3]《古今注》言,蒙恬 [4] 造筆,曰以柘木為管。《晉書‧五行志》曰,晉惠帝時,謠曰『荊筆楊板行詔書』,是古有以木為筆管者矣,惟析而為四,又冒其首,不知何所取義耳。

其筆頭之造法,則《齊民要術》載魏韋誕 [5]《筆方》言之最詳,其言曰,『作筆當以鐵梳梳兔豪,及羊青毛,去其穢毛,使不髴茹迄以上據《御覽‧六百零五》所引訂,各別之,皆用梳掌痛拍整齊,豪鋒端本,各作扁極,令勻調平好,用衣羊青毛,縮羊青毛疑有脫誤,去兔豪頭二分許,然後合扁,卷令極圓迄,痛頡之『頡』義未詳,以所整羊毛中,或用衣中心疑有脫誤,名曰筆柱,或曰墨池,承墨《御覽》引作羊青為心,名曰筆柱,或曰墨池,復用豪青衣,羊青毛疑有脫誤如作柱法,使中心齊,亦使平均,痛頡內管中,寧隨毛長者,使深,寧小不大,筆之大要也。

案宋易簡 [6]《文房四譜》載王羲之《筆經》已詳言其製法,其言曰,「採毫竟,以紙裏石灰汁,微火上煮,令薄沸,所以去其膩也,先用人髮數十莖,雜青羊毛,並兔毳原注云,『凡兔長而勁者,曰毫,短而弱者,曰毳,惟令齊平,以麻紙裏柱根令治』,原注云,『用以麻紙,欲其體實,得水不脹』,次取上毫,薄薄布柱上,令柱不見,然後安之《初學誌‧二十一‧紙部》引『採毫竟,以麻紙裏柱根,次取上毫,薄薄布柱上,令柱不見,然後安之』二十四字。又晉崔豹《古今注‧問答釋義篇》曰,『牛亨 [7] 問曰,自古有書契以來,便應有筆,世稱蒙恬造筆,何也。答曰,自蒙恬始造,即秦筆耳《御覽》六百五引造作作,無『即』字,以枯木《御覽》及馬縞《中華古今注》並用柘木為管,鹿毛為柱,羊毛為被,所謂蒼毫《御覽》作鹿毫,非兔毫行管也。

據以上之所述,是筆頭之中心謂之柱,其外謂之被柱。用兔毫,或鹿毫,被則獨用羊毫,羊毫弱,而兔毫鹿毫較強,以強輔弱,而後適用。晉王隱 [8]《筆銘》曰,『豈其作筆,必兔之毫。調利難禿,亦有鹿毫《類聚》五十八引。』

所謂『調利難禿』者，即取其強也。然則作柱者必以此二者為主要之材矣。此居延筆之柱也已禿，不辨其為鹿為兔。而其端呈白色者，必羊毫之被也，其納筆頭於管也，必固之以漆，管外之纏，或以麻，或以絲，而塗漆於其上。漢蔡邕 [9]《筆賦》言，『削文竹以為管，加漆絲之纏束。』晉傅玄 [10]《筆賦》言，『纏以素枲，納以玄漆。』成公綏 [11]《棄故筆賦》言，『加膠漆之綢繆，結三束而五重。』以上並見《類聚》五十八此筆納柱於管中，是否用漆，無由得見，證以納以玄漆之文，似當有之。

其纏筆之物，似麻而非絲，即傅玄之所謂枲。《說文》，『枲，麻也。』所謂三束五重者，當指每筆三束，而每束五重。今此筆只二束，而每束不止五重，斯為異耳。素枲之上，猶存殘漆，是殆防纏束之不固也。

筆之敝也，敝其筆頭，管固無恙也。故古人之於敝筆，易筆頭，而不易管，如今之鋼筆然。唐張彥遠 [12]《法書要錄》載何延之 [13]《蘭亭記》曰，『智永，右軍第五子徽之之後，與兄孝實，俱舍家入道，俗號永禪師，常居永欣寺閣上，臨書所退筆頭，置之大竹簏，簏受一尺餘，而五簏皆滿。觀於此筆，既析其管，又纏以枲，與今制不同，而與唐人之說合，知唐以前人之易柱不易管，猶是漢以來相承舊法也。

筆制之長短，載籍罕有述之者。《方言》載揚雄 [14] 答劉歆 [15] 書云，『故天下上計孝廉，及內部衛率會者，雄常把三寸弱翰，齎油素四尺，以問其異語，歸即以鉛摘次之於槧。』此言三寸者也，王充 [16]《論衡・效力篇》云，『智能滿胸之人，宜在王闕，須三寸之舌，一尺之筆，然後自動。』此言一尺者也，漢之三寸，只當今尺二寸二分弱，頗不便於把持。意者，揚採錄《方言》，隨時隨地守之，故懷小筆及油素，為其便於取攜，歸而錄之於槧，非常制也。王充所書，一尺之筆，乃常人所用者。王羲之《筆經》言，『毛杪合鋒，合長九分。管修二握《文房四譜》引』，亦與一尺之數相近，此筆通長公尺二寸三分三釐，則正與王充之說合矣。

日本正倉院之筆號稱『天平筆』，《東瀛珠光》第二百十六圖所載《天平寶物》，其管上有墨書『文治元年八月二十八日，開眼法皇用之天平筆』云云。據其說明所記，則後白河法皇啟敕封庫，取『天平勝寶』時，菩提僧正用以開眼之筆墨，親為佛像開眼吾俗謂之『開光』，見諸史籍。是墨書，雖為文治元年所書，而筆仍是天平筆也。考天平當我國唐玄宗開元十七年至天寶八年，西紀七百二十九年至七百四十九年。『天平勝寶』當玄宗天寶八年至肅宗至德元年，

為西紀七百四十九年至七百五十六年。『文治元年』當南宋孝宗淳熙十二年，為西紀千一百八十五年，天平時代，為吾國文化輸入日本極盛之時。正倉院所藏古物，多為唐制，故天平筆之制作，與王羲之《筆經》所記，類多相合。《筆經》是否為晉時作品，雖不敢必，而非唐以後人所作，則可斷言也。《筆經》言，『先用人髮杪數十莖，雜青羊毫，並兔氄，惟令齊平，以麻紙裹柱根，令治，次收上豪，薄薄布柱上，令柱不見，然後安之。』此天平筆，被毫已脫，惟存其柱，柱根有物裹之，約占筆頭之長五分之三，疑即麻紙也。今奈良有仿製之天平筆，卸而驗之，則柱以羊毫為之，柱根裹麻紙數十重，紙之體積幾倍於柱豪，故柱短而根相□ [17]，頗不相稱。更以粗豪，薄薄布於其外，設去其粗豪，則與二百十六圖完全相同，是知天平筆之製法，即本於《筆經》也。夫筆柱所以受墨，何以裹之以紙。且原注中，又有欲其體實得水不漲之解，曩頗疑其非是，今見天平筆，始知確有此制矣。

漢居延筆，製法不裹紙，柱雖短，而根不粗，與今制略同。疑與韋誕《筆方》所述者同法，而非王羲之《筆經》之法也。今人見天平筆，以為近古者，觀此可以廢然返矣。」

《香港中興報》1934 年 8 月 31 日，9 月 1、2、3 日

【注釋】

[1] 馬叔平衡，即馬衡，詳見《附錄　蔡守與時人交遊考》。

[2] 貝格滿，詳見《附錄　蔡守與時人交遊考》。

[3] 崔豹，詳見《附錄　蔡守與古人交流考》。

[4] 蒙恬，詳見《附錄　蔡守與古人交流考》。

[5] 韋誕，詳見《附錄　蔡守與古人交流考》。

[6] 易簡，即蘇易簡，詳見《附錄　蔡守與古人交流考》。

[7] 牛亨，無考。

[8] 王隱，詳見《附錄　蔡守與古人交流考》。

[9] 蔡邕，詳見《附錄　蔡守與古人交流考》。

[10] 傅玄，詳見《附錄　蔡守與古人交流考》。

[11] 成公綏，詳見《附錄　蔡守與古人交流考》。

[12] 張彥遠，詳見《附錄　蔡守與古人交流考》。

[13] 何延之，詳見《附錄　蔡守與古人交流考》。

[14] 揚雄，詳見《附錄　蔡守與古人交流考》。

[15] 劉歆，詳見《附錄　蔡守與古人交流考》。

[16] 王充，詳見《附錄　蔡守與古人交流考》。

[17] □，原文字模糊莫辨。

閻羅鐵印

　　閻羅印雖荒誕無稽，然研究社會狀況者，或可取資，茲並將其釋文及題詠錄下：

　　「混元祖基，統攝一行諸天，制伏群魔二行，鎮壓三界，匡御三行萬靈，元都總印四行。」篆文多臆造之字，其為羽流偽作無疑。

　　「閻羅鐵印，舊在四川酆都天子山廟中，因有用之市詐者，事敗，追印入藩司庫。貯庫吏間拓以示人，余偶得一本，戲作長歌詠之，時道光丁亥冬日，大興劉位坦。

　　閻羅天子羞白版，鑄成老鐵鐫繆篆。二十四文弔奇寶印文四言六句，大言炎炎破鬼膽。業鏡臺高冰魄寒，轉輪殿冷風車閃。鬼王捧印視事來，積案如山決不緩。文士罰為九尾龜，貴臣叱作懸號犬。鐵鞭五百響連珠，芒飯三升吞烈餡。軀殼權同傀儡提，仇讐硬作鴛鴦綰。錢神到此笑無靈，智力誰容肆狡展。縱儲妙藥與金丹，馬腹驢胎終汝遣。故鬼平反新鬼添，勾稽一夜三千件。獄成鈐印紅糊模，榜上黏雲黑黯黮。有時簡書急於火，狼藉猩紅押千顆。盡日忙成倒插椎，勾名快似迴流柁。敕取雷曹霹靂砧，調來銅獄琅璫鎖。編冊幾無敗筆偷，括囊那許黃綢裹。或值大兵大疫大荒，點鬼簿若牛腰然。芝泥五斗一時盡，手腕痛脫屍頭騫。下檄阿鼻底，上稟玉皇前。傳信三塗六道四天下，此時此印真有權。何年幻出人間世，鐵澀花膛銹蝕字。徒映西方鬼宿明，永隨武庫陰燐閉。乞靈符紙拓紛□ [1]，路上揶揄笑可聞。政事久歸新令尹，頭銜應署故將軍。試教□ [2] 鬼持相詐，需索紙錢無問價。尚逢剸青惡少年，愁煞頑皮死不怕。我收拓本其文朱，較量縣印同酆都。擬裝水陸瑜珈卷，合附天罡錢式圖。吁嗟乎！天人嗔相忘不得，墮落九幽拜此職。拷掠翻新桀紂刑，律令隨意申韓刻。印綬佩來瑪瑙青，印床支處骷髏白。印在手中意氣揚，暴易暴兮誇靜息。一朝報盡鬼趣來，奪印還君入甕爇葉。地獄何年薜荔空，摩挲印篆愁無極。吾笑焉能比河清，吾相焉能宜肉食。既不願佩鐵印為閻王，亦不願懸金印拜柱國。但願傳受我佛心印與手印，度盡三千大

千世界人鬼念彼觀音力。」

《香港中興報》1934 年 9 月 4 日

【注釋】

[1] □，此句似脫一字。

[2] □，原文字模糊莫辨。

王雨亭摹蘇東坡黃州像

香港大學教授崔百越師貫 [1] 家藏王雨亭 [2] 摹東坡黃州像，紙本高一尺有八寸，寬七寸，款署「坡翁黃州像，趙吳興本，王嘉喜摹」，「王氏雨亭」朱文方印。

「讀書底事不封侯，陌上花開叱一牛。鶴去江空人夢醒，酒痕狼藉記黃州。小西涯居士法式善 [3]。」「小西涯居士」白文長方印。

「赤壁清遊味有餘，玉堂春夢也蕭疏。水田二頃容耕種，願跨黃牛更讀書。蘭雪吳嵩梁 [4] 為石亭四兄題於詩龕，時嘉慶十年四月十一日也。」「吳子山氏」白文方印，「蘭雪詩印」白文方印。

「漫將新法入詩歌，贏得江山風月多。元祐未來慶歷去，一犁春雨有東坡。鶴汀居士 [5] 題。」「會昌」白文長方印。

「黃州往事付何人，叱犢名留七日春。定是玉堂清夢醒，月明孤鶴證前因。蔗香盧擇元 [6]。」「蔗香」朱文長方印。

「黃州逐客未賜環，日日坐對臨皋山。郭生潘子亦罕接，但有黃犢隨往還。蓬蒿數畝親鋤剪，叱叱田間已春晚。新栽柑子乍青黃，臥聽禽言皆睍睆。吁嗟朝右多黃龔，徵符火急人更窮。青苗手實法屢變，願公勿羨多牛翁。吳興王孫畫無敵，方烏雲巾寫標格。千年縑素遞傳摹，猶見當時憂國色。君不見，崎嶇草棘人得耕，尚勝畦東畦西鴉種麥。東坡黃州像摹本，夔典姻丈大人屬題，並希吟正，叔榕譚宗浚 [7]。」「臣宗浚」白文方印。

崔編修舜球，字夔典，號□ [8] 盦，百越之父也。

《香港中興報》1934 年 9 月 5 日

【注釋】

[1] 崔百越，詳見《附錄 蔡守與時人交遊考》。

[2] 王雨亭，無考。

[3] 法式善，詳見《附錄　蔡守與古人交流考》。

[4] 吳嵩梁，詳見《附錄　蔡守與古人交流考》。

[5] 鶴汀居士，無考。

[6] 盧擇元，詳見《附錄　蔡守與古人交流考》。

[7] 譚宗浚，詳見《附錄　蔡守與古人交流考》。

[8] □，原文模糊莫辨。

滿洲人以數目為名者

六十七 [1]，字居魯，滿洲人。官吏科給事中。著有《番社采風圖考》《遊外詩草》《臺陽離詠》。皆記述臺灣生番之事。

七十一 [2]，字椿園。乾隆間進士。著有《西域聞見錄》。

七十五 [3]，瓜勒佳氏。乾隆時隨征金川廓爾喀有功，以冤死。

八十六 [4]，那拉氏。江寧將軍。諡壯僖。

七十四 [5]，官江南織造臣。余藏織金庫緞，機頭織官名。

九十 [6]，張佳氏。乾隆間廣西提督。

七十九 [7]，新城王樹枏之少子。見《陶廬詩續集》。

《香港中興報》1934 年 9 月 5 日

【注釋】

[1] 六十七，詳見《附錄　蔡守與古人交流考》。

[2] 七十一，詳見《附錄　蔡守與古人交流考》。

[3] 七十五，詳見《附錄　蔡守與古人交流考》。

[4] 八十六，詳見《附錄　蔡守與古人交流考》。

[5] 七十四，詳見《附錄　蔡守與古人交流考》。

[6] 九十，詳見《附錄　蔡守與古人交流考》。

[7] 七十九，詳見《附錄　蔡守與古人交流考》。

達戈紋

余曩遊臺灣，以重直購其番錦數尺，乃麻織成，兩面相同，橙黃底藍花，圖案似中原，最古雅。日前於冷攤陳坡記，以賤價得丈許，亦橙黃底藍花，作雷文，與在臺灣所購者不同耳。案《六十七番社采風圖考》云，「番女所織之錦，名曰達戈紋。」范咸 [1] 詩「蓬麻茜草能成錦，何必田園定種桑」，固知番

俗素喜橙黃與藍色也，此錦乃麻質甚堅固且兩便面，以鋪書案最為精雅。

《香港中興報》1934 年 9 月 6 日

【注釋】

[1] 范咸，詳見《附錄　蔡守與古人交流考》。

牽手放手

《番社采風圖考》云，「番已娶者曰暹亦作仙，調奸有禁。未娶者名麻達，番女年及笄，任自擇配，每日梳洗，麻達有見之屬意者，饋鮮花，備極繾綣，遂與野合，告父母成牽手焉。如後反目，許相離異，名為放手。所生男女仍歸番女，今新少年結婚離婚之易，何殊蠻俗牽手放手耶。」

《香港中興報》1934 年 9 月 6 日

番俗裸浴

余曩歲領兵入朱崖，見黎、㐌、苗婦女莫不男女同川而浴，其乳皆極豐圓之美，故有「絕美南天天乳星」之句。頃讀郁永河 [1] 臺灣小詩「覆額齊眉繞亂莎，不分男女似頭陀竟如今日男女剪髮。晚來女伴臨溪浴，一隊鷺鷥漾綠波」。《番社采風圖考》云，「番俗婦女日往溪潭盥頮沐浴，女伴牽呼，拍浮踥躞，謔浪相嬲，番無男女不親之嫌，從傍與相戲狎甚喜，以為愛其美，雖捻弄其乳亦不拒，若過而不顧，以為嫌其醜，殊有怫意。」

《香港中興報》1934 年 9 月 6 日

【注釋】

[1] 郁永河，詳見《附錄　蔡守與古人交流考》。

緲綿

《番社采風圖考》，「番女有緲飛也，綿，天也之戲意謂飛天也，即秋千也。每風和景明，招邀同伴，椎髻盤花，靚妝麗服，以銀錢珊瑚珠貫肩背，條脫纏腕，纍纍相比，歡呼遊戲。」

《香港中興報》1934 年 9 月 6 日

接吻飲

《番社采風圖考》云，「番俗成婚後三日，會諸親飲宴，各婦女豔妝赴集，以手相挽，而相對舉足，身擺蕩，以足下軒輊應之，循環不斷，為兩匝圓形。引聲高唱，互相答和，搖頭閉目，備極媚態。及席，不拘肴核，必令酒多，男女雜坐，相狎愛者，亞肩並唇，取酒從上瀉下，雙入於口，傾流滿地，以為快樂，美其名曰『接吻飲』。」

《香港中興報》1934 年 9 月 6 日

張文襄公書贈俄國太子詩扇

南皮張宗芳 [1] 家藏張文襄 [2] 公書贈俄國太子詩扇，團扇也，詩行書六行，行十字，款四行。

「海西飛軑歷重瀛，儲位祥鍾比德城。日麗晴川開綺席，花明漢水迓霓旌。壯懷雄攬三洲勝，嘉會歡聯兩國情。從此敦槃傳盛事，江天萬里喜澄清。大俄國太子來遊漢口，饗燕晴川閣，索詩索書，即度奉贈，光緒十七年三月穀雨節，張之洞。」「孝達」朱文方印。

案光緒十七年，俄太子來遊中國，駐京俄使以此事在中俄二國，均為創例，請所至由督撫親自款待。總署與北洋大臣李文忠公議通行儀節，李公言，俄太子坐艦入口，礮臺升旗，鳴禮炮二十一響，先遣大員登舟迎迓，客就館，主人往謁，俟其答拜，訂期筵宴，酒半，主人起致頌詞，客舟出口，砲臺升旗鳴炮，無砲臺處，如有兵艦停泊，亦應一律升旗鳴砲致敬，得旨下各省督撫一律照辦。俄太子以二月十六日與其從者乘四艦，到香港，李公遣致遠、靖遠兩艦，先期到香港迎迓，隨至廣州。三月十一日巳刻至漢口，是日孝賢純皇后忌辰，總署允仍升旗鳴炮，撫督以下，均以行裝見。翌日，宴於漢陽之晴川閣，用中國酒饌，與宴者二十人，自午及酉而罷。俄太子登岸，乘自備之金黃轎，其往租界，應各國官商宴享，則乘馬車，或徒步行。十三日酉刻開行，中國兵艦，送迎均至三十里外。十五日過江寧，未登岸。初，俄太子欲至煙台，李公將以檢閱海軍為名，至煙台款待。李是不果往，而徑至日本。四月初五日西一八九一年五月十二號，遊滋賀縣之大津，為護衛警官津田三藏狙擊，及傷額。十二日西五月十九號由神戶登俄艦，經海參威歸國。至海參威行西伯利亞鐵道奠基禮而去。俄太子之來華也，欲至京師，駐俄使洪鈞，以中外禮數不同婉詞阻之。駐天津俄領事館寶德林亦謂李公，太子欲至旅順、

威海者何如。李公曰，「旅順威海皆軍港，無可遊者，且吾至俄，欲觀海參威軍港，豈許我耶。」寶曰，「中堂中華重臣，胡不可者。」俄太子於光緒二十年西一八九四年嗣位，是為尼古拉斯二世，即羅馬諾夫朝之末帝也，文襄公此詩，載《廣雅堂詩集》中。

《香港中興報》1934 年 9 月 7 日

【注釋】

　[1] 張宗芳，無考。

　[2] 張文襄：即張之洞，詳見《附錄　蔡守與時人交遊考》。

元林九牧銅印

　　「林氏九牧」長方銅印，橋紐，「林氏九牧」朱文四字，子母邊，印文繆篆，但直牯橫細，印左側刻「延康龍飛元年春王正月」十字正書一行，右側刻「羅平國樞密院」六字正書一行，昔年新會出土。

　　案《廣東通志》第一百八十六卷前事略云「元世祖二十年三月，新會縣林桂芳、趙良鈴等聚眾偽號『羅平國』，稱延康年號」，《新會縣志》亦從《元史·世祖紀》轉引與《通志》同，但云「十一月改延康年號」。

《香港中興報》1934 年 9 月 8 日

閔氏刻《西廂記》

　　鄧伏翁驥英 [1] 藏閔氏刻《西廂記》絕精湛，余與夢園作緣，以五百金購之，淘人間罕見之書，詳記其版本如左：

　　首卷，版高六寸有半寸，寬八寸，四邊花邊各一寸，故版心實高五寸五分，寬七寸，對摺無齊墨，套版紅邊，序跋紅邊四圍四分雲鳳文，圖雲雷文，俱紅色。

　　「千秋絕豔四字篆書，叔夏款二字行書。」此篇無邊。

　　「千秋絕豔賦，王伯良 [2] 撰。」行書十四行，行十六字。

　　「崔孃遺照，宋畫院待詔陳居中 [3] 摹。」像後有閔振聲 [4] 行書，書題詠與跋七篇。

　　「殷紅淺碧舊衣裳，取次梳頭暗淡妝。夜合帶煙籠曉日，牡丹經雨泣殘陽。依稀似笑還非笑，彷彿聞香不是香。頻動橫波嬌不語，等閒教見小兒郎。唐元微之 [5]。」

「清潤潘郎玉不如，中庭蕙草雪消初。風流才子多春思，腸斷蕭孃一舍書。唐楊巨源 [6]。」

「冰簟薄絮鴛鴦綺，半月佳期並枕眠。鐘動紅孃喚歸去，對人勻淚拾金鈿。惆悵詞，唐王渙 [7]。」

「流落南來自可嗟，避人不敢御鉛華。卻思當日鶯鶯事，獨立東風霧鬢斜。見南陽驛題壁，鄧州女子。」

「玉釵斜溜鬢雲松，不似崔徽鏡裡容。顰蹙遠山增嫵媚，盼澄秋水鬭纖穠。影移紅樹西廂月，聲掩朱門午夜鐘。猶似裁詩寄張珙，麗情嬌態萬千重。見《名賢詩選》，張憲 [8]。」

「何處閬仙妝。鎖祇園，春夜長，垂鬟淺黛情先向，融融粉香。熒熒淚光。遊春夢斷空相望。問伊行，為誰惆悵，蕉萃只因郎。黃鶯兒詞，明楊慎 [9]。」

「彷彿相逢待月身，不知今夕是何辰。行雲總作當年散，胡粉空傳半面春。嫁後形容難不老，畫中臨榻也應陳。虎頭亦是登徒子，特取嬌妖動世人。明徐渭 [10]。」

「余向在武林日，於一友人處見陳居中所畫唐崔麗人圖，其上題云，『並燕鶯為字，聯微氏姓崔。非煙宜彩畫，秀玉勝江梅。薄命千年恨，芳心一寸灰。西廂舊紅樹，曾與月徘徊。余丁卯春三月御命陝右，道出於蒲東普救之僧舍，所謂西廂者，有唐麗人崔氏女遺照在焉。因命畫師陳居中繪摹真像，意非登徒子之用心，迺將勉情鍾終始之戒。仍拾罕言，傳好事者，知伯勞之歌以記云。泰和丁卯林鍾吉日，十洲鍾玉宜之 [11] 題。』『延祐庚申春二月，余傳命至東平，顧市鬻雙鷹圖，觀久之，弗見主人而歸。夜宿府治西軒，夢一麗人，綃裳玉質，逡巡而前曰，『君玩雙鷹圖雖佳，非君几席間物。妾流落久矣，有雙鷹名冠古今，願託君為重。』覺而怪之，未卜何祥，遲明欲行，忽主人攜鷹圖來，且四軸。余意麗人雙鷹符此數耳，繼出一小軸，乃夢所見，有詩四十字，跋語九十八字，識曰，『泰和丁卯出蒲東普救僧舍，繪唐崔氏鶯鶯真，十洲鍾玉大志。宜之題。』畫詩書皆絕神品也。余驚詫良久，時有司群官吏環視，因縮不目，託以跋語佳勝，贖之。吁，物理相感，果何如耶，豈法書名畫，自有靈耶。抑名不朽者，顧有神耶。遇合有定數耶。予嘗謂關雎碩人，姿德兼備，君子之配也。琴心雪句，才豔聯芳，文士之偶也。自詩書道廢，丈夫弗學，況女流乎。故近世非無色秀，往往脂粉腥穢，鴉鳳莫辨。求其彷彿待月章之萬一，絕世無聞焉。此亦慨世降之一端也。因歸於我，義弗辭已，宜之者。蓋前金趙愚軒 [11]

之字，曾為鞏西簿，遺山謂泰和有詩名，五言平淡，他人未易造，信然。泰和丁卯，迨今百十四年云。其月二日，璧水見士思容 [12] 題。』右共五百九字，雖不知璧水見士為何如人，然二君之風韻可想矣，因畀嘉禾繪工盛懋 [13] 臨寫一軸，適舅氏趙公待制離見而愛之，就為錄文於上。按元微之事云云，見《侯鯖錄》中，元陶九成 [14] 跋。」

「崔娘鶯鶯真像，乃舊傳本，非宋即元人，名手之所摹也，余向者都下曾從一見之。繼於蓼城僧院中見一本，大約相類，妖妍宛約，故猶動人，第以微傷肥耳。陶南村說，曾於武林見崔麗人遺照，因命盛子昭臨一本，且有趙宜之等題詠甚詳，此豈即其物耶。盛君之臨本歟，或好事者重翻盛本，抑因陶說而想像之，以暗中摸索而為之者歟。既識蔑面藝之隙，漫書以記吾曹云耳。意尤物移人，在微之猶不能當，余之德不足以勝妖孽，恐貽趙顏之感，姑未暇引爾歸丹青也。明祝允明 [15]。」

「傳奇多矣，乃《西廂》尤為膾炙人口，蓋亦情文兩絕。若崔孃遺照，則其所辨真贋也。予素有情癖，談及輒復心醉。曾於數年前，題鶯鶯像云，『翠鈿雲鬢內家妝，嬌怯春風舞袖長。為說畫眉人不遠，莫將愁緒對兒郎。』又一絕云，『修蛾粉黛暗生香，淚眼盈盈向海棠。倚到月斜花影散，一番春思斷人腸。』今觀陳居中所圖，於當日崔孃肖乎，不肖乎？予復有情癖之感，因錄其名人手筆於像之後，以見佳人豔質芳魂，千載如昨，而予之癖，今昔不異云。花月郎閔振聲為馮虛 [16] 兄書並跋。」

「圖二十幅，其次如下，（一）遇豔，（二）投禪，（三）賡句，（四）附齋，（五）聞寇，（六）解圍，（七）邀謝，（八）負盟，（九）寫怨，（十）傳書，（十一）省簡，（十二）逾垣，（十三）訂約，（十四）就歡，（十五）說合，（十六）傷離，（十七）入夢，（十八）報第，（十九）拒婚，（二十）完配。圖末署款，吳郡磬室錢穀 [17] 寫，吳江汝氏文媛摹。」

會真記，楷書十一篇，每頁八行，行十八字，無花邊，有齊墨，有紅色圈點，篇首紅色印唐元微之撰，明湯若士 [18] 批評，沈伯英 [19] 批訂，眉批墨字。

標目一篇，《西廂會真傳》，卷一，二十三篇，每頁八行，行十八字，夾註雙行，套版評點，眉批亦紅字五卷皆同。卷二，二十八篇。卷三，二十三篇。卷四，二十三篇。卷五，二十四篇。

《香港中興報》1934 年 9 月 8、9、10 日

【注釋】

[1] 鄧伏翁驤英，即鄧君展，詳見《附錄　蔡守與時人交遊考》。

[2] 王伯良，無考。

[3] 陳居中，詳見《附錄　蔡守與古人交流考》。

[4] 閔振聲，詳見《附錄　蔡守與古人交流考》。

[5] 元微之：即元稹，詳見《附錄　蔡守與古人交流考》。

[6] 楊巨源，詳見《附錄　蔡守與古人交流考》。

[7] 王渙，詳見《附錄　蔡守與古人交流考》。

[8] 張憲，岳飛有將名張憲，不知是此否。

[9] 楊慎，詳見《附錄　蔡守與古人交流考》。

[10] 徐渭，詳見《附錄　蔡守與古人交流考》。

[11] 鍾玉宜之，即趙愚軒，趙宜之，詳見《附錄　蔡守與古人交流考》。

[12] 璧水見士思容，無考。

[13] 盛懋，詳見《附錄　蔡守與古人交流考》。

[14] 陶九成，即陶宗儀，詳見《附錄　蔡守與古人交流考》。

[15] 祝允明，詳見《附錄　蔡守與古人交流考》。

[16] 馮虛，無考。

[17] 錢穀，詳見《附錄　蔡守與古人交流考》。

[18] 湯若士，即湯顯祖，詳見《附錄　蔡守與古人交流考》。

[19] 沈伯英，即沈璟，詳見《附錄　蔡守與古人交流考》。

乾隆祭器

甲寅余重遊薊門，以重值得乾隆仿宣黃釉彫瓷祭器，仿簠，饕餮紋極精湛，可方吉金。案《藝海珠塵》第四十冊，京師致祭天壇、祈穀壇，用青瓷。地壇，用黃瓷。朝日壇，用紅瓷。太廟及各壇，皆用白瓷。據此知余所得黃釉彫瓷簠，為地壇祭器。凡祭器民間不得私藏，因極可寶貴，聞法人以數萬巨金，得紅釉彫瓷一鼎，乃朝日壇祭器也。

《香港中興報》1934 年 9 月 10 日

無佗

佗 [1]，《說文》蟲也，上古草居患佗，故相問無佗，猶言無恙也。恙，小

蟲，亦蛇屬，今人用無佗之語承誤也，見張泓 [2]《滇南憶舊錄》。

《香港中興報》1934 年 9 月 11 日

【注釋】

　[1] 佗，《說文》，「佗，負何也，從人，它聲。」朱駿聲通訓定聲，「佗，俗字作駝，
　　　作馱。」無作「蟲」解。

　[2] 張泓，詳見《附錄　蔡守與古人交流考》。

地湧金蓮花

　　雲南擺夷山中產地湧金蓮花，突地而出，狀如身根，高數寸，如佛經所言，偉器而不醜惡。擺夷少婦喜歡就與合，得婦多接益茁壯。花開於顛，如千葉蓮，深黃作金色，穠豔無匹，經月不萎。無婦女與接，終不花也。案此絕類海外之女見歡，其性相到，不與女接則不花。植物須與人交，洵事奇也。

《香港中興報》1934 年 9 月 11 日

亭名

　　宋龔鼎臣字輔之 [1]，鄆州須城人，景祐元年進士，《東原錄》云，「東坡赴定武，過京師，館於城外一園子中，余時年十八，謁之，問余觀甚書，余云，『方讀《晉書》』，卒問其中有甚好亭子名，余茫然失對，始悟前輩觀書，用意蓋如此。」云云。回憶昔年每見梁節庵鼎芬 [2] 必問有新齋館名否，節庵亦是東坡此雅意也。友人陳乃乾 [3] 近輯《室名索引》，以字畫多少為次第，殊易檢閱也。

《香港中興報》1934 年 9 月 11 日

【注釋】

　[1] 龔鼎臣，詳見《附錄　蔡守與古人交流考》。

　[2] 梁節庵，即梁鼎芬，詳見《附錄　蔡守與古人交流考》。

　[3] 陳乃乾，詳見《附錄　蔡守與時人交遊考》。

巾妖

　　明談思永 [1] 名修，無錫人《呵凍漫筆》引山樵暇語云，「傯薄子衣帽悉更古制，謂之時樣。謝文肅 [2] 有詩云，『廣眉大袖半成風，古樣今時盡不同。

只合輕肥任人去，莫教過問舊章縫。』又云，『闊狹高低逐旋移，本來尺度盡參差。眼看弄巧今如此，拙樣何能更入時。』文肅公此詩蓋有為而作，民俗偷薄[3]重可憂也。昔年儇薄之徒，往往效東坡巾、明道巾，幾遍海內。邇來風俗益偷，變更尤甚，雖朝廷嚴禁，視如故帋。余嘗作《巾妖論》，慨以警之，而妖風日熾。沈石田[4]有詠戲子一絕云，『末郎女旦假成真，便謂忠君與孝親。脫落戲衣看本相，裡頭不是外頭人』。彼務時樣者，何以異於是哉。余謂妖風盛行，皆始於巾工，敢為異制以炫人，而儇薄子為其所炫，輒以重價售之。故欲嚴其禁，必重懲巾工。明示士人之冠也以巾，庶民之冠也以帽，自是而外，有創為異制者，備五毒。而罪之甚則關三木以懲之，庶巾工不敢違古制以炫奇，而妖風自息矣。」云云。今日婦女之裝束，洵千古所無之妖妝也。倘使謝文肅、沈石田[4]見之，更不知作何感想，執政者果欲絕此妖裝，非嚴懲縫匠不可。

《香港中興報》1934 年 9 月 11 日

【注釋】

[1] 談思永，即談修，詳見《附錄　蔡守與古人交流考》。

[2] 謝文肅，詳見《附錄　蔡守與古人交流考》。

[3] 偷薄，澆薄；不敦厚。《後漢書・廉范傳》，「建初中，遷蜀郡太守，其俗尚文辯，好相持短長，范每厲以淳厚，不受偷薄之說。」

[4] 沈石田，即沈周，詳見《附錄　蔡守與古人交流考》。

脛室[1]

杭堇浦[2]《續方言》云，「穢貉[3]中女子無袴，以帛為脛室，用絮補核，名曰『縛衣』，狀如襜褕[4]，即瓊州危女之桶也。」

《香港中興報》1934 年 9 月 11 日

【注釋】

[1] 脛室，《說文》穢貉中女子無袴，以帛為脛室，用絮補核，名曰縛衣，狀如襜褕，即套褲，因穿時套在脛上，故又稱為脛衣。

[2] 杭堇浦，即杭世駿，詳見《附錄　蔡守與古人交流考》。

[3] 穢貉 huìmo，古時東夷國名。《管子・小匡》，「北至孤竹、山戎、穢貉、拘秦夏。」《史記・匈奴列傳》，「漢使楊信於匈奴，是時漢東拔穢貉、朝鮮以為郡，

而西置酒泉郡以鬲絕胡與羌通之路。」

[4] 襜褕,古代一種較長的單衣,有直裾和曲裾二式,為男女通用的非正朝之服,因其寬大而長作襜襜然狀,故名。《史記·魏其武安侯列傳》,「元朔三年,武安侯坐衣襜褕入宮,不敬。」司馬貞索隱,「襜,尺占反,褕音踰,謂非正朝衣,若婦人服也。」

趙石禪 [1] 題《海騷閣》額跋

余曩歲避地香港,與莫養雲 [2]、何㟃厓 [3]、崔今嬰 [4] 等結赤雅社,名其閣曰「海騷」,匃趙劍川尚書題額,並跋尾如左:

「嶺以南,言文事者,明末有『赤雅』,清季有『海騷』。雅之變也,而不失其正,騷之怨也,而不至於怒,將時為之歟,抑亦人自為之也,今何時乎。而吾友蔡侯寒瓊,於赤柱山下結赤雅社,名其閣曰『海騷』,冀大雅之復作,蕩海思與雲愁,吾知其用心苦,願力弘,鄺湛若 [5]、陳仲卿 [6] 將相視而笑矣。庚申冬日,滇南石禪老人趙藩書。」

案番禺陳仲卿疊其生也,隋 [7] 地不啼,襁褓中不齅人乳,與湛若同,稍長為詩,詩筆後肖湛若,人皆曰湛若復生。因以鄺名其齋,仲卿所為詩,名曰「海騷」,與湛若「嶠雅」配,見張杓 [8] 序《鄺齋雜記》。

《香港中興報》1934 年 9 月 12 日

【注釋】

[1] 趙石禪,即趙藩,詳見《附錄　蔡守與時人交遊考》。

[2] 莫養雲,詳見《附錄　蔡守與時人交遊考》。

[3] 何㟃厓,即何藻翔,詳見《附錄　蔡守與時人交遊考》。

[4] 崔今嬰,即崔師貫,詳見《附錄　蔡守與時人交遊考》。

[5] 鄺湛若,即鄺露,詳見《附錄　蔡守與古人交流考》。

[6] 陳仲卿,即陳疊,詳見《附錄　蔡守與古人交流考》。

[7] 隋,同「墮」,墜落;垂下。《詩·衛風·氓》「其黃而隕」。毛傳,「隕,隋也。」陳奐傳疏,「隋之俗作墮。」

[8] 張杓,詳見《附錄　蔡守與時人交遊考》。

合和草

張泓 [1]《滇南新語》「合和草生必相對,夷女采為末,暗置飲饌中,食所

戀少年，則眷慕如膠漆，效勝黃昏散，不更思歸矣」云云。吾友趙心海 [2] 式銘云，「和合草為植物，有黏連性，生江岸間，面□ [3] 雖潤，能兩相附麗纏繞為一。得此物暴乾研為屑，若霑灑人衣袂，即團結戀愛不可一刻離，過三年後即無效，其相惡尤甚。」劍川城中，亦有秘購於夷嫗，索直甚昂。

《香港中興報》1934 年 9 月 12 日

【注釋】

　　[1] 張泓，詳見《附錄　蔡守與時人交遊考》。

　　[2] 趙心海，無考。

　　[3] □，原文模糊莫辨。

埃及古刻

　　今市上時有埃及古刻墨脫，皆涊陽端方 [1] 陶齋出洋考察政治，道經埃及，竭力搜購，歸國後精拓分贈僚友，但多是影印本陶齋題字亦影印，且用單宣，及加鈐印，非細審多誤以為墨脫也。顧吾國考古學者知有埃及古石刻，實自合肥龔照瑗 [2] 字仰蘧始，仰蘧奉使駐英，從英倫博物館見埃及古碑碣古造像，及倩英人拓得數紙，寄贈朋儕之耆古物學者。後為潘祖蔭 [3] 所得，視為海外異寶。瑞安黃紹箕 [4] 仲弢曾撰釋文見《語石》卷三。一時求者，頗重視之。戚畹張蔭垣 [5] 樵野亦得一石，曾以拓本為贈。王漢輔 [6] 亦得埃及古印一，橢圓形，人首獸身紐，石質似孔雀石，印白文，多象形字。黃縣仲偉儀 [7] 紫鳳考為埃及法老王遺印，宗都家璪寶也，今存華北博物館。

《香港中興報》1934 年 9 月 12 日

【注釋】

　　[1] 端方，即托忒克·端方，詳見《附錄　蔡守與時人交遊考》。

　　[2] 龔照瑗，詳見《附錄　蔡守與古人交流考》。

　　[3] 潘祖蔭，詳見《附錄　蔡守與古人交流考》。

　　[4] 黃紹箕，詳見《附錄　蔡守與時人交遊考》。

　　[5] 張蔭垣，詳見《附錄　蔡守與時人交遊考》。

　　[6] 王漢輔，詳見《附錄　蔡守與時人交遊考》。

　　[7] 仲偉儀，詳見《附錄　蔡守與時人交遊考》。

古銅車

甲戌四月廿三日廿三、六、四,江蘇漣水陳家港吳家莊劉得標因建屋,掘地發現一石室,高廣各丈餘,以為古冢,但中無屍骸。室中有銅車兩乘似轎車,長約四尺許,以手推之,輪轉如旋風,絕無銹蝕,又水晶牛馬各一,雕刻極精巧,見南京《中央日報》,洵奇物也。

《香港中興報》1934 年 9 月 13 日

唐梅杯

滇南趙公子橘穠 [1],寄贈唐梅杯,為牟軒茶具之俊物也。案張西潭 [2]《滇南新語》云「大理之西村,有梅一株,大可合抱,半就橋,半蔥翠而花,土人云唐時物也,古秀可愛,花時遊人甚夥,更於枯幹之上,每發一二花,貼梗如壽陽妝,益奇妙,潘軍門公節 [3],取其樹癭為茶具,名唐梅杯」云。

《香港中興報》1934 年 9 月 13 日

【注釋】

[1] 趙橘穠,詳見《附錄　蔡守與時人交遊考》。

[2] 張西潭,即張泓,詳見《附錄　蔡守與古人交流考》。

[3] 潘公節,無考。

雪茶、雪蠶、雪蛆

今歲炎暑特甚,余病肺熱,劍川趙公弢父 [1] 寄贈雪茶,謂可愈肺疾,其狀如草根,色白堅韌如橡皮,通心,外有小刺,可煎十數次,初二三次無色,□ [2] 味極清,飲之肺生涼,五六次□則色淡綠,如新龍井茶,七八次以後則色黃□逐漸深也。明產於中甸,與雪蛆、雪蠶同生。案中甸,在雲南劍川縣西北五百里外,有玉龍山,四時積雪,峭削至插霄漢,勢復夭矯,山之峻秀,無過此者。案,雪蠶亦生陰山以北,及峨嵋山北,二山積雪歷世不消,其中生此大如瓠,味極甘美云。

《香港中興報》1934 年 9 月 13 日

【注釋】

[1] 趙弢父,詳見《附錄　蔡守與時人交遊考》。

[2] □,原文字模糊莫辨。

《寒廬茗話圖》卷

日昨有友攜《寒廬茗話圖》卷過牟軒共欣賞。噫，抱存 [1] 逝世未十稔，長物散佚殆盡，一圖之微，亦弗能保，良可哀矣。圖中題詠朋儕亦多歸道山，又不勝鄰笛之感。

「寒廬茗話圖篆書，抱存先生正腕，浮之汪洛年 [2]。」「汪洛年印」白文方印，「浮之學篆」白文方印，紙高九寸有四分，長三尺有六寸。

「癸丑冬日，豹岑先生招飲於南海子流水音亭畔，酒酣出紙屬製此圖，以志園林勝概云，杭州汪洛年畫。」「文友」朱文小方印，「洛年」白文小方印，紙本高九寸又四分，長四尺又二寸。

「南海有亭題額曰『流水音』者，蓋禁闥勝地，瀛臺比鄰。而今為寒雲主人讀書之所也，水隔衣帶，睇儀鸞殿而可招；塢藏畫船，疑倚虹堂之在望。軒檻掩映，房櫳窈深。宜青綠以畫山，非丹朱之罔水。宋人詞云『檀欒金碧，婀娜蓬萊』，斯境似焉。爰有翠松磊砢，爭學虯翔；素瀑潺湲，曾窺蝯飲。石皆削立，將睹日觀之峰；泉盡伏流，欲遊星宿之海。距龍樓鳳閣，而近□鶴洲鳧渚之間。主人讀書其中，問寢多暇，於是命侶歡侶，挈榼提壺，招甫白以論文，延荊關而讀畫。滄江虹月，若登米家之船；紫泉煙霞，不下隋宮之鎖。豈意軒冕之內，有此俊人；但覺圖書以外，無他長物。忘駒陰之移晷，樂麈尾以談玄。老聃所稱，雖有榮觀；燕處超然，道林所言。雖在朱門，如遊蓬戶。以今方古，殆過之已。時則玄冥司契，葉先執權，驗澤腹而既堅，卜天心而漸復；水失環珮，猶疑有聲，冰成琉璃，誤認為地，尋詩而緣磴道，如鶴一一以上天。照影而立橋陰，無魚六六之可數。觴詠將倦，談諧復生。嫏環如虎之犬，不使臥乎階前；漢祠如龍之馬，不許駕乎門外。方其攝影也，主人如欲振衣千仞岡；方其臨池也，眾賓如欲濯足萬里流。及其執節益恭，則主人恂恂然如冬涉澗；及其推襟盡歡，則從賓熙熙然如春登臺也。夫尊嚴之所，罕接章縫；華膴之胄，不親山澤。窮魚濡沫，每相呴於江湖；候蛩戚秋，始爭吟於囿砌。若乃香草十步，馨桂□山，人望如神仙。自視若寒素，去天不盈尺，而謝韋杜二曲之紛華。為地僅方丈，而收壺嶧三山之佳勝。寒山千尺雪，奪席宓光；盧澂一囊雪，爭墩甯獻。其相較也，不已多乎。主人乃屬汪子鷗客作圖，而余為之記，癸丑仲冬之月，易順鼎 [3] 撰。」「琴志樓主」朱文方印，行草三十二行，行十六字至十八字不等。

「癸丑之冬。統一車書，賓享絋極，元和賦頌，式協韓柳。大初禮樂，制

自談遂。棄劍之士，耕於綠野。下機之歡，息於紅女。我抱存公子，命儔歡侶，刻燭裁詩。梁園之客，皆為玉溪。方水之吟，有如履道。枚工馬速，蓋曰兼之。鮑俊庾清，方斯眇矣。冰泉掩映，絳雲在霄。霜林蒼疏，青松自茂。開樽偃印，策仗優游。蜉蝣天地，若忘朝市。華清之慨，誰為司勳。興慶之禊，勉紹待制。飲漿餐菊，至足適也。江甯吳廷燮 [4] 撰，寒雲夫子屬書，姆。」「劉」朱文隸書小印，硃絲格子，小楷九行，行二十字，案劉姆為抱存室劉燕庭 [5] 之孫女，能詩工書，昔年有書乞內子傾城繪事。

「南園佳氣拂詩筵，座盡城南尺五天。且煮冰泉試龍井，還浮大白吸鯨川。忘年盧李兼師友，結綬蕭朱皆俊賢。畫似倪迂有鷗客，揮豪落紙滿雲煙。癸丑仲冬之初，邀羅瘦公 [6] 惇曧、易哭盫順鼎、汪歐客洛年、程穆庵 [7] 康、梁眾異 [8] 鴻志、黃哲維 [9] 濬、閔黃山 [10] 爾昌集於南海子流水音書齋，爰賦短詩，以紀斯會，抱存袁克文。」「寒雲廬」白文方印，行書十一行，行十二字至十四字不等。

「蓬戶朱門豈道林，虬松怮石氣蕭森。丹青曹霸開生面，濠濮莊生有會心。坐客終慚懸榻下，家居微似入山深。風亭聽水酬孤峭，重畫浮瓜踞竹陰。抱存二弟屬題《寒廬茗話圖》，羅惇曧。」「孝遹長壽」朱文白印，草書十行。

「瓊樓玉宇近高寒，客至敲詩邀共歡。千尺晶瑩足吟嘯，一龕寥寂任盤桓。繞簾香炷添龍腦，列几冰壺淪鳳團。愧我深閨佳興淺，好山只在畫中看。抱存二兄雅命，妹伯禎 [11] 學。」「袁」朱文圓印，楷書九行，行七字。

「微粟眇滄海，結廬挹高爽。鱗石疊煙霞，寒泉曳流響。吸漿抵中冷，煮茗恣吟賞。一丘一壑間，不知天地廣。大鵬九萬里，吾求僅方丈。勿折鷦鷯枝，勿掘螻蟻壤。悠悠與世期，長此尺俯仰。寒雲。」「豹岑」白文有邊印，行書九行。

「結得人間翰墨緣，琳琅一軸集群賢。拈題試詠窗前雪，品水爭嘗岩下泉。放眼湖山供嘯傲，寄情詩酒小留連。茫茫濁世趨榮利，幾輩逍遙似謫仙。寒雲主人屬，宜興周砥 [12] 題，長沙張□書。」「張」楷書朱文印，楷書四行，行二十五字。

「瓊樓高處擁琴書，文采風流六代餘。獨抱芳心託豪素，玄黃龍戰不關渠其一。 人天福慧要雙修，讀畫焚香趣自幽。不學陰符總神俊，新詩傳誦遍南洲其二。 身在蓬萊閬苑中，鄒枚詞賦媿難工。天教萬古開奇局，靈沼靈臺著寓公其三。 歷歷思潮百感生，紅羊劫壺喜銷兵。年來悟到忘機妙，心與華胥

共太平其四。抱存二哥以《寒廬茗話圖》屬題，筆墨荒蕪，久無以應。春節僝直遨陽樓，寒夜清寂，賦此以博方家一噱。民國三年二月，吳縣張一麐 [13] 記。」「張一麐」白文方印，行書十三行。

「誰知雲漢昭回地，有此風流訣蕩人。問寢龍樓靉彩煥，垂竿鼇海碧漪春。三山猨鶴依真逸，一代睢麟仰至仁。簪筆近前還有幸，蔗漿先乞一杯新。寒雲主人屬題茗話圖卷子，敬賦一律，即乞教正，桐城吳闓生 [14] 拜題。」「桐城吳氏」朱文隸書方印，「闓疆」朱文方印，行書十五行。

「我是高陽舊酒徒，年來遊屐遍華胥。微聞曲水流觴會，補寫孤鐺煮夢圖。可有樵青藏豹窟，誰先元白得驪珠。頭綱八餅如分餉，乞郡何勞學大蘇。豹岑二兄詞長郢政，弟祖憲 [15] 書於寶象閣。」「摩兜堅」朱文長方印，行書八行。

「天地本蓬廬，茗柯有實理。閒話水中天，一片寒鴉起。抱存詩人正，衍。」「衍」朱文方印，行書大字，每行二三字，分十一行。

「美人香草寄幽思，為寫煩憂集屧蓁。芳躅記曾遊北固，嘉賓差喜勝南皮。凌虛宮闕高無極，飲冰酸鹹味自知。摩詰傳神真妙手，液池一角綴梅枝其一。 一觴一詠傍瑤林，辭世青鴛渺莫尋。地接二山餘道氣，風生七椀悟詩心。天光雲影徘徊久，酒半茶初領略深。沆瀣十年憱落拓，冰寒青勝契牙琴。抱公屬題，師鄭孫雄 [16] 原名同康。」行書十三行。

「流水音中境絕塵，倪迂妙筆畫圖新。依稀風景蘭亭似，禊事遲修癸丑春其一。 活火松枝試玉泉，瓶笙詩句憶坡仙。山中笑我茶經著，未許同參舌本禪其二。 閉門臥雪羨袁安，天地蓬廬自達觀。玉宇瓊樓都入畫，詩情到此亦高寒其三。 擊缽吟詩仿竟陵，高樓百尺記同登。月泉社侶多星散，裙屐翩翩幾舊朋其四。抱存二兄吟壇指正，太倉陸增煒 [17]。」「彤士」朱文橢圓小印，行書十三行。

「長安城頭雪盈尺，十日閉門無過客。何來尺地臥逋仙，一枕雞聲窗破白。奚童捧硯凍欲僵，寒廬主人氣發揚。招邀禁臠得良覯，冥搜穎義相評量。圖書府更開東壁，鄒枚入座聯吟席。身是冀州袁使君，才名少日稱詩伯。富貴浮雲有會心，幽居直擬入山深。淪甘且喜龍團破，洗耳尤宜流水音。虛白寒光如玉照，玉照堂高足吟嘯。座中佳士八九人，相與忘年競歡笑。羅癭公梁象異黃哲維易實甫沈小宜閔黃山王書衡 [18]，飲中群仙醉欲狂。畫師鷗客更奇逸，雲煙落紙何蒼茫。對酒揮豪樂莫樂，窗外梅花開復落。千金不惜買韶華，萬事何如共杯酌。吁嗟乎，萬海千桑感去塵，回黃轉綠歲華新。怡情竹石兼花樹，撩眼初逢

萬象春。共歡人生有離合，嘉召此日足可惜。茗集圖成別緒添，孤吟長憶寒雲迹。奉題《寒廬茗話圖》，即乞抱存先生詩家教正。癸丑大雪，長沙程康。」「程康印信」白文方印，「聽詩石齋」白文方印，楷書二十三行。

「液池一角未荒殘，中有畸人警歲寒。自寫幽憂成獨往，強標清賞泥朋歡。千桑萬海供談茗，菊後梅前此倚闌。歷劫瀛臺東去水，等閒休作圖畫看。抱存二兄詩家屬題，梁鴻志。」「眾異」朱文方長印，楷書六行。

「主人早挈仙舟侶，來結高齋半日緣。此意可憐耽水石，勝游猶惜欠風泉。凌寒蒼翠容難改，入畫溪山晚愈妍。長道清音生寤寐，羨君心法得□便。抱存先生屬題《寒廬茗話圖》，黃濬。」「哲維」朱文長方印，楷書十二行。

「德星一夕聚賓筵，咳唾珠璣落九天。靜對雲山付鑴槧，共傳藻詠縟山川。公追客省文游樂，我媿臺城應教賢。畫裏勝因誰證取，鬱蔥佳氣墨池烟。奉題抱存先生茗話圖，穆忞何震彝□稿。」「闖非題記」白文方印，「法憙盦」白文方印，行書九行。

「我家越中山水窟，夢魂飛弄鑒湖月。蘭亭拓本滿人間，典午風流歎衰歇。歷歷滄桑眼底來，五雲樓閣一徘徊。誰將曲水流觴地，取旁瑤林金碧堆。主人蕭散思山澤，雅好梁園舊賓客。茶熟香溫藻幄開，飣坐翩翩聚裙屐。恥比西園侈貴游，獨從北苑寫丹丘。寒岩著紙見幽勝，畫師聲價珊瑚鈎。南歸舉目生嗚咽，劫後山川何可說。四海彌天信有之，願聽清談霏玉屑。癸丑仲秋南歸省覲，仲冬重至京師，抱存先生出是圖屬題，率成長句，不足當方家一咍 [19] 也。式通。」「王式通印」白文方印，「書衡」朱文方印，楷書十九行。

「建章萬戶張華畫，中藏秀岩幽阜。翠柏遙撑，珠泉暗瀉，詩境天然清茂。招邀舊友。有齊國鄒生，淮陰枚叟。嘯詠風流，未須絲竹競喧奏。　天光雲影淡沱。帶斜陽一抹，皴染林岫。坐石攤書，敲冰煮茗，佳趣年來多負。冬心共守，待重約消寒，玉梅三九。對雪抽豪，兔園還置酒。調寄齊天樂，豹岑二兄詞家正誤，江都閔爾昌。」「閔保生」白文方印，行書十五行。

《香港中興報》1934 年 9 月 13 至 17 日

【注釋】

  [1] 抱存，即袁克文，詳見《附錄　蔡守與時人交遊考》。

  [2] 汪洛年，詳見《附錄　蔡守與時人交遊考》。

［3］易順鼎，詳見《附錄　蔡守與時人交遊考》。

［4］吳廷燮，詳見《附錄　蔡守與時人交遊考》。

［5］劉燕庭，即劉喜海，詳見《附錄　蔡守與古人交流考》。

［6］羅癭公，即羅惇曧，詳見《附錄　蔡守與時人交遊考》。

［7］程穆庵，即程康，詳見《附錄　蔡守與時人交遊考》。

［8］梁眾異，即梁鴻志，詳見《附錄　蔡守與時人交遊考》。

［9］黃哲維，即黃濬，詳見《附錄　蔡守與時人交遊考》。

［10］閔黃山，即閔爾昌，詳見《附錄　蔡守與時人交遊考》。

［11］伯禎，即袁伯禎，詳見《附錄　蔡守與時人交遊考》。

［12］周砥，詳見《附錄　蔡守與古人交流考》。

［13］張一麟，即張一麔，詳見《附錄　蔡守與時人交遊考》。

［14］吳闓生，詳見《附錄　蔡守與時人交遊考》。

［15］祖憲，即沈祖憲，詳見《附錄　蔡守與時人交遊考》。

［16］鄭孫雄，詳見《附錄　蔡守與時人交遊考》。

［17］陸增煒，詳見《附錄　蔡守與時人交遊考》。

［18］王書衡，即王式通，詳見《附錄　蔡守與時人交遊考》。

［19］弞，微笑。《說文・欠部》，「弞，笑不壞顏曰弞。」王筠句讀，「壞顏猶曰解頤，謂改其面之常度也，字又作『哂』。」

華淑修象牙消息筒

象牙消息，即耳掃筒，「秋南春北，不失消息八字隸書。淑修為兒玉穀集《易林》［1］九字小楷」。案《昭代詞選》卷三十七，華宜，字淑修，無錫人，張一鳴［2］室，著有《搓香詞》，有「浪淘沙」詞，「題幼兒玉穀陰嘉學詩，頗有可觀，因填此解，　吟詠是家風，笑煞而翁，爨煙不起句矜工。癡絕又看癡種繼，蠹產書中。　格律那沉雄，應恕兒童，烏絲須界寫箋紅。寄與長安潦倒客，一展眉峰。』」一門風雅，其傳物固可寶也。

《香港中興報》1934 年 9 月 17 日

【注釋】

［1］《易林》16 卷，傳西漢焦贛撰。以每一卦演為六十四卦，共四千零九十六卦，各繫爻詞，占驗吉凶，為後來以術數說《易》者所推崇。

［2］張一鳴，詳見《附錄　蔡守與古人交流考》。

自悟像贊

廣州檀度庵，清初平南王尚可喜所建。王有幼女，生而明蕙。及長，見諸兄所為，怙侈無禮，心知必敗。請於王，願出家修淨業。王素愛女，重拂其請，為建是庵居之，撥宮婢十人為侍女，標名自悟。而以梵語分名十婢，曰，永見，實，曰勝有，薏。曰三關，拔。曰恒為，衡。曰茂林，叢。曰勤察，力。曰古賢，日。曰圓融，結。曰正修，實。曰無我，巳。女圓寂後，庵中奉為禪師。閱二百餘年，遺像猶在。庵尼古溶知書習繢事，乞我題像。余謂清初四藩，皆以降將禍宗國，隕滅隨之，無足稱者。孔有德女四貞 [1] 游離以死，吳耿湛族 [2] 無所聞，而尚氏獨有娟娟此豸，識幾逃世，如妙蓮花，出污不染。吁！無贊矣。贊曰：

平南藩邸灰一炬，白石雙獅早移去。弔古惟留檀度庵，當年王女修真處。優曇湧現一天人，屢提福慧雙超悟。二百餘年世變多，朱門梵剎較如何。香龕靜夜琉璃火，猶見兒孫禮佛陀。辛酉二月八日，劍川趙藩石禪老人，書於昆明寄廬頻羅室。

《香港中興報》1934 年 9 月 18 日

【注釋】

[1] 孔四貞，詳見《附錄　蔡守與古人交流考》。

[2] 湛族，滅族，明張煌言《答唐枚臣書》，「十有七年，濫膺節鉞之寄，尺土未恢，徒然傾家湛族，為天地罪人。」

比丘尼舒霞遺硯 [1]

曩歲在孚通街虹月簃李季馴煮石所設古董肆，以重值得舒霞遺硯，為龍尾石，硃漆匣甚精湛。案《昭代詞選》，女尼舒霞，俗姓賀，字赤浦，宜興人，有詞二闋，錄下：

「菩薩蠻　留別

天涯芳草春歸路，無端風雨將花妒。相續古今愁，春江無盡頭。　　孤帆猶未動，先做思鄉夢。離恨盡今生，他生莫有情。

臨江仙　舟中作

間卻此身滄海外，帆輕不計途長。村村樹色染秋霜，波漂菰米熟，風送野花香。　　蓼渚蘆灣何處宿，狎鷗一樣行藏。十年前事已相忘。只愁今夜夢，

－486－

隨月到家鄉。」

《香港中興報》1934 年 9 月 18 日

【注釋】

　　［1］此硯今存蔡慶高家。

鄧夢湘遺詩

　　惠陽鄧夢湘，字慧史，鐵香鴻臚承修之女，工書如名父，能詩則尠有知者，景演秋間，承寫詩一冊以贈內子傾城。

詠史　光緒十二年丙戌

　　鼎足西川勢已侈，皇皇正統紹炎劉。如何七百連營幟，不指中原指石頭。

詠簾　丙戌

　　自家清味自家懷，檻外花移檻內栽。要看月明風靜候，淺痕疏影逼窗來。

戊子孟夏侍大人歸里舟次命作　光緒十四年也

　　辭卻都門返敝廬，蕭然惟有一船書。綠楊花滿三春盡，錦里人歸四月初。帆帶曉煙依岸隱，波搖明月照窗虛。倚閭為慰重幃望，那時臨淵學羨魚。

庚寅仲冬寄四妹　光緒十六年

　　歸其回首尚徘徊，須待梅花嶺上開。一葉扁舟君記取，西湖春□［1］載將來。

壽年伯母廖太夫人　庚寅

　　薄俗澆漓世道殊，狂流女德仗匡扶。文明每惜空皮相，國粹胥渝拾唾餘。社會轉移期後起，家庭教育首前途。兒家橐筆稱觴日，來寫坤儀作令謨。

癸巳春日　光緒十九年

　　欲捲簾時恐斷腸，待垂簾又惜春芳。笑儂底事多情緒，簾捲簾垂也費商。

題裘集裳念四洞簫

　　亂世何來治世音，沉沉徒痛劫灰深。好將念四中和管，吹復群氓太古音。

和趙石禪尚書見贈原韻四首　甲子

　　不堪回首記燕都，卅載滄桑忍細臚。消息巧逢青鳥使，滇南迴溯老司徒。
　　先輩交遊憶昔年，魯靈光殿尚巋然。遙知水竹蕭閒日，買醉時揮掛杖錢。

塗鴉殊媿署頻羅，玖報遙頒獎借多。喜得千秋儂附驥，碧紗籠下效婆娑。無才詠絮濫竽充，振鐸憑公啟瞶聾。景仰宗風遙下拜，龍門果否許收容。

往澳留別　丙寅

頻年蹤跡等浮萍，此日匆匆又遠征。執手親朋多慰藉，縈懷兒女總關情。歐魚已失無形利，槖筆都緣浪得名。我亦天涯淪落客，且憑孤島笑浮生。

察檢

僕僕風塵四載餘，輕裝依舊媿寒儒。負他察檢稽時刻，一卷青氈數卷書。

澳門近作

借得桃源且避秦，慢拋心力作詞人。憂家憂國無窮憤，如此囂塵患有身。

《香港中興報》1934 年 9 月 18、19 日

【注釋】

［1］□，原文缺字。

湯雨生《鐵笛樓圖》

香港漢文中學校教授張谷雛 [1] 虹藏湯雨生 [2]《鐵笛樓圖》，紙本高二尺有四寸，寬八寸。

「鐵笛樓圖四字隸書，盧峰之 [3] 兄寶一鐵笛，言從京師得之故家，製不異常笛，唯稍長，古□ [4] 可喜，其音則穿雲裂石，顧無款識，不知其何代物也，君欲得一樓以名之，因屬為是圖，余謂亦可以為號，故又為作『鐵笛生印』，因歌以贈之。詩曰，『蒼梧風悲斑竹裂，九里山冰猿臂折。黃樓羽客不復來，古調歇絕羌聲卑。鐵笛無端落君手，此笛豈是人間有。一從吹裂媧皇天，落下塵寰拾誰某。波濤沐浴風雷呵，元氣在腹宮商和。七星羅列燦北斗，一月掩翳浮輕羅。歷過沈昏大荒劫，古字古苔看弗出。神仙留與斷腸人，篷背出頭坐吹月。月冷霜飛雲正愁，愁雲黯淡江天浮。一聲大嘯龍出壑，任意呼吸驚陽侯。君吹我歌我起舞，梅花亂落如殘雨。觸淚空傷思婦心，流情似訴羈臣苦。君吹我歌且復止，君聽嗚咽程江水。水邊屹立最高樓，鐵漢十年身不死。鐵面冰心包熱血，不知是人還是鐵。鐵山海內三千堆，何鐵能來鑄人傑。我亦錚錚強弗屈，鑄錯空城匹夫匹予自號錯道人。看君鐵笛思徘徊，鐵質何曾更分別。君今愛笛亦思樓，樓好惟應鐵漢侔。共知愛笛是愛鐵，不獨寄與劉衡儔。樓名已名樓未覓，便把樓名名爾得。是樓是人俱鐵成，從今莫作斷腸聲。畫圖名印狀君癖，

笛是君心心是笛。嗚呼笛是君心心是笛，笛共君堅君共直。嘉慶壬申祀竈日，武進湯貽汾作於嶺南齊昌都尉官舍。』「錯道人」朱文方印。

又「鐵笛生」三字朱文一印，鈐於畫端署款之後，又注「壬申仲冬篆」五小字，斯圖不特畫佳，詩亦佳，亦有篆刻，洵可寶之至也。

《香港中興報》1934 年 9 月 19、20 日

【注釋】

[1] 張谷雛，詳見《附錄　蔡守與時人交遊考》。

[2] 湯雨生，即湯貽汾，詳見《附錄　蔡守與古人交流考》。

[3] 盧峰之，無考。

[4] □，原文缺字。

梅瞿山 [1] 山水冊

瞿山山水六頁，紙本，高六寸有四分，寬八寸，每頁有查伊璜 [2] 等對題。月色有摹本，賓虹甚稱之。

（一）巖居。「瞿山人清記」朱文長方印。

樓頭絲管淡空濛，小影輕飛墜晚風。不是避人耽細語，一生只妒廣寒宮。東山查繼左 [3]。

（二）溪行。「瞿山人」朱文方印。

門閉亂山高，月出萬象杳。攬衣步巖際，俯視群木杪。霜黃樹色暗，地日人影小。湖光遠濛濛，巢鶴近了了。猿啼晚更急，虛跡寒覺少。還歸冷泉亭，坐待山月曉。南窗靜坐無事，偶閱此冊，用書舊句，溧陽史夔 [4]。

（三）釣磯。「清」朱文小文印。

高浪垂翻屋，崩崖欲壓床。野橋□ [5] 子細，沙岸繞微茫。紅浸珊瑚短，青懸薜荔長。浮查並坐得，仙老覷□將。朱錦 [6]。

（四）（原複印件模糊莫辨）

（五）瞿山清。「詩瘦」白文方印，「瞿硎」白文橫方印，「臣清」朱文方印。

水似瞿塘險，山如劍閣雄。奔濤時齧岸，盤礴半臨空。馬踏雲頭上，人行石腹中。那知巫峽雨，翻作夔門風。長洲戢山 [7] 題。

（六）林屋。「阿淵」朱文長方印。

曾攜酒韻向吾師，乞得秋屏幾字詩。天外為盧開妙口，夢中有路託深知。

□磨□眼看今古，賸有遐心慰客饑。莫訝居巢能□氣，仲謀此日又生兒。東山釣者。「繼左私印」朱文方印，「查氏伊璜」白文方印。

　　南歸林屋，亦有溪山，念我懷人，興歌柱石，因作圖寄之，非敢塵有道之觀，聊見意也，謹存餘素，以待新詩，辛丑八月，瞿山同學弟，梅清識，「瞿硎」白文方印。

《香港中興報》1934 年 9 月 20 日

【注釋】

　　[1] 梅瞿山，即梅清，詳見《附錄　蔡守與古人交流考》。

　　[2] 查伊璜，詳見《附錄　蔡守與古人交流考》。

　　[3] 查繼左，詳見《附錄　蔡守與古人交流考》。

　　[4] 史夔，詳見《附錄　蔡守與古人交流考》。

　　[5] □，原文模糊莫辨，下同。

　　[6] 朱錦，詳見《附錄　蔡守與時人交遊考》。

　　[7] 戢山，無考。

瞽孝子

　　順德吳善庵教授昭良 [1]《丹巖詩鈔》有瞽孝子詩云，「性是天所生，遇乃天所為。境逆而性孝，椎魯亦千古。況茲瞽無目，生計百端阻。惻然忽尸饔，憑舂敢辭苦。朝舂米一石，暮舂米一釜。謀□ [2] 穎叔羹，長寄伯通廡。有時暫歇業，市米婉進父。忍饑以養親，自云食他所。用力兼用勞，已歷十寒暑。奈何遭劫亂，失業流離族。餓起草堪餐，貧甚石髓煮。父子絕粒亡，鄰君瘞之土。於嗟瞽孝子，宜獲上天佑。作善竟罹殃，夢夢亦天彊。近聞鄉縉紳，旌之立祠宇。以勞孝子心，並作風聲樹。獨怪今虫氓，恝然忘恃怙。好財思妻孥，盤餐缺雞黍。明目反盲心，不及一瞽豎。孝子何里人，連村赤貧戶。翁姓開仕名，後賢誰繼武？

　　案順德龍躍衢葆誠 [3]《鳳城識小錄》載，「光緒三年，倡建連村翁孝子祠宇，孝子翁開仕，連村鄉人。父興廣，母梁氏，母先歿，父老病不能自存，時或乞食。孝子少失明，長有膂力，乃赴村市，為人賃舂，得傭錢以為養。自食主人家，必討錢先市米肉歸，然後赴食。時或歇業，預支工錢，炊米進父，而自市薯芋，在他處煨食。歸告曰『兒食某處矣』，蓋減己食，又恐父知而不安也，如是十餘年，父賴瞽子得溫飽。咸豐甲寅賊匪煽亂大饑，孝子失業絕粒，

－490－

猶強起刈草販以養父，卒不給，餓死山中。父聞報，哭曰『吾命休矣』。即於是日縊死，里人憐而並葬之，局紳陳鶴喬名松，馬齊鄉人，道光癸卯舉人聞其事於麥君士韜，向林邑侯灼三備述詳細，准予建祠，爰籌款為建一祠，顏曰《翁孝子祠》。林邑侯給扁額曰『孝思維則』，楹聯云『九死亦奚辭，痛孤兒石上魂歸，空兒屋樑懸落月；一殤應不餒，看中夜堂前燈灺，猶聞山木起悲風。邑麥士韜陳松仝撰，陳熙華書。』」

又載陳鶴喬榜齊安墟亭曰「還金市事」，謂順德杏壇齊安墟，每值集期，百貨紛列，老婦某氏，在稠眾中拾得遺金一包，堅坐路旁，俟失主尋至，詰問銀數相符，即以歸還，酬之不受，故鶴喬表之，以旌風義云。

《香港中興報》1934 年 9 月 20、21 日

【注釋】

[1] 吳善庵，即吳昭良，詳見《附錄　蔡守與古人交流考》。

[2] □，原文模糊莫辨。

[3] 龍葆誠，即龍驤，詳見《附錄　蔡守與古人交流考》。

女殮士

龍躍衢《似園零拾》云，「男女授受不親，至親骨肉且然，蓋女子守身如玉，不欲肌膚與人相接也。獨至棺殮時，凡挽髻裹足，帶鐲穿環。下躰 [1] 或有溲溺，均洗抹潔淨，然後為其裸躰穿衣，計自頂至踵，撫摩殆遍，竟假手不知誰何之男子。雖朱閣嬌娥，青年孀婦，莫不皆然，死而有知，能無忿懣。往主席兩灘公局，見甘竹鄰近鄉，凡婦女殮事，多用女殮士，心甚羨之。己卯，因上年倡砌十二畝石路，存有餘資，爰在附城仿辦。至辛巳銀盡事止，其章程及進支清冊，均存附城公約，有志續辦者，可取閱酌行也。」

案《順德團練總局始末記》載，光緒三年丁丑，創築城南十二畝石路，存有餘資，交大良公約，雇募女殮士，行之兩年，費盡中止。噫，似似園尊重女性，以及死後，可謂至矣。詎知現代婦女，殊不自愛。逾貴族者則與男子接觸逾多，且以為榮幸，使似園見之，更不知作何感想也。

考龍葆誠原名驤，字躍衢，順德大良人，道光己酉拔貢，咸豐辛亥舉人，精□ [2] 強記，□謹慎，咸同間隨族叔元僖字蘭籍，道光乙未翰林，官至太常寺卿勷理各局事務，其時防夷防匪，辦捐辦團，日不暇給。元僖總其大綱，葆誠條其細目，鎮定周詳，三十年如一日，迨元僖捐館，葆誠亦閉門謝事矣。輒憶經過

大事，纖悉靡遺，爰為纂輯《鳳城識小錄》，翔實可據。光緒乙巳，重遊泮水，朱學使祖謀贈以「懋學頤齡」扁額，卒年八十二。

《香港中興報》1934 年 9 月 21 日

【注釋】

[1] 躰，同「體」。身體；軀體，《大戴禮記·曾子大孝》，「身者，親之遺躰也。」
　　宋沈括《揚州九曲池新亭記》，「躰礫肩分，孰為肘肱？」

[2] □，原文模糊莫辨。

明陳白沙先生寫詩真蹟

　　白沙先生寫詩屏幅，紙本長四尺有一寸，寬七寸有二分，茅筆草書兩行，不署款，不鈐印。

　　「獨上無朋但任真，不持聲勢掩有親。欲將坤躰論臣道，公是朝廷第一人。」

　　「白沙翠竹江村遠，紫水黃雲氣象高。識得寸心原是靜，春風吹動鬢蛉毛。」

　　「先生山居苦筆不給，嘗製茅為之，有句云，『獨不恥獨，茅根萬蘖禿。』又云『茅龍飛出右軍窩』，皆謂茅筆也。康齊 [1] 之婿貧，造白沙求數十幅歸小陂，每一幅易白金數笏，交南人每幅易絹數匹，先生書法之妙如此。此詩乃不經意而為之者，然墨光粲然，真得鳶飛魚躍之趣。先生與王文成 [2]、胡布衣同在薛河津 [3] 之次，其弟子為湛甘泉 [4]，其從祀文廟疏議而允者為李廷機 [5]，然則所謂朝廷第一人者，先生殆蚤知之者歟。又烏知即身為宇宙亙古之人哉。余友西園得此書，其茅筆書之無疑也。丙戌長至後三日，重觀於雙藤池館，會稽王衍梅 [6]。」「笠舫」朱文方印，「王衍梅印」白文方印案，後有王笠舫丙戌七月題者，此乃重觀再題也。

　　「驚砂坐飛，孤蓬自振。□ [7] 得之而神動天馳，忘甚筆墨。白沙以茅筆作書，若津劍之不容飾。□□之帶光芒，契與人皆千古。佑之慶保 [8]。」「蕉園」朱文方印。

　　「白沙先生墨寶不易得，得者輒珍如拱璧，而不獨以字重。記向嘗與吳荷屋 [9] 中丞論書，謂先生之字，須有一種純樸之氣方真，否則適成粗惡。今見此幅，誠然誠然。至先生理學精深，品行超越，典策具在，非後學所敢僭論矣。庚子六月，番禺袁浦 [10] 敬志。」「袁浦之印」朱文。

「飛躍昌黎字逼真，展看恍與古賢親。碧圭樓上春風在，花月無邊載酒人。湖上不曾攜酒去，空教明月管梅花。先生句也，碧玉樓尚存，其製則璋也，惲子居 [11] 有考，良不誣云。七松李秉禮 [12] 和元韻。」「李」朱文方印，「秉禮」白文方印。

「不用披圖寫列真，禮堂道貌儼躬親。瓣香合在王胡左，接引東山採蕺人。先生以萬歷年間從祀兩廡，位在陽明之下，胡先生之上，清風聞起，百世可師。觀此墨光，鬱然炳耀，洵神跡也。西園其珍藏之，採蕺人謂蕺山劉子作人譜 [13] 也。即用先生詩元韻，敬跋其後後，臨川李秉緩 [14]。」「李秉緩」白文方印，「芸甫」白文方印。

「恥不恥獨兮，碧玉辭聘甘布衣。恥不恥獨兮，詞垣再詔旋言歸。歸來築室白沙側，顏曰陽春默復默。明心靜養紹周程，竹杖牙籤偃息 [15]。偃息空山不倦勤，蘉茅權作中書君。淋漓揮灑生煙雲，茅龍飛舞空右軍。當時笏金換不得，吉光片羽胡猶存。君不見天南山峙海水立，海天蒼蒼英豪集。又不聞，唐之文獻宋鼎臣，先生超軼絕其倫。我儀墨寶神馳溯，欣頌吾儒席上珍。張元昌 [16]。」「漢東」朱文方印。

「隨氣化形，隨形變質。先生之書，顏筋柳骨隸書。嘉興蔣田 [17] 拜觀。」「稻薌」朱文連珠印。

「王弇州 [18] 書白沙集後云，『其妙處有超於法與體及題之外者』。莆田林俊 [19] 稱其『有舞雩陋巷之風』。又曰，『白沙為道學詩人之宗』。初不以字鳴於時，今見此幅於西園二兄處，老筆紛披，精彩煥發，乃知古人精詣之至，即一藝之微，必臻其善也。幼竹曾敬熙 [20] 題。」「玉蘭庭」朱文方印。

「共說先生一種書，茅龍去後筆床虛。君今何處傳真面，我見神飛萬丈餘。西園先生以所寶陳白沙先生茅筆詩字見示，余不識書家之妙，然一見此筆，頓覺神□□□□法物也，詩以誌之，未知能博一粲否。滇南趙義 [21]。」「臣趙義印」朱白文方印，「近號質民」白文方印。

「陳文簡公，道學為有明嶺南諸儒之冠。翰墨亦與考亭子相出入，此真蹟蒼秀圓勁，彷彿白沙翠行與諸徒夷杖講論時也。道光丙戌秋七月，會稽後學王衍梅。」「衍梅」白文方印，「笠舫」朱文方印。

「辛卯八月既望，桂文耀 [22] 敬觀。」「桂文耀印」白文方印。

「道光辛卯季秋，古越岡道士黃越塵 [23] 數觀。」「越塵」白文方印。

「憶自道光建元之秋，潯灕江旋里，迂道端溪，得晤宗西園二兄先生，其

時返櫂匆匆，盤桓數日而別。越五年，歲有丙戌，值□江州俸滿晉省，重逢桂管，促膝傾談，為樂無量，遂出白沙先生真蹟屬題。瀋焚香展軸，見一種孤高瘦硬之風生於紙面，即可想其當日之道學也。竊思文簡公，為有明理學，瀋媿風塵俗吏，何敢洒墨有玷白圭。敬觀之餘，爰跋數語以志不朽，桂秋八月朔，書於古南越之依仁坊寓齋。山陰後學，湛然周初瀋 [24]。」「周初瀋」白文方印，「湛然」朱文方印。

「沂水春風氣象真，大儒念念在君親。南能雖樹南宗諦，畢竟先生第一人。道光辛卯十月，西園二兄以白沙先生墨蹟屬題，敬觀之餘，即謹步元韻，成一絕句。昔常州惲子居遊嶺南，過余齋夜話，問余嶺南人物誰為第一，余以先生對，而子居之意，則首推六祖 [25]。余曰，僕不精內典，不知六祖造詣何若，但論嶺南第一人，此席豈得被釋家占去。子居曰，此段公案，肯留俟後之論者。番禺後學張維屏 [26] 識。」「維屏之印」三白一朱文方印，「松心子」朱文方印。

「道光丙戌長夏，晤西園二兄於桂林寓齋，以所藏白沙先生真蹟屬題。先儒墨寶，何敢妄綴一字，敬謹拜觀而已。盱眙汪云任孟棠甫 [27] 識。」「汪云任印」朱文方印。

「白沙先生為有明一代儒宗，其詩其字，不名一家，而一種有道之氣流露楮墨間，使人一望而知。西園二兄寶此有年，出以見示，當是自書其詩屏幅之一，故不署款，然定其為先生真蹟也，粵中人士愛重先生之書，真贗參半，此獨墨瀋淋漓，神采煥發，雖吉光片羽，彌足珍已。甲申中秋後二日，青浦胡勳裕 [28] 謹跋。」「胡勳裕印」白文方印，「問盦」朱文方印。

「戊戌六月既望，翁源後學許鷗 [29]，同妻女史鄧苑華敬觀。」「許鷗」朱文方印，「許鄧苑華」朱文方印。

「辛卯冬日，胡瑽 [30] 敬觀於粵垣寓齋。」「東村」白文長方印。

「陳文簡公書瘦硬有神，得蘇米三昧，此軸真蹟可見。丙戌秋，宛陵胡壎時 [31] 拜觀謹題此題篆書。」「壎時」屢齒印上朱下白。

「甲申九秋，興化鄭鑾 [32] 敬觀於凌江署中。時同觀者梅嶺主人宋吉甫 [33] 也。」「滄浪可濯」白文長方印。

「乙酉四月廿四日，鎦華東 [34] 敬觀隸書。」「叁山」朱文方印。

「歲次乙酉四月廿七日，山陰後學周日炳 [35] 敬觀。」「周日炳印」白文方印，「笙帆」朱文方印。

　　「林待用 [36] 嘗稱公詩，脫落清洒，獨超造物牢籠之外，即此論公書，西園先生當亦謂得其近似也。辛卯初春，六安張大凱 [37]。」「張大凱」朱文長方印。

　　「明宣德嘗以碧玉聘白沙翁，時榮之。其玉尚存先生祠內，徵士高風，千載如見。今觀西園仁兄所藏先生手跡，幽香滿帋，古墨照人，洵可寶也。因識數語於笠舫諸君之後，道光戊子嘉平日，山陰余應松 [38] 書。」「應松」白文長方印。

　　「先生理學真儒，褒崇祀典，洵千秋不朽之人。而詩字文章乃其餘藝，治仰止之誠，實出天性。知我者或當心許，然根行未深，殊不能希冀於萬一，今覯手翰，怳接高風，暨誦諸舊雨題跋，如家笠舫 [39]、胡問盦 [40]、張篠原 [41] 大雅輩，皆成故筆，益覺追思神往，未忍釋手。爰識數語，應西園二棣大人之屬，時在辛卯四月中吉，後學王政治 [42] 觀於寶安官廨雙柳軒。」「銕仙」朱文長方印，「王伯子」白文方印，「丁亥生」朱文方印。

　　「厚甫將軍近得陳白沙先生墨蹟立軸，題者自慶文恪而次凡十數人，以張南山先生維屏一則為最，持論正而造語雋，南山粹然儒者之言，而惲子居則自謂有得於內典故也，平心論之，白沙儒學第一，能師釋學第一，皆粵中異人也。庚申七月六日，劍川趙藩 [43]。」「趙藩」白文方印，「樾樹」朱文方印。

《香港中興報》1934 年 9 月 22、23、24 日

【注釋】

　　[1] 康齊，無考。

　　[2] 王文成，即王守仁，詳見《附錄　蔡守與古人交流考》。

　　[3] 薛河津，即薛瑄，詳見《附錄　蔡守與古人交流考》。

　　[4] 湛甘泉，即湛若水，詳見《附錄　蔡守與古人交流考》。

　　[5] 李廷機，詳見《附錄　蔡守與古人交流考》。

　　[6] 王衍梅，詳見《附錄　蔡守與古人交流考》。

　　[7] □，原文空白，下同。

　　[8] 慶保，詳見《附錄　蔡守與古人交流考》。

　　[9] 吳荷屋，即吳榮光，詳見《附錄　蔡守與古人交流考》。

　　[10] 袁浦，詳見《附錄　蔡守與古人交流考》。

　　[11] 惲子居，即惲敬，詳見《附錄　蔡守與古人交流考》。

　　[12] 李秉禮，詳見《附錄　蔡守與古人交流考》。

[13] 劉作人，無考。

[14] 李秉綬，詳見《附錄　蔡守與古人交流考》。

[15] 句似脫一字。

[16] 張元昌，無考。

[17] 蔣田，無考。

[18] 王弇州，即王世貞，詳見《附錄　蔡守與古人交流考》。

[19] 林俊，詳見《附錄　蔡守與古人交流考》。

[20] 曾敬熙，詳見《附錄　蔡守與古人交流考》。

[21] 趙義，無考。

[22] 桂文耀，詳見《附錄　蔡守與古人交流考》。

[23] 黃越塵，詳見《附錄　蔡守與古人交流考》。

[24] 周初瀋，詳見《附錄　蔡守與古人交流考》。

[25] 六祖，惠能，詳見《附錄　蔡守與古人交流考》。

[26] 張維屏，詳見《附錄　蔡守與古人交流考》。

[27] 汪雲任，詳見《附錄　蔡守與古人交流考》。

[28] 胡勳裕，詳見《附錄　蔡守與古人交流考》。

[29] 許鷗，無考。

[30] 胡琇，生卒年不詳，清嘉道時人，曾修《陽江縣志》《龍川縣志》。

[31] 胡壎時，無考。

[32] 鄭巒，詳見《附錄　蔡守與古人交流考》。

[33] 宋吉甫，無考。

[34] 鎦華東，即劉華東，詳見《附錄　蔡守與古人交流考》。

[35] 週日炳，詳見《附錄　蔡守與古人交流考》。

[36] 林待用，詳見《附錄　蔡守與古人交流考》。

[37] 張大凱，無考。

[38] 余應松，詳見《附錄　蔡守與古人交流考》。

[39] 王笠舫，即王衍梅，詳見《附錄　蔡守與古人交流考》。

[40] 胡問盦，無考。

[41] 張篠原，無考。

[42] 王政治，無考。

[43] 趙藩，詳見《附錄　蔡守與時人交遊考》。

陳文忠 [1] 公琴拓

日昨過訪黃慈博 [2] 兄佛頤，見壁上新懸陳文忠公琴拓，慈博語余曰，「陳文忠公此琴從未見著錄，其銘與詩亦未入集，琴尚在人間否，不可知也。」鄉邦珍貴文物竟不可考，錄之用告好古之士。

琴端刻有「晉王之寶」四字巨印，龍池上刻「霜□ [3]」篆書二字。

「行六素，撫七絃，靜對山川思悠然，撫此得天然。雲淙主人。」「子壯」白文方印，草書四行分刻龍池左右。

「滿匣冰泉咽又鳴，玉昔聞澹入神清。巫山夜雨弦中起，湘水晴波指下生。」「太古山中」白文方印，此詩行書四行，分刻於沼鳳左右。

《香港中興報》1934 年 9 月 24 日

【注釋】

[1] 陳文忠，即陳子壯，詳見《附錄　蔡守與古人交流考》。

[2] 黃慈博，詳見《附錄　蔡守與時人交遊考》。

[3] □，原文模糊莫辨。

梁章冉先生撰述書目

梁章冉 [1] 先生廷栴撰述之富為吾邑冠，《順德縣新志》《清史文苑傳》《嶺南畫徵略》等，所引皆未備，卷數亦間有所不同，今據何鄒厓 [2] 丈翽高所藏書目，詳列如左：

《南漢書》十八卷，《南漢考異》十八卷，《南漢金石文字記》四卷，《南漢叢錄》二卷。

《南越五主簿》三卷縣志誤作二卷，《南越叢錄》二卷，此書甚鮮，余求之二十年未得，今春邑子龍氏官崇重印，定價一元二毫。

《海國四說》《耶穌教難入中國說》一卷《畫徵略》無難字，誤，《合省國說》三卷清史作《合眾國說》四卷，誤，此述美洲合眾國事，《蘭崙偶說》四卷《畫徵略》作一卷，誤，此述英國事，《粵道貢國說》六卷縣志作粵東，誤，此述南洋群島事。

《小四夢雜劇》四種，《江梅夢》《圓香夢》《曇花夢》《斷緣夢》此四種清史，縣志等均未載，只見鄒厓丈藏本，丈歸道山，遺書不能保，未知流落何處，思之黯焉。

《論語古解》十卷。

《金石稱例》四卷，《續例》一卷，《博考書餘》一卷，《碑文摘奇》一卷，

《蘭亭考》一卷，《鏡譜》八卷清史、縣志皆失載。

《藤花亭曲話》五卷縣志作曲譜，誤，《江南春詞補傳》一卷。

《惠濟倉建置略》一卷，《經辦祀典事蹟冊》一卷，《越華紀略》四卷，《粵秀書院志》□ [3] 卷，《梁森瑯公年譜》一卷，以上五種清史皆未載。

《夷氛紀聞》五卷，《東行日記》一卷，《澄海訓士錄》四卷。

《東坡事類》廿二卷西泠印社本每部六元四毫，《藤花亭書畫跋》五卷《畫徵略》作四卷，誤。

《藤花亭文集》十四卷其中駢體四卷，《藤花亭詩集》四卷其中試帖一卷。

又修輯《順德縣志》《粵海關志》《海防彙覽》《海防圖》數種。

章冉先生為吾邑倫教鄉人，道光甲午副貢，澄海縣教諭，學問淵博，於書無所不讀。歷充越華、粵秀兩書院監院，學海堂學長，廣東海防書局總纂，粵海關志局總纂。道光二十九年勤辦夷務，咸豐元年襄辦團練，賞內閣中書，加侍讀銜，咸豐十一年卒，年六十又六。嗣孫用弧，號次侯，光緒乙未進士，由庶常改戶部主事，郵傳部郎中，民國後蟄居天津，今已歿。子不肖，盡鬻其遺書遺物，洵可哀也。

《香港中興報》1934 年 9 月 25 日

【注釋】

[1] 梁章冉，詳見《附錄　蔡守與古人交流考》。

[2] 何鄒厓，即何藻翔，詳見《附錄　蔡守與時人交遊考》。

[3] □，原文空白。

陶鈴

寒雲 [1] 貽我雙陶鈴，陶質而聲音清響可聽，且出土陶器，小而精者無出其右，洵可把玩不厭，杯隱嘗為詩寵之，其難得之品也。

「雙陶鈴歌。丁當一聲天下秋，振動九幽鬼亦愁。掌中雙鈴大如栗，銜丸似豆清韻流。鈴身與丸皆泥製，不知何代漢與周。此鈴何年始入土，二千餘載長悠悠。冢中墓裡無歲月，翁仲對語涕不收。一朝得之老夫手，寒宵陰雨連松楸。此鈴何年始出土，山鬼便哭空啁啾。不知何人所手造，流傳人世爭購求。上古陶尊雜瓦缶，往往深瘞荒山頭。未若此鈴至樸拙，摶拍黏填□ [2] 以□。只有肩紋繞三道，並無銘字煩雕鏤。翁者唇竅皤者腹，雞骨之白粗與侔。各有細孔踞頂上，以穿彩線贅若瘤。金聲不及土聲響，一雙俊物堪忘憂。一鈴稍小

一稍大，響聲各自逸且遒。大鈴破矣膠續斷，小鈴無缺同金甌。破者膠者聲益亮，完者整者遜一籌。世間怪事靡不有，古人音學凌五洲。製奇音古古所罕，寶愛遠勝珊瑚鈎。雙鈴伴以磬聲桄，平生瀟灑輕王侯。吹簫乞食莫太苦，擊缽催詩無其儔。宵深雨大鬼爭出，劃然一聲返九幽。」

《香港中興報》1934 年 9 月 25、26 日

【注釋】

　[1] 寒雲，即袁克文，詳見《附錄　蔡守與時人交遊考》。

　[2] □，原文空白。

《掃葉樓連句圖卷》

　　日昨有人攜《掃葉樓連句圖卷》過我，乃陳散原 [1] 三立與康㽦存 [2] 登掃葉樓連句原稿。羅振玉 [3] 篆書引首，林琴南 [4] 紓補圖，崔今嬰 [5] 師貫題詞。故人手跡，把玩不忍釋手，錄下：

　　「清涼山色在夢寐康，孟騄一逢攜雨至陳。散原老人霜鶴姿，高臥金陵賢避世。□ [6] □古稀行地仙，我約遊屐祝哽噎康。曾籠名篇獎衰朽，更共雄談豁蒙翳陳。冒雨同登掃葉樓，湖山萬綠醉春氣康。明滅湖水城郭外，參差雁影煙霧際陳。山樓粉堞隔晚靄，茂林修竹臨水涘康。飛落鐘聲欄楯前，僧飯不辦南朝寺陳。三山冥蒙落天外，莫愁柳波猶煙媚康。吾儕閒行作閒客，睥睨萬古為洒涕陳。長□ [6] 不見無南北，龍盤虎踞亦何意康。塵埋宮闕臕荒區，席捲英豪但酣睡陳。偉人渫血苦生民，霸王高視笑兒戲。尚賴霖雨洗甲兵，還我江山嚴淨地康。危樓暫倚銷百憂，坐看暝色翻寒吹陳。清涼本在阿耨迦，雪山冷浸無人跂。與君天遊阿耨迦，再約後遊詩作記康。」

　　右稿㡊本，高一尺有半寸，長三尺有三寸，陳康二人信筆亂寫，欹斜澹墨，益覺有趣。

　　「癸亥四月九日林畏廬補圖並題，畫中石頭城，彷彿六朝影。境過跡還陳，點染成璚景。風篁山晞發，苔石地結癭。半城湖翠暗，一塔松痕淨。何來兩詩客，高躪清涼頂。奇蹟絕寓宙，高蹤避蛙黽。散原今貞曜，吐茹悉寒靚。㽦存志柬之，百死忠還耿。再經崩剝後，聊全山水性。金陵造散原，款戶起幽屏。高樓出雲半，連句危闌凭。遠目收高雁，足下過煙艇。後人數吟局，定匹韓與孟。迴想康熙朝，人戴聖祖聖。竹垞西河生，二老及全盛。今茲兩詞傑，聲氣亦求應。大盜既移國，九廟器遷鼎。吾命螻蛭微，再卻疊山聘。哭陵十一

度，寧敢云衰病。姱存吾同志，此來極堂正。少牢告陵廟，禮□ [6] 循朝請。聞來直躍，未出郊迎□槳。示我連句詩，清越等秋磬。匆匆為補圖，後約當吾訂。」

右琴南補圖，水墨山水極秀朗之致，亦喬本，高一尺又五分，長四尺有六寸，詩行書，寫於圖尾。

崔今嬰題詞，調寄《臺城路》，「一奩展出湖山雨，□來盡成鉛淚。去浪猶還，斜陽未下，黯黯金陵王氣。孤臣志事。望陵闕依然，拜鵑同瘁。負此閒身，有誰能會畫圖意。　南朝多少梵宇。但鍾魚送日，頻閱興廢。阿耨神遊，清涼境在，欲問人天何世。危樓徙倚。似鶴語堯年，雪中驚起。索句風流，甚時陪杖履。」

《香港中興報》1934 年 9 月 26 日

【注釋】

[1] 陳散原，即陳三立，詳見《附錄　蔡守與時人交遊考》。
[2] 康姱存，即康有為，詳見《附錄　蔡守與時人交遊考》。
[3] 羅振玉，詳見《附錄　蔡守與時人交遊考》。
[4] 林琴南，詳見《附錄　蔡守與時人交遊考》。
[5] 崔今嬰，即崔師貫，詳見《附錄　蔡守與時人交遊考》。
[6] □，原文空白。

宜興《甘泉精舍記》

比來得宜興儲簡翁 [1] 南強寄贈《甘泉精舍記》，舊碌拓精本四巨幅，高七尺有三寸，寬二尺有奇，每幅七行，行二十有五六字不等。為鄉先賢湛尚書 [2] 若水撰並書，學白沙先生茅筆草書，精勁可喜。案石在宜興張公洞今名庚桑洞玉泉上，如巨柱，四面刻。欲以《甘泉文集》校之，遍覓藏書，家插架無是集望諸君有《甘泉文集》者，以此校之，如有異處，乞示廣州東華西路二三八號《藝彀》為幸，亟錄之，用告留心鄉邦文獻者。

「（第一面）宜興甘泉精舍記首行。嘉靖乙未冬，溧陽燕峰恭甫際 [3] 既免母徐夫人喪，遊觀宜興山水二行之勝，因買山得煤舍，以為義倉，永濟兩縣之饑，遂館玉女潭為三行行樂。至張公洞，黃生雲淡仲通 [4] 曰，『此泉流於石底，古碑以為有甘四行泉出焉。而師太宰甘泉翁嘗來濯纓於此，蓋兆之矣。』督學

浙江五行聞人氏銓，復言之恭甫，乃慨然治之。畜泉為池，盈池為流，流行為六行溝，築屋於泉上，為甘泉子他日遊居講學之所也。前為門，門一間，內七行

（第二面）為堂者三間，後寢如堂之數，前後四翼廊，以次成之，引溝環門八行前，遂為此洞增勝焉。及恭甫入銓曹為文選，往往寓書請甘泉九行子，扁為書院，甘泉子不應者久之。溧陽丞周君戀光 [5] 私扁之門十行曰『甘泉精舍』，堂曰『自然之堂』，寢曰『尋樂之室』。仲通詣金陵請教言十一行，刻之厓石，以志燕峰之德於不忘，且以訓於後之來游者。甘泉子曰『吾十二行何言哉，抑聞之古之善言者，不下帶而道存焉。今精舍在泉上十三行，請以泉言可乎，在易之蒙曰『山下出泉，靜而清也』，靜言其功也，清十四行

（第三面）言其性也。仲尼 [6] 亟稱於水曰，『水哉水哉，源泉混混，不舍晝夜。』盈科而十五行後進，放於四海，故混混不舍，言其本也。盈科放海，言其積而大十六行也。其在川上曰『逝者如斯夫，不舍晝夜。』言道體之渾全也，諸子十七行誠欲學焉，吾請學於斯焉足矣。是故學其靜以養之，學其清以十八行淑之，學其混混不舍以本之，學其盈科放海以積之，極之其大焉。學十九行於逝川以觀之，道體之全焉盡之矣，夫復何言。故曰，『四時行焉，百物二十行生焉，夫何言哉。』是故感而通之，則凡運而為四時，發而為百物。峙而為廿一行

（第四面）山，流而為川，飛躍而鳶魚，皆吾之性，充塞流行於無窮，莫非廿二行教也。《易》曰，『天行健，君子法之，以自強不息。』夫學至不息為至矣，夫廿三行何容言。諸子志之廿四行。嘉靖戊戌孟冬十八日，南京吏部尚書，甘泉翁湛若水記廿五行。」右每字大約三寸有奇，第四面大字四行，後半史際 [7] 識，小字三行，每字約寸許。

「先是仲通請吾一行師泉翁書記，欲刻之厓石，而難於為力，乃刻諸堂之北屏。歲己亥，際自選曹乞歸山中，伏讀師訓，恐易漫滅。募工二行琢石方四面，命錫山摹鑴之，以垂不朽，丙午仲夏朔旦，門人史際謹跋。」

據史際跋，甘泉尚書於嘉靖十七年戊戌書此記，先刻於屏門，次年己亥史際歸，即募工琢石，越八載，為嘉靖二十五年丙午，何軒始鑴成，故能精刻如此。

《香港中興報》1934 年 9 月 27、28 日

【注釋】

[1] 儲簡翁，即儲南強，詳見《附錄　蔡守與時人交遊考》。

[2] 湛若水，詳見《附錄　蔡守與古人交流考》。

[3] 燕峰恭甫際，無考。

[4] 黃生雲淡仲通，即黃景仁，詳見《附錄　蔡守與時人交遊考》。

[5] 周君戀光，詳見《附錄　蔡守與古人交流考》。

[6] 仲尼，即孔子，詳見《附錄　蔡守與古人交流考》。

[7] 史際，詳見《附錄　蔡守與古人交流考》。

吳佩孚寫竹

　　吾日前彙刊梁章冉廷相撰述書目，友人見之，因以文冉先生之孫次侯用弧題吳子玉 [1] 墨竹見示，詩曰，「亭亭孤節挺中央，擬掃炎敥 [2] 費較量。上將揮來有神筆，似聞風雨戰瀟湘其一。　勁節堅筠不自誇，疏疏密密影橫斜。待教雷雨乘時起，新筍森森又茁芽其二。」子玉畫竹無足取，有梁次侯題詩，固可寶也，是幀更有旃存 [3] 題云，「生挺凌雲節，風搖猶自持。朔風雖振厲，秋氣不離披。」

《香港中興報》1934 年 9 月 28 日

【注釋】

[1] 吳子玉，即吳佩孚，詳見《附錄　蔡守與時人交遊考》。

[2] 敥 ji，敥持去也。《廣韻》「以箸取物」。又傾斜，歪斜不正。

[3] 旃存，即康有為，詳見《附錄　蔡守與時人交遊考》。

《高齋行缽圖卷》

　　曩歲崔今嬰 [1] 名師貫，現為香港大學教授屬代索摯友黃賓虹 [2] 質為繪《高齋行缽圖卷》。

　　今嬰自題云，「托缽事可哀，幸免沿門辱。山海富供養，歷占清閒福。醴盡匪云闕，竭忠貴止足。況茲遘時難，此邦客且逐。艱劬謀一飽，塗路日僕僕。褞衣願無違，淵明語可錄。斯意當語誰，為我傳圖幅。巢痕尚餘戀，浮屠戒三宿。」

　　順德何藻翔 [3] 翩高題云，「我怕做和尚，都因乞米難。記從爭缽後，南北未嘗安。逝將棄瓢去，行行且掛單。」

番禺汪兆鏞 [4] 憬吾題云，「紅樓乞食僧，種名昔徵詠易順鼎 [5] 自號紅樓乞食僧。今復披此圖，寄意益遒夐。天地一蓬廬，四大本虛淨。形骸寧我有，煩累此破甄。不聞祇樹園，持收自苦行。吾輩老行腳，澹然受其正。矧茲羅縹芸，相親二尺檠。何如杜陵叟，長離白木柄。煙墨淋漓中，高吟聲可聽。悠悠同調希，甘為笑寒孟。」

南海潘斯鎧清渠 [6]，「噉飯大不易，忙同行腳僧。十方薄供養，一缽寄勞生。蔬筍澹彌永，木樨香轉清。談禪有高叟，詩思接空明。」

南海張仲球 [7] 觀圖，「超脫圖中意，溷然植宿根。沿門乞士跡，敷座法王尊。一吸山河盡，隨緣物我渾。醍醐何有味，妙悟欲無言。」

中山楊玉銜 [8] 季良題云，「長安之米養貴官，我頭筍尖不宜冠。軍閥之飯飽說士，我踵趼生難曳屐。家無半畝田，呼龍徒耕煙。又乏不死藥，奔月妻無緣。連年硯田逢惡歲，今年更被飛蝗噬。室人不知田事壞，滿責簣車兼滯穗。君不見，蓮花落。銅駝陌，蘆中簫。吳市客，乞食之技古多方。我欲學之事遠適，寧乞江湖賞臉紅。不受沿門熱眼白，吁嗟乎。君缽如瓢人爭施，借人門楣圖徵詩。我缽破甄圖裁衣，此行之挾何所持。骨董攤頭一睨之，顏顏簞瓢幸在斯。」

《香港中興報》1934 年 9 月 28 日

【注釋】

[1] 崔今嬰，詳見《附錄　蔡守與時人交遊考》。

[2] 黃賓虹，詳見《附錄　蔡守與時人交遊考》。

[3] 何藻翔，詳見《附錄　蔡守與時人交遊考》。

[4] 汪兆鏞，詳見《附錄　蔡守與時人交遊考》。

[5] 易順鼎，詳見《附錄　蔡守與時人交遊考》。

[6] 潘斯鎧，詳見《附錄　蔡守與時人交遊考》。

[7] 張仲球，詳見《附錄　蔡守與時人交遊考》。

[8] 楊玉銜，詳見《附錄　蔡守與時人交遊考》。

駱綺蘭 [1] 畫《荷花圖卷》

荷花卷子，駱佩香畫以壽曾賓谷 [2] 燠。余亦六月二十四荷花生日生，室人月色因摹以為壽，紙本高八寸又三分，長四尺又六寸。

簽，藏經紙，生時世界盡蓮花圖卷，「佩香」朱文連環小印。

引首，宋羅紋紙，高五寸強，長三尺有奇，亦楷書題《生時世界盡蓮花圖卷》，「駱女綺蘭」朱白文印，「聽秋主人」白文方印。

畫亦不署款，有「駱綺蘭」朱文小方印壓角。

詩另紙，與畫同尺寸。「（其一）蓮花萬朵擁紅潮，下界疑聞上界簫。齊送才人生此日，未曾弱冠已登朝。　（其二）才人誕世豈尋常，要把蓮花作道場。一寸檀鬚舒舌本，直教三界盡飛香。　（其三）片片晴霞照水明，歡聲已遍廣陵城。魏公芍藥空佳兆，未化慈雲覆眾生。　（其四）書樓曉向綠陰開，自檢金經誦幾回。為祝使君無量壽，瓣香親爇奉如來。賦得生時世界盡蓮花詩四首，為賓谷先生壽，佩香駱綺蘭拜稿。」「駱綺蘭字佩香」朱文小方印，「一世秋心」朱文，有十五字格印。

《香港中興報》1934 年 9 月 29 日

【注釋】

［1］駱綺蘭，詳見《附錄　蔡守與古人交流考》。

［2］曾賓谷，即曾燠，詳見《附錄　蔡守與古人交流考》。

「長生無極」瓦拓本

長生無極瓦當習見無足記，但有葉小庚 ［1］ 為苣林 ［2］ 題詞，可愛也。硃拓本，長二尺又八寸，寬七寸又三分，已裝池成軸。簽，冷金箋，「漢長生無極瓦當硃拓本，比丘尼古珣署。」「玉士」朱文連珠印，拓本角，亦有「古珣珍藏」朱文小印。

「漢瓦名齋，笑高人佳致，冠絕千年。鴛鴦舊范，況是雙璧依然。師門貽硯，念吾鄉故事聯編。曾記得，銘鐫夾漈，好將嘉話同傳夾漈堂硯，在林硯樵 ［3］ 明府處，云紀文達 ［4］ 公贈其尊甫樾亭先生。篆就長生無極，想武皇當日，志在求仙。只今劫灰已冷，片瓦爭憐。錦函檀櫝，費騷人多少吟箋。應笑彼香姜銅雀，浪誇斷甓零甄。調寄《漢宮春》。苣林先生以漢瓦硯拓本寄示，硯為紀文達公所貽，倚聲奉題，即希拍正，葉申薌小庚。」「三山葉氏」白文方印，「申薌號小庚」朱文方印，楷書七行。

《香港中興報》1934 年 9 月 29 日

【注釋】

［1］葉小庚，詳見《附錄　蔡守與古人交流考》。

[2] 茞林，即梁章鉅，詳見《附錄　蔡守與古人交流考》。

[3] 林硯樵，無考。

[4] 紀文達，即紀昀，詳見《附錄　蔡守與古人交流考》。

梁節庵 [1]《九等論人表》、康斿存《評騭當代人物代表》合卷

兩表合裝一卷，梁表高九寸有三分，行書人名作九列，每人名上有硃筆圈點，俰長一尺九寸。康表高六寸又六分，長三尺有二寸，行書人名作兩列，每人名下有小注，後有子良聘三兩跋。

梁表，（第一列四人），陳樹鏞 [2]（用硃筆勾去），崇綺 [3]（硃筆三圈），楊岳斌 [4]（硃筆三圈），曾紀澤 [5]（硃筆三圈）。

（第二列六人），張之洞 [6]（硃筆三圈），寶廷 [7]（硃筆三圈），治麟 [8]（硃筆一點），鄧承修 [9]（硃筆三圈），潘存 [10]（硃筆一點），劉錦棠 [11]（硃筆三圈）。

（第三列九人），張佩綸 [12]、彭玉麟 [13]、曾國荃 [14]（以上三人皆加硃筆三圈），李用清 [15]、于蔭霖 [16]（二人皆硃筆一圈），黃體芳 [17]、馮子材 [18]、閻敬銘 [19]、惇親王 [20]（四人皆硃筆三圈）。

（第四列四人），丁寶禎 [21]（硃筆三圈），盛昱 [22]（硃筆一圈），梁僧寶 [23]（硃筆一點），恭親王 [24]（硃筆三圈）。

（第五列八人），簡朝亮 [25]（硃筆勾去），王懿榮（硃筆一圈），岑毓英 [26]（硃筆三圈），徐桐 [27]（硃筆一圈），祁世長 [28]（硃筆一圈），陳彝 [29]、洪良品 [30]（二人皆硃筆一點），李鴻藻 [31]（硃筆三圈）。

（第六列六人），李秉衡 [32]（硃筆△），趙爾巽 [33]（硃筆一點），鮑超 [34]、劉永福 [35]（二人皆硃筆三圈），譚鍾麟 [36]（硃筆一圈），文海 [37]（硃筆一點）。

（第七列七人），王仁堪 [38]、黃紹箕 [39]（二人皆硃筆一△），廖廷相 [40]、李慈銘 [41]、朱一新 [42]、延茂 [43]（四人皆硃筆一點），錫鈞 [44]（硃筆一圈）。

（第八列五人），翁同龢 [45]（硃筆三圈），繆荃孫 [46]、陳喬森 [47]（二人皆硃筆一點），廖壽恒 [48]、周德潤 [49]（二人皆硃筆一圈）。

（第九列三十又一人），陳寶琛 [50]、李鴻章 [51]（二人皆硃筆三圈），陸華奎 [52]（硃筆一圈），潘□ [53] 新（硃筆二圈），劉銘傳 [54]（硃筆二圈），潘

祖蔭 [55]（硃筆二圈），譚宗浚 [56]（硃筆一圈），黃國瑾 [57]（硃筆一點），王
闓運 [58]（硃筆一圈），俞樾 [59]（硃筆三圈），徐琪 [60]（無），吳大澂 [61]（硃
筆二圈），李文田 [62]（硃筆一△），孔憲敦 [63]、劉恩溥 [64]、延熙 [65]（三人
皆硃筆一點），張曜 [66]（硃筆三圈），熙敬 [67]、壽貴 [68]、榮祿 [69]、榮瑞 [70]
（四人皆硃筆一企），許庚身 [71]、孫毓汶 [72]（二人皆硃筆二圈），張之萬 [73]
（硃筆一圈），額勒和布 [74]（硃筆一點），錫珍 [75]（硃筆□圈），徐延旭 [76]、
唐炯 [77]（二人皆硃筆二圈），寶鋆 [78]（硃筆三圈），郭嵩燾 [79]（硃筆二圈），
崇厚 [80]（硃筆三圈）。

「當年九等論人表，回眡群才海內空。光緒朝中舊人士，而今姓氏幾人
雄。光緒乙酉丙戌時，與梁文忠公，及張硯秋 [81] 侍御，日夕談學袖海樓，論
國事，品藻人物，當時遊戲一咮，不意尚留人間。其人皆一時俊彥，亦多名將
相，今存者無幾。惟張安甫相國，嚴範孫侍郎，高理臣給事猶存。若陳弢庵太
傅，秦子質提督猶健，而其餘則逝水堪傷，亦多舊識，文章功業，流傳赫耀者
若干人，其得失自有輿論，當時品藻，聊舉所聞，不敢必當，惟亦足供後世史
評者採擇也。文忠於談洋務者，皆深惡之。故於郭芸仙之通才閎學，實為談外
國學之先河，亦抑置至下等。又劾李文忠，故極抑之，於翁文恭之憂讒畏譏，
則不知而疑之，皆所謂此論未公。吾不憑者，若獎廉直，抑貪競，其所長也。
丙寅八月舟中，善子 [82] 世講得吾舊咮，屬並題之，四十年事，觸懷感賦，天
游化人 [83]。」

（康表）共八十又四人。升泰 [84]，熟悉西北情形，心術好。曹貽孫 [85]，
端正，不通。文碩 [86]，清忠，剛愎。丁立瀛 [87]，好人。尚賢 [88]，貪敢，
明白。陸繼輝 [89]，才具開展。福枃 [90]，內圓外守。高燮曾 [91]，篤潔。端
木埰 [92]，祁文端友，老勁。任貴震 [93]，留心時事。秦炳直 [94]，有志。王
貽清 [95]，明白。許玉琢 [96]，名士。陸廷黼 [97]，學問甚好。長萃 [98]，清貧
耐苦。陳夢麟 [99]，讀書，大癮。王文錦 [100]，清勁耐苦。馮光遹 [101]，才具
開展，心術詭。長麟 [102]，精明強幹。潘頤福 [103]，學問好。王仁堪，才志虛
闊。鮑臨 [104]，伉爽明白。鄭思賀 [105]，安靜。黃彝年 [106]，安練。倪恩齡
[107]，才調好。陳懋侯 [108]，練達，能講義理，有以為品行不端者。李桂林
[109]，明白開展。黃國瑾 [110]，練時事，能讀書。龐鴻文 [111]，能讀書，小
學，圓滑。高釗中 [112]，精明。張仁黼 [113]，知日患，講求時事。陳琇瑩 [114]，
清正。洪思亮 [115]，清勁。胡孚宸 [116]，清正。吳祖椿 [117]，史學好。楊文

瑩 [118]，學問好，留心時事，正派。楊晨 [119]，學問好，耐苦。劉名譽 [120]，才好，操守差。江樹昀 [121]，好才調，無恥。蔣艮 [122]，清正好學。李兆勳 [123]，清奇有氣。丁立鈞 [124]、謝雋杭 [125]，質實耐苦。朱福詵 [126]、盛炳緯 [127]，陽明之學，氣魄小。吳同申 [128]，聰明好學。陳與冏 [129]，才筆，詭貪。呂佩芬 [130]，有志向上。褚成博 [131]，安靜為學。翁斌孫 [132]，洋務，精細。周錫恩 [133]，能讀書，無品。蔣式芬 [134]，頗讀書。嚴修 [135]，沉默好學。張預 [136]，詞章，品下。柯逢時 [137]，能讀書。貴福懋 [138]、錫鈞 [139]，勁直有氣。張廷燎 [140]，清勁，練達。文煥 [141]，開展。汪正元 [142]，練達，心術不端。慕榮幹 [143]，通經學，冗爽。貴賢 [144]，安勁。洪良品 [145]，清正，詞章，糊塗。張炳琳 [146]，有吏才，知水利。李鴻達 [147]、張人駿 [148]、曉楊 [149]、邵積誠 [150]，清勁，不通。章耀廷 [151]，安勁。鄔純嘏 [152]，安練，端詳。張元普 [153]，知洋務，心術不端。趙時熙 [154]，明白，乾淨。沈源深 [155]，理學，有謂其外端內詐，善逢迎者。唐椿森 [156]，端穩。豐烈，知洋務。尚少 [157]、文海 [158]，遒勁。徐致祥 [159]，似有氣，實貪諞。殷如珠 [160]，總刑名，才高品下。竇森 [161]，正派。延茂 [162]，勁達諳練，可巡撫。依克唐阿 [163]，能戰，耐苦，熟諳兵事。文治 [164]，理學，篤守程朱。德福 [165]，整頓旗務。文秀 [166]，整頓地方。慶裕 [167]，清勁。

　　斿存 [168] 先生自少讀書講學，即懷抱澄清天下之志。故於當時人物，才行高下，時時留意。此帋所列，為其四十年前，與梁文忠公評論人才，而詳為紀載者。先生少年抱負，於茲可見。程大璋 [169] 子良。

　　此卷為梁文忠公與康斿存先生，論列當時人物各一帋，乃四十年前之作。是文忠甫通籍，斿存不過布衣。且時方承平無事，而留意人才如此。視身遭播越，於寥寥同志，猶日以排擠為事者。其度量之相越，豈不遠哉。善子屬題。有餘慨矣。丙寅四月，清遠朱汝珍 [170]，跋於津門旅次。

《香港中興報》1934 年 9 月 30，10 月 1 日

【注釋】

　[1] 梁節庵，即梁鼎芬，詳見《附錄　蔡守與時人交遊考》。

　[2] 陳樹鏞，詳見《附錄　蔡守與時人交遊考》。

　[3] 崇綺，詳見《附錄　蔡守與時人交遊考》。

　[4] 楊岳斌，詳見《附錄　蔡守與古人交流考》。

　[5] 曾紀澤，詳見《附錄　蔡守與古人交流考》。

　[6] 張之洞，詳見《附錄　蔡守與時人交遊考》。

　[7] 寶廷，詳見《附錄　蔡守與古人交流考》。

　[8] 治麟，無考。

　[9] 鄧承修，詳見《附錄　蔡守與古人交流考》。

[10] 潘存，詳見《附錄　蔡守與古人交流考》。

[11] 劉錦棠，詳見《附錄　蔡守與古人交流考》。

[12] 張佩綸，詳見《附錄　蔡守與時人交遊考》。

[13] 彭玉麟，詳見《附錄　蔡守與古人交流考》。

[14] 曾國荃，詳見《附錄　蔡守與古人交流考》。

[15] 李用清，詳見《附錄　蔡守與古人交流考》。

[16] 於蔭霖，詳見《附錄　蔡守與時人交遊考》。

[17] 黃體芳，詳見《附錄　蔡守與古人交流考》。

[18] 馮子材，詳見《附錄　蔡守與時人交遊考》。

[19] 閻敬銘，詳見《附錄　蔡守與古人交流考》。

[20] 惇親王，和碩惇親王，詳見《附錄　蔡守與古人交流考》。

[21] 丁寶禎，詳見《附錄　蔡守與古人交流考》。

[22] 盛昱，詳見《附錄　蔡守與時人交遊考》。

[23] 梁僧寶，詳見《附錄　蔡守與古人交流考》。

[24] 恭親王，愛新覺羅·奕訢，詳見《附錄　蔡守與古人交流考》。

[25] 簡朝亮，詳見《附錄　蔡守與時人交遊考》。

[26] 岑毓英，詳見《附錄　蔡守與古人交流考》。

[27] 徐桐，詳見《附錄　蔡守與時人交遊考》。

[28] 祁世長，詳見《附錄　蔡守與古人交流考》。

[29] 陳彝，詳見《附錄　蔡守與古人交流考》。

[30] 洪良品，詳見《附錄　蔡守與古人交流考》。

[31] 李鴻藻，詳見《附錄　蔡守與古人交流考》。

[32] 李秉衡，詳見《附錄　蔡守與時人交遊考》。

[33] 趙爾巽，詳見《附錄　蔡守與時人交遊考》。

[34] 鮑超，詳見《附錄　蔡守與古人交流考》。

[35] 劉永福，詳見《附錄　蔡守與時人交遊考》。

［36］譚鍾麟，詳見《附錄 蔡守與時人交遊考》。

［37］文海，詳見《附錄 蔡守與時人交遊考》。

［38］王仁堪，詳見《附錄 蔡守與古人交流考》。

［39］黃紹箕，詳見《附錄 蔡守與時人交遊考》。

［40］廖廷相（1842～1897），南海人。

［41］李慈銘，詳見《附錄 蔡守與古人交流考》。

［42］朱一新，詳見《附錄 蔡守與時人交遊考》。

［43］延茂，詳見《附錄 蔡守與時人交遊考》。

［44］錫鈞，無考。

［45］翁同龢，詳見《附錄 蔡守與時人交遊考》。

［46］繆荃孫，詳見《附錄 蔡守與時人交遊考》。

［47］陳喬森，詳見《附錄 蔡守與時人交遊考》。

［48］廖壽恒，詳見《附錄 蔡守與時人交遊考》。

［49］周德潤，詳見《附錄 蔡守與古人交流考》。

［50］陳寶琛，詳見《附錄 蔡守與時人交遊考》。

［51］李鴻章，詳見《附錄 蔡守與時人交遊考》。

［52］陸華奎，無考。

［53］潘□新，無考。

［54］劉銘傳，詳見《附錄 蔡守與古人交流考》。

［55］潘祖蔭，詳見《附錄 蔡守與古人交流考》。

［56］譚宗浚，詳見《附錄 蔡守與古人交流考》。

［57］黃國瑾，詳見《附錄 蔡守與古人交流考》。

［58］王闓運，詳見《附錄 蔡守與時人交遊考》。

［59］俞樾，詳見《附錄 蔡守與時人交遊考》。

［60］徐琪，詳見《附錄 蔡守與時人交遊考》。

［61］吳大澂，詳見《附錄 蔡守與時人交遊考》。

［62］李文田，詳見《附錄 蔡守與古人交流考》。

［63］孔憲敦，無考。

［64］劉恩溥，詳見《附錄 蔡守與時人交遊考》。

［65］延熙，無考。

［66］張曜，詳見《附錄 蔡守與時人交遊考》。

[67] 熙敬,詳見《附錄 蔡守與時人交遊考》。

[68] 壽貴,無考。

[69] 榮祿,詳見《附錄 蔡守與時人交遊考》。

[70] 榮瑞,無考。

[71] 許庚身,詳見《附錄 蔡守與古人交流考》。

[72] 孫毓汶,詳見《附錄 蔡守與古人交流考》。

[73] 張之萬,詳見《附錄 蔡守與古人交流考》。

[74] 額勒和布,覺爾察·額勒和布,詳見《附錄 蔡守與時人交遊考》。

[75] 錫珍,詳見《附錄 蔡守與古人交流考》。

[76] 徐延旭,詳見《附錄 蔡守與古人交流考》。

[77] 唐炯,詳見《附錄 蔡守與古人交流考》。

[78] 寶鋆,詳見《附錄 蔡守與古人交流考》。

[79] 郭嵩燾,詳見《附錄 蔡守與古人交流考》。

[80] 崇厚,完顏崇厚,詳見《附錄 蔡守與古人交流考》。

[81] 張硯秋,生卒年不詳,清末人,曾任侍御史。

[82] 善子,無考。

[83] 天遊化人,即康有為,詳見《附錄 蔡守與時人交遊考》。

[84] 升泰,詳見《附錄 蔡守與古人交流考》。

[85] 曹貽孫,詳見《附錄 蔡守與古人交流考》。

[86] 文碩,無考。

[87] 丁立瀛,詳見《附錄 蔡守與時人交遊考》。

[88] 尚賢,無考。

[89] 陸繼輝,詳見《附錄 蔡守與時人交遊考》。

[90] 福梫,無考。

[91] 高燮曾,詳見《附錄 蔡守與古人交流考》。

[92] 端木采,詳見《附錄 蔡守與古人交流考》。

[93] 任貴震,詳見《附錄 蔡守與古人交流考》。

[94] 秦炳直,詳見《附錄 蔡守與古人交流考》。

[95] 王貽清,無考。

[96] 許玉琢,無考。

[97] 陸廷黼,詳見《附錄 蔡守與時人交遊考》。

［98］長萃，詳見《附錄 蔡守與時人交遊考》。

［99］陳夢麟，無考。

［100］王文錦，詳見《附錄 蔡守與時人交遊考》。

［101］馮光遹，詳見《附錄 蔡守與時人交遊考》。

［102］長麟，詳見《附錄 蔡守與古人交流考》。

［103］潘頤福，詳見《附錄 蔡守與時人交遊考》。

［104］鮑臨，詳見《附錄 蔡守與古人交流考》。

［105］鄭思賀，詳見《附錄 蔡守與時人交遊考》。

［106］黃彝年，生卒年不詳，山東沂水人，光緒二年丙子（1876）恩科進士。

［107］倪恩齡，詳見《附錄 蔡守與時人交遊考》。

［108］陳懋侯，詳見《附錄 蔡守與古人交流考》。

［109］李桂林，詳見《附錄 蔡守與時人交遊考》。

［110］黃國瑾，詳見《附錄 蔡守與古人交流考》。

［111］龐鴻文，詳見《附錄 蔡守與時人交遊考》。

［112］高釗中，詳見《附錄 蔡守與時人交遊考》。

［113］張仁黼，詳見《附錄 蔡守與時人交遊考》。

［114］陳琇瑩，詳見《附錄 蔡守與古人交流考》。

［115］洪思亮，詳見《附錄 蔡守與時人交遊考》。

［116］胡孚宸，無考。

［117］吳祖椿，詳見《附錄 蔡守與時人交遊考》。

［118］楊文瑩，詳見《附錄 蔡守與時人交遊考》。

［119］楊晨，詳見《附錄 蔡守與古人交流考》。

［120］劉名譽，詳見《附錄 蔡守與時人交遊考》。

［121］江樹昀，詳見《附錄 蔡守與時人交遊考》。

［122］蔣艮，詳見《附錄 蔡守與時人交遊考》。

［123］李兆勳，無考。

［124］丁立鈞，詳見《附錄 蔡守與時人交遊考》。

［125］謝雋杭，詳見《附錄 蔡守與時人交遊考》。

［126］朱福詵，詳見《附錄 蔡守與古人交流考》。

［127］盛炳緯，詳見《附錄 蔡守與時人交遊考》。

［128］吳同申，無考。

[129] 陳與冏，詳見《附錄　蔡守與時人交遊考》。

[130] 呂佩芬，詳見《附錄　蔡守與時人交遊考》。

[131] 褚成博，詳見《附錄　蔡守與時人交遊考》。

[132] 翁斌孫，詳見《附錄　蔡守與時人交遊考》。

[133] 周錫恩，詳見《附錄　蔡守與時人交遊考》。

[134] 蔣式芬，詳見《附錄　蔡守與時人交遊考》。

[135] 嚴修，詳見《附錄　蔡守與時人交遊考》。

[136] 張預，詳見《附錄　蔡守與時人交遊考》。

[137] 柯逢時，詳見《附錄　蔡守與時人交遊考》。

[138] 貴福懋，無考。

[139] 錫鈞，無考。

[140] 張廷燎，詳見《附錄　蔡守與時人交遊考》。

[141] 文煥，無考。

[142] 汪正元，詳見《附錄　蔡守與古人交流考》。

[143] 慕榮幹，詳見《附錄　蔡守與古人交流考》。

[144] 貴賢，無考。

[145] 洪良品，詳見《附錄　蔡守與古人交流考》。

[146] 張炳琳，無考。

[147] 李鴻達，無考。

[148] 張人駿，詳見《附錄　蔡守與時人交遊考》。

[149] 曉楊，無考。

[150] 邵積誠，詳見《附錄　蔡守與古人交流考》。

[151] 章耀廷，詳見《附錄　蔡守與時人交遊考》。

[152] 鄔純嘏，詳見《附錄　蔡守與古人交流考》。

[153] 張元普，詳見《附錄　蔡守與古人交流考》。

[154] 趙時熙，詳見《附錄　蔡守與時人交遊考》。

[155] 沈源深，詳見《附錄　蔡守與時人交遊考》。

[156] 唐椿森，詳見《附錄　蔡守與時人交遊考》。

[157] 尚少，無考。

[158] 文海，無考。

[159] 徐致祥，詳見《附錄　蔡守與古人交流考》。

[160] 殷如珠，無考。

[161] 寶森，無考。

[162] 延茂，詳見《附錄　蔡守與時人交遊考》。

[163] 依克唐阿，詳見《附錄　蔡守與古人交流考》。

[164] 文治，無考。

[165] 德福，無考。

[166] 文秀，無考。

[167] 慶裕，詳見《附錄　蔡守與古人交流考》。

[168] 祈存，即康有為，詳見《附錄　蔡守與時人交遊考》。

[169] 程大璋，詳見《附錄　蔡守與時人交遊考》。

[170] 朱汝珍，詳見《附錄　蔡守與時人交遊考》。

龔夫人詞

　　梁節庵 [1] 之龔夫人工倚聲，其《長亭怨慢》一闋尤佳，惜未得讀。日前友人寫示並文芸閣 [2] 廷式和作，因錄存之。詞曰，「甚一片愁煙夢雨。剛逢春歸，又催人去。鷗外帆孤，東風吹淚移爾浦。畫廊攜手，是那日銷魂處。茜雪尚吹香，忍負了、嬌紅庭宇。　延佇。悵柳邊初月，又上一痕眉嫵。當初已錯，忍道是，尋常離緒。念別來葉葉羅衣，已減了香塵非故。恁短燭低蓬，獨自擁衾愁語。」

　　文芸閣依韻和作云，「聽黯黯長支夜雨。那是儂家，放教歸去。檠短窗虛，夢魂彷彿到江浦。愁生無定，應是有生愁處。寄遠織瓊花，渾不省，涼蟾天宇。　凝佇。只蘭紅波碧，依約謝娘眉嫵。文園病也，更堪觸，傷春情緒。便衣痕，不下菱花，盡難忘衣新人故。但乞取天憐，他日剪燈深語。」

《香港中興報》1934 年 10 月 2 日

【注釋】

　　[1] 梁節庵，即梁鼎芬，詳見《附錄　蔡守與時人交遊考》。

　　[2] 文廷式，詳見《附錄　蔡守與時人交遊考》。

朱晦庵 [1]《亡碑詩》三章

　　偶讀莫氏藏宋刻《朱子大全》丁氏持靜齋舊藏本有亡碑詩三章，誠金石趣事也。

「昨承諸兄臨辱，不揆以薄酒蔬食，延駐都騎。明日視壁間所張墨刻，有亡去者，人以為德慶文之廋也。馳簡遣索，蒙需拙詩。輒賦所懷，往奉一笑。而尊鍵刻，可以歸於我矣。詩云『歲暮霜霰集，賓友從我遊。置酒臨高齋，觴酌屢獻酬。雞黍馨中庖，肴核供庶羞。所恨乏珍肥，歡意不得周。何悟上客懷，徒我夜壑舟。平明但素壁，篆刻不可求。究索勞象岡，高蹤希盜丘。我亦慚仲子，獨未忘輕裘。』

昨以詩徵亡碑於四十一丈，既蒙酬和，而諸兄亦繼作焉。聯為巨編，藏之巾笥。雖所亡古刻不可復得。而此之所獲，則已多矣。顧其中猶有不能釋然者。因念吾子厚隸法妙古人，當為我大書偉辭於壁。庶以焜耀，區區之望。彼死鬼之陳跡，其存亡蓋不足為重輕也。次韻見意云。

『端居感物化，悵恨不出遊。賦詩往追亡，顧得雜佩酬。結綬光陸離，縕袍非所羞。終然抱耿耿，尼父悲東周。淒涼尊鍵厓，望想滄浪舟。低徊不得去，寂寞將焉求。安知崔蔡徒，考槃共斯丘。為我揮素壁，報君當紫裘自注，少陵詩。紫裘隨劍兒，義取無虛歲謂李邕受潤筆資。』

再賦解嘲，『宇宙一瞬息，人生等浮遊。云何百年內，萬變紛相酬。顛倒不自知，旁觀乃堪羞。拱揖尚虞夏，干戈到商周。豈悟曠士懷，泛若不繫舟。駟馬諒弗視，名高非所求。彼哉誇奪子，逝矣崑崙丘。褰裳絕冥外，天風舞雲裘自注，熹受碑於劉共父，以禮讓。四十一丈取之於熹，則有慙德矣。故有商周之語。』」

《香港中興報》1934 年 10 月 2、3 日

【注釋】

[1] 朱晦庵，即朱熹，詳見《附錄　蔡守與古人交流考》。

朱晦庵 [1] 盆景詩四章

比來士夫皆喜盆景，元人所謂些子景也。洵明窗淨几，清供佳品，最足延賞。不期宋之大儒，如朱晦庵亦有此雅致。亟錄出以助今日士夫嗜盆景之清興。

「汲清泉漬奇石，置薰爐其後，香煙被之。江山雲物，居然有萬里趣。因作四小詩。晴窗出寸碧，倒影媚中川。雲氣一吞吐，江湖必渺然其一。　一水渺空闊，群山中接連。寒陰白霧湧，飛度碧峰前其二。　隱凡到寒碧，忘言心自閒。豈知宜寂士，滅跡青峰間其三。　吟餘忽自笑，老矣方好弄。慨然思古

人，尺璧寸陰重。」

《香港中興報》1934 年 10 月 3 日

【注釋】

[1] 朱晦庵，即朱熹，詳見《附錄　蔡守與古人交流考》。

天籟銅琴拓本

孫登 [1] 天籟銅琴拓本，喬長三尺又五寸，寬一尺又六寸。

康曾定麥生 [2] 題，「黃鍾無聲太簇瘂，悠悠孰是知音者。流水高山聽益稀，蕤賓一片棄如瓦。在昔歐冶子煉精，採■ [3] 鑄鐵絢鉤成。時驚斷壁孤龍嘯，不作空山老鳳鳴。茲琴何人之所造，叩鉗尋聲聲入妙。把出當筵當鋏彈，銅仙淚落金妃笑。摩挲款識忽心喜，道是蘇門客留此。想見當時置膝彈，脩然洗盡箏琶耳。我聞桑公鉇研田，十年砥礪期磨穿。又聞南星鉇如意，指麾直帶風霜氣。何如此鉇真風流，百鍊鋼成繞指柔。一曲廣陵散傳出，斷文合遣嵇康修。琴飛已化蒼虬去，尚寫琴容歸尺素。昔年天籟閣珍藏，今日懷新齋復遇。掛之壁上風雨寒，每逢佳士輒許觀。惜惜但解歌琴德，矯矯誰知是鐵肝。德卻讕言堪冷齒，年來龜鶴公無矣。家風毋乃太酸寒，膡得一琴還是喬。」

朱起蓮心 [4]《水龍吟》，「蒼蛟蟄破春雷孫登來『雨夜化黑蛟踶去』，見《雲仙雜記》，冰霜繡出苔花老。□ [5] 鐘操斷金精，下燭曾飛朱鳥。玉軫魄裝，桐材側理，餘音都杳。算知心，只有青萍匣底，飲碧血，曾相照。　回憶蘇門散髮，拂朱弦，洞天深窈。錚錚屬響，恰疑吹落鳳吟鸞嘯。百鍊鋼柔，獨彈調古，逸情雲渺。問柳邊坐鍛，廣陵遺散，更何人曉。」

馬傳庚虞颿 [6]《雨中花》，「別有會心彈獨調。誰領略、鐵中微妙。栗■無弦。昭文不鼓，遮算同懷抱。　小憩北山時遠眺。心事寄，一聲長嘯。遊共嵇康，造同阮籍，莫謂知音少。」

姚詩雅致堂 [7]《凌波曲》，「瓊簫韻沈，銀箏響喑。千秋幾箇知音。況錚錚鐵琴。　山虛水深。蒼茫古今。摩挲影本長吟。寫蘇門片心。」

「篆文『天籟』二字甚古雅。明項氏以之名閣，是琴之聲價可知。今仍藏泉唐吳氏。器留汴中。乙卯鄒安 [8] 記。」

「此吳杭泉唐吳氏 [9] 舊藏。相傳屠琴塢 [10] 太守，有天籟閣拓本。及前明諸巨公題詠甚夥，集成二卷。吳氏以重值購之不能得。亂後不知流落何所矣。丁卯孟夏。壽祺 [11] 又記。時年六十四。」

　　「此琴於前數年，為滬上游□所收。以巨價售與美人福利亞。今與■正叔銅琴，同入博物院。新拓不可得矣。睹茲舊墨，能無與人琴並亡之戚。辛酉五月朔日。杭州鄒安記。」

《香港中興報》1934 年 10 月 3、4 日

【注釋】

　　[1] 孫登，詳見《附錄　蔡守與古人交流考》。

　　[2] 康曾定，詳見《附錄　蔡守與古人交流考》。

　　[3] ■，原文模糊不清，下同。

　　[4] 朱起蓮心，無考。

　　[5] □，原文空白，下同。

　　[6] 馬傳庚，詳見《附錄　蔡守與古人交流考》。

　　[7] 姚詩雅，詳見《附錄　蔡守與古人交流考》。

　　[8] 鄒安，詳見《附錄　蔡守與時人交遊考》。

　　[9] 泉唐吳氏，無考。

　[10] 屠琴塢：即屠倬，詳見《附錄　蔡守與古人交流考》。

　[11] 壽祺，無考。

張鐵橋詩冊

　　東莞張鐵橋 [1] 穆遺詩久佚，比聞友人容希白 [2] 庚將輯而刊之。此鐵橋手寫詩冊，紙本高七寸又三分，寬四寸又七分。東莞張德圃 [3] 舊藏，今歸莫氏片玉書齋，十二葉寫詩二十首。

西郊社集同岑梵則 [4]、王說作 [5]、屈翁山 [6]、高望公 [7] 諸子

　　西郭林泉異昔遊，蕭蕭禾黍不勝秋。路迴野渚循紺殿，海相明霞結十洲。佳節漫從戎馬過，餘生願傍法雲休。岩棲與共桃花隱，滿載山光上小舟第一葉。

惠城逢曾公子

　　昔曾為客大梁門 [8]，老去懷恩夢裏言。門下幾人存趙武，天涯半忍見 [9]王孫。共逢落葉當秋路，莫擬荒臺似故園。欲叩存亡不能語，滿江煙水咽黃昏第二葉。

睡鳧

　　浦漵蕭蕭淡遠天，黃蘆芳芷愁深眠。跡同雲雁嫌高慕，生近沙鷗共狎憐。

斂翼不聞滋曉晚露，飛魂何處破寒煙。閒亭弄墨圖 [10] 秋色，譜得棲情夢不全第三葉。

梅花

羅浮珠樹美人遲，好月依然照古槎。風度疑鋪梁苑雪，泉流不是武陵花。為存氣格標群豔，自樹香光作一家。我有肝腸誰共許，日將冰雪對寒葩第四葉。

睡燕

高臥誰從問草堂，閒情愛爾共春光。雙棲豈羨金籠寵，遠夢會沾御苑香。碧落倦歸花寂寂，絳幃深下月蒼蒼。微軀不用辭繒繳 [11]，去駐從來與世忘第五葉。

雷城元夜褚邑令衙齋賞雪

南天白首不聞冰，此際鰲山雪層層。猶恐夢中看易失，滿堂紅袖上宮燈。　一朝朔氣誤南來，皎雪如珠散舞臺。簾幌為開留瑞色，玉笙鵝管逗春回第六葉。

題葉金吾 [12] 湖山

幽園選勝得篁塘，湘竹來 [13] 風拂藥房。百尺紅樓煙裡出，望中黃鵠入蒼蒼。　蘇堤橋上玉鈎 [14] 斜，皎皎明河欲溯迴。無盡笙歌慰佳夕，不知涼露濕蒹葭第七葉。

西濠夜月有感

海岸秋深月已殘，數聲羌笛倚樓寒。西濠舊是笙歌地，空憶花前十二欄。　新歡舊夢一身存，夜語江樓冷月痕。寂寂寒潮自來往，靈槎今已隔仙源第八葉。

惠州西湖

百頃玻璃合一湖，六橋分水入山 [15] 紆。芙蓉處處河洲晚，欲問臨平繡似無。

白鶴峰遙月上遲，漁燈蘆葦夜參差。湖山最是情深處。永福橋頭鶴夢時。

千秋寒玉淨無塵，斷岸低橋紫蓼新。別有仙源看又去，石樓曾見玉為人。

隔城朱閣兩相看，萬疊青巒曉色寒。誰好曙煙爭早起，美人先撫赤闌干第九葉。

崔子霞 [16] 仙人故宅

清漪匝匝繞橫塘，山閣常聞見暮光。別酒月生潮欲滿，仙蹤餘有杜蘭香。

春堤柳

十里廻塘半積烟，春風何處最堪憐。長堤鳥語不知處，輕絮無聲入酒船第十葉。

小姬索詩戲贈

芳庭弱柳一枝清，未作柔絲態已生。花下銀燈傳小隊，不須春日得聞鶯。

字字如珠散彩雲，綠牕明月照清芬。十三學得顰眉畫，心愛含桃豔出群第十一葉。

水仙

百卉驚寒各息機，庭前群至獨芬霏。煙消洛浦美人出，月上黃陵帝子歸。粉面半遮臨水鏡，冰心無侶倚巖扉。芳名不負稱仙字，山澤誰人重素輝第十二葉。

《香港中興報》1934 年 10 月 4、5 日

【注釋】

[1] 張鐵橋，即張穆，詳見《附錄　蔡守與古人交流考》。

[2] 容希白，即容庚，詳見《附錄　蔡守與時人交遊考》。

[3] 張德圃，無考。

[4] 岑梵則，詳見《附錄　蔡守與古人交流考》。

[5] 王說作，詳見《附錄　蔡守與古人交流考》。

[6] 屈翁山，即屈大均，詳見《附錄　蔡守與古人交流考》。

[7] 高望公，即高儼，詳見《附錄　蔡守與古人交流考》。

[8] 原刊□，從《古詩文網》載改。

[9] 原刊□，從《古詩文網》改。

[10] 原刊作□閣□，從《古詩文網》改。

[11] 原刊作「□」，從《古詩文網》改。

[12] 葉金吾，無考。

[13] 原刊作「□」，從《古詩文網》改。

[14] 原刊作「釣」，從《古詩文網》改。

[15] 原刊作「□」，從《古詩文網》改。

[16] 崔子霞，無考。

采春詞

景演即丙寅春，張繹如在海王村即北京琉璃廠以九百金買得明季揚州鄭繹堂刻《染香樓詩》。卷首有龔芝麓 [1]、錢象叟 [2] 諸名流序與題詞。但集末有康熙元年補序，則謂采春實雄而雌者。情節至為離奇。曩見《梅村集》[3] 有戲贈十首，命意幽晦，莫知所指，今乃知即是集之題詞也。友人宋菊存 [4] 為製「采春詞」七律十二章並序，詳記其事。

「采春詞序　劉采春者，揚州鄭氏姬也，年十七歸鄭，明豔秀慧，閒靜寡言，工書，耽吟詠。所居曰染香樓，湘簾棐几，嚴淨無纖塵。日惟焚香讀書，烹茶滌硯，意脩然也。鄭官湖廣，任滿偕旋里，益韜晦，年二十四卒。卒時盡焚筆硯，沐浴薰香，整衣趺坐逝。鄭深悲悼，於墓側構亭榭，植花木。春秋佳日，每招賓從，觴詠其間。復就所記憶者，為輯《染香樓詩集》，以崇禎八年付梓，凡敘傳題詞，皆一時名宿，集末別錄《劉采春傳》，乃康熙元年補刻。言劉本蘇州人，少孤力學，年十三遊邑庠，文譽鵲起，十六隨鄭之湖廣任。鄭姬瑤姬，一見傾慕。因與□ [5]。尋□□於密室，易女子服，進□於鄭。□□墮井遇救免。姬自傷無狀，後以憂死，越年鄭亦卒。瑤姬婢燕燕，悉其事。既嫁，漸泄於人。予感茲異。賦詩十二章。並為之序。

仙人綽約雪肌膚，風露愁多讁藐姑。草長江南歸夢斷，橘逾淮北託根殊。雙龍彩鳳身垂翼，□割乘龍耳墮珠。向日芳馨猶未萎，粉郎須著婦人襦其一。

恒河照影舊時容，無計歸耕與賃春。抱質極知難自棄，卜居遄問去何從。臨川巾幗陪司馬，闕里衣冠厄祖龍。為祝郎君春鏡下，玉臺豔體儷芙蓉其二。

蟬鈿灰彌華妙即真，冰壺濯魄玉為神。名同桃葉吹笙伎，貌是蓮花入幕賓。就獵雉看陳寶化，投懷鳥喜竊脂馴。本來佛相非男女，舍利何妨變現身其三。

釵影橫斜玉一枝，珊珊人立恨來遲。掃眉才子香奩體，鎖骨觀音本事詩。譬彼幻師為幻女，得成佳婦即佳兒。定情肘後絲囊在，試與紅閨暗賭棋其四。

輕衣小袖便房中，蜂退新黃蝶戀紅。我覺魏徵偏嫵媚，誰言龐統半英雄。湯溫豆蔻歌沉水，香浥旃檀愛逆風。從此女床山下住，更無妖夢到桑沖其五。

自傷年命太郎當，錯怨桃花賺阮郎。出胯只供韓信辱，裸身終死禰衡狂。

可憐百尺胭脂井，不羨栖棲玳瑁梁。我竟吳中前處士，虛過占月犯星芒其六。

清郎名更喚清卿，姝豈空中五色成。西晉宦官憐任谷，北齊嬪御說彭城。心無分別花微笑，肘厭支離柳左生。曾是蜀王宮內侍，簾前歌者識東平其七。

獨憐歌苦貴知稀，白下重來舊夢非。偕隱婦羞蠶室號，旁觀里羨鹿車歸。二分明月本無賴，一點小星猶少微。妒煞登床庾開府，帳中人物寢興違其八。

阿男自拜夜郎侯，歲歲花時嬾下樓。居士香爐金鵲尾，侍兒羅襪玉鴉頭。清嚴几硯歸禪悟，黯澹風花當夢遊。示病維摩惟一榻，鬢絲情緒總離憂其九。

白雲淨土證華鬘，遺冢旁臨屋數間。地近玉鈎斜畔路，人疑石鏡蜀中山。春風酹酒花開落，勝日攜尊客往還。欲問劫灰無覓處。揚州十日燒仄痕殷其十。

染香詞管舊樓居，黃絹新題豔不如。一自姮娥還玉兔，竟隨學士火銀魚。名家舊輯《香奩集》，異代珍藏錦帶書。尚想清羸衛叔寶，璧人當日看羊車其十一。

斷綠零紅意惘然，吟懷全病小吳箋。忍將編目標人妖，難向撚髭說鬼仙。靖節閑情無是賦，佩蘭軼事拾遺篇。狂名作達知多少，至竟風流誤少年其十二。

《香港中興報》1934 年 10 月 6、7 日

【注釋】

[1] 龔芝麓，即龔鼎孳，詳見《附錄　蔡守與古人交流考》。

[2] 錢象叟，無考。

[3] 《梅村集》，清吳偉業撰。吳偉業，詳見《附錄　蔡守與古人交流考》。

[4] 菊存，即陶居仁，詳見《附錄　蔡守與古人交流考》。

[5] □，原文字空白，下同。

文衡山《繼峰圖》

室人月色閨友阮娛清藏文衡山《繼峰圖》小幅，精新可喜。紙本高一尺又三寸又七分，寬八寸又六分，題句小楷亦絕佳。錄下：

「張公為山僅百尺，倏忽平原湧蒼碧。層巒疊巘出天成，秀色嵐光奪真蹟。神奇大異愚公移，天巧還應屍靈擘。故應崴嵬聳旁覿 [1]，那復知公有真適。公言茲山吾世物，中歲失之嘗感戚。不獨流傳手澤存，淪落重為門戶惜。半夜風雷負壑舟，百年春雨平泉石。未能慨慷付亡弓，且喜閒行歸趙璧。奚知此理繫興衰，要是德源曾示斁。豈無厚積重於山，亦有清池湛深澤。知公在繼不在物，安肯區區為山役。嗚呼。人生萬事非絲力，一笑且付登山屐。

此詩徵明為麟峰先生作。今其子彥少,不忘先德,以繼峰自號。因為重書一過。而繫之以圖。壬子八月廿四日徵明識。」「衡山」朱文方印。

《香港中興報》1934 年 10 月 7 日

【注釋】

　[1] 覿 dí,一解作「顯示,顯現」。《國語‧周語中》,「武不可覿,文不可匿。覿武無烈,匿文不昭。」韋昭注,「覿,見也。匿,隱也。」

粉盒脂盉

粉盒脂盉,為瓷器中最穠豔名貴之品,惜世人多以作印泥合子。曩歲以重值得盒、盉各二事。與室人傾城、月色分用,洵鏡臺俊物。陳亮伯 [1] 瀏嗜名瓷,有「粉盒脂盉送生平」之句,所為粉盒脂盉歌亦豔絕可誦。

「粉盒歌　本朝有名窯,中外瓷學盛。浮梁土膏膩,堊澤實瑩潤。國初良工誰,金成字彤映。善畫古月軒,頗肖李思訓。其他數子者,恨不知名姓。邇來業衰落,薛暴古所病。景德美術家,今代不可更。世宗初御宇,粉彩莫與競。佳人製粉盒,圓形其端正。白雪之白美而豔,一星微塵揩之淨。南田子孫筆法傳,細草幽花絕閒靚。海棠月季雜野菊,穠李夭桃夾文杏。含苞吐蕊虞美人,蝴蝶翩翩飛不定。描金錯采工無倫,細入毫髮難□ [2] □。脫胎吹泃脆且輕,其薄如紙明如鏡。雍正年製篆體精,向日照之光彩迸。庚子以前得脂盉,浩劫不毀屬天幸。今此粉盒入我手,亦自依之以為命。神物無獨必有偶,不喜蘇季六國印。只笑鬚髯如戟張,淺哉老子婆娑興。孺人相對瀹苦茗,翾風房老人不進。蘆簾紙帳夢初醒,恨少東風吹綠鬢。」

「再題雍正粉盒　本近溫家玉鏡,朱兒豔粉費推排。蝶輪風致花輪貌,冰琢肌膚雪琢胎。總說配將脂盉好,何因借作印池來。還應捧入兜羅手,約素含情子細開。」

「又詠粉盒上畫蛺蝶　天工人巧絕無倫,細入毫芒看未真。誰遣青山收一髮,從來世界是微塵。棘端猴母今應見,牛目兒童倘可親。蝸國螟巢俱在眼,金光燦爛墨痕新。」

「脂盉歌　脂盉復脂盉,小如雞頭肉。玫瑰著新雨,容顏嬌人目。纖腰而豐趺,雪膚罩紫縠。略似馬蹄尊,一仰而一覆。梵聲訛多羅,來自西天竺。其薄乃如紙,其淨乃如沐。其高不及寸,攬之不盈匊。吹黲何其勻,鮮若桃花粥。細沙千萬杵,附附隱相蹴。大清雍正年,六字款可讀。字字天青色,迴環往而

-521-

復。小楷同蠅頭，瘦硬比山谷。美人舒春蔥，對此雙蛾蹙。輕拈一撚紅，屏氣斂以肅。吹噓恐飛去，雅步更瑟縮。人嘲怯膽讋，我笑繭栗牘。泰西有蜜□，薄荷釀方熟。嫩綠如玻璃，長瓶只獨漉。軟金遜其華，玉蓮增其馥。才傾便已釅，弗勞絲與竹。蒼然寂園叟，乃有此豔福。重為告曰：盃兮盃兮非酒杯，袍袴雛鬟滿椒屋。口脂宜有四時香，螺黛豈徒供五斛。鏡殿依微曉帳開，座中繡墊裝銀鹿。開奩勻臉不勝春，自倚歡場三萬六。何人與製石榴膏，淺醉佯啼花一簇。施來太赤迥生憐，黃金買賦媚幽獨。燕支山下陣雲低，閼氏宮裏年光速。渭流漲膩自昏朝，面藥承恩悲昔夙。碧鏤牙箭賜北門，丹痕點頰明貂服。如何流落到人間，野老江頭成小築。試譜新詞點絳脣，名流題詠連簽軸。樊素櫻桃最善歌，留仙片片將裙幅。憲廟於今幾百年，鈎斜青草堪長哭。貴主仙嬪總作塵，寒風蕭颯霜毛禿。」

《香港中興報》1934 年 10 月 7、8 日

【注釋】

　　[1] 陳亮伯，詳見《附錄　蔡守與古人交流考》。

　　[2] □，原文模糊莫辨，下同。

古銅鎏金粉盍

　　前廣東教育廳長黃晦聞 [1] 節二十年前曾示我一鎏金小銅器。形如觶而口斂，口有蓋。花紋甚精。高可二寸弱。器內有積粉，凝結不可脫。晦聞謂是古之粉盍。余甚豔之，但未悉何所據而云耳。因記粉奩脂盍，憶及並識於此。

《香港中興報》1934 年 10 月 8 日

【注釋】

　　[1] 黃晦聞，即黃節，詳見《附錄　蔡守與時人交遊考》。

江孝通詞扇

　　江逢辰，字孝通，號雨人，歸善人。早孤家貧劬學，事母至孝，從梁鼎芬 [1] 遊，學益進。工詩文詞，兼能篆刻繪事。光緒十五年舉人，十八年進士。吏部主事，以母老乞歸。母歿，哀毀卒，年僅三十。著有《密庵詩文集》《孤桐詞》《華鬘詞》，皆散佚罕見。日昨李千里 [2] 天馬示我一詞扇。乃為李漢珍 [3] 綺青，亦歸善書者，小楷甚工，並錄下：

「漢珍自題牡丹詞《風流子》二闋。

飛瓊神仙女。因遊戲,墜落到人間。記亭北乍窺,笑移歌扇,洛中重賦,曾拂吟箋。遣人怨,信風花廿四,弱水路三千。傾耳舊聲,小紅闌檻,斷腸新恨,深綠裙邊。　風流休相誤,尋春縱恨晚,紅紫依然。誰料看花人去,憔悴長安。想霧帳夢香,情深酒,檻霓裳調曲,人憶箏鈿。愁說豐臺舊事,明月年年。

紅樓落日晚。巫山路,化作彩雲飛。記匆隙遞香,玉臺妝龍,裙腰藏豔,金谷春時。如今有,夢隨蚨蝶去,人拾翠鈿歸。深院撚痕,只餘紅豆。曲闌詩句。雖寫烏絲。　相逢揚州夜。虹橋二十四。好景全非。休問魏姚黃紫,青鏡迷離,漸風冷繡幃,莫尋金帶,煙銷麝鼎,愁覓羅衣。多少洛陽幽恨,分付還伊。

《念奴嬌》二闋　露華濃淡,正曉妝初過,漢宮第一。收盡瑤臺傾國豔,付與才人仙筆。一笑千金,群芳獨佔,香國真無匹。相逢倚檻,斷腸猶有詞客。　還問舊日昭陽,畫堂春晝,追想皆堪憶。萬紫千紅人世有,惟有佳人難得。羅綺叢中,笙歌筵上,好景輕拋擲。如今扇底,夢中重賦春色。

開元盛日,記君王含笑,香萼初吐。亭北闌干佳麗地,早受東皇雨露。帶醉揮豪,選聲定曲,十樣蠻牋富。長安花滿,春風得意歸去。　誰想一枕游仙,五雲樓閣,空憶來時路。十二瓊樓天樣遠,美景良辰虛度。金粉年深,緋衣人老,白面何郎遲暮。圖將春恨,素縑更續新句。

密庵詞二闋,《念奴嬌‧牡丹與漢珍同賦》　輕紅一撚,愛繁葩斂日,香枝凝露。國色天然端正好,休被韶華潛誤。豔思嬌春,新妝妍夜,繡閣長消妒。星波迴蕩,萬花如海難去。　曾記鳳臘歸來,鸞屏寫出,腸斷巫山路。芍藥豐臺驚世眼,爭及洛中詞賦。錦片輕翻,檀心重抹,俊賞愁非故。墜歡真夢,醉中疑是看霧。

《前調‧芍藥與漢珍同賦》　揚州佳處,想東風著力,芳菲紅紫。二十四橋吹玉笛,三月光陰聲裡。金帶圍腰,錦裙垂手,幼少花年紀。豐臺穠豔,一枝依約曾記。　苦憶蠟淚彈紅,唾口化碧,葉滿相思字。相見天涯休恨遠,重到杜郎何似。密約防看,將離怕說,轉盼人千里。無端根 [4] 觸,舊愁蕩漾如水。

漢珍詞人正拍。癸巳春晚案孝通壬辰科進士,乃次年也。逢辰倚聲。」「雨人」

朱文小長方印。

《香港中興報》1934 年 10 月 9、10 日

【注釋】

　[1] 梁鼎芬，詳見《附錄　蔡守與古人交流考》。

　[2] 李千里，即李天馬，詳見《附錄　蔡守與時人交遊考》。

　[3] 李漢珍，無考。

　[4] 棖，一解作「觸動」。《抱朴子・疾謬》，「不棖人之所諱，不犯人之所惜。」

江孝通遺箚

　　千里 [1] 又藏孝通 [2] 與梁伯尹 [3] 志文手札一冊，有伯尹跋，並錄之：

　「伯尹足下。兩奉手教，未裁答牋，望勞音寡。歲淹日流，意念無寄，何以相慰。況復別後，時事百變。今日可惜，來日大難。類■ [4] 尼之身世，有杞人之殷憂。雖南北異趨，而悲憤一致。然其詳其略，亦願聞乎？十款要約，九州羞稱。而樞密大臣逼成畫諾。以海水之嘯，天變之說，熒惑聖聰。行其巨測，罔不知罪，反矜厥功。洋洋而嬉，咥咥而笑。若此之人，徒具面目，實無心肝。雖飾蟬麗貂，位百僚之上。已湯魂鑊魄，屍幽之下。神奸巨邪，盤結黨羽。內外交訌，下午相蒙，以此欺天。其誰欺乎，咄咄怪事。尤詫所聞，司農以山斗之重，負人倫之望。委蛇退食，坐失事機。忝師傅之職，無匡弼之能，亦已甚矣。乃者救房琯之失律，喜魏絳之和策，徒便私意，貽誤公家。論者謂其先則薰蕕異器，茲則汾澮合流。王巨君之色取行違，華子魚之身敗名裂。極其肺腑，莫掩道路。哀■末路之難。蓋相論定，不其諒歟。當夫妖星芒角，海水橫飛。關外無堅城之攖，幾甸有嚴團之守。白羽照川原，哀笳雜風雨。訛言四出，謠讖紛傳。一日數驚，三時不食。車馬塞途，則大官逃其家累。酒肉相泣，則禁兵別其妻孥。風雲慘淡，雨雪嚴苦。當此之時，天王有出狩之謀，小雅有變風之慮。是以主成事者，但保身家。務苟安者，罔恤鍾□ [5]。阻撓力戰，低首讐仇。既輸億萬之金繒，復棄膏腴之海土。藉威犬豕，恫嚇朝廷。震古所無，神人共憤。所難辭者，墮此凶詐。不早為所，譬如沉舟洪流，尚安閒而嘯□。築室■雨，不綢繆於牖戶，殆至於今。正如來告所云，玉斗拍碎，滄海變淚，庸有濟乎。臺灣孤懸海表，不受朝命。義聲噴薄，力拒跳樑。其撫土需才，電招能異。浙東魏子，曾應其求，事苟可成，■穀非細。中原之氣，不敢於四夷。一隅之強，可懾乎寰海。魏子借籌全局，莫先保臺。外連俄羅，內

結生番。接閩浙之糗糧，資甌粵之死口。激之以忠義，濟之以機謀。則進可以戰，退可以守。勝可以強，敗不為弱。射狂潮而能退，即是婆留之鄉；蹈東海而不歸，仍見仲連之節。二三儔侶，感其話言。於其行也，舉酒相屬。水深泥濁，發獨漉之悲歌；風蕭水寒，擊如意之高唱。乃行無多日，北臺既岈。撫臣東走，勒令西歸。而其蒼黃道途，飄零長劍，不知所措，良用悲歡。臺南守者，威名虎震。隻守撐柱，南洋接濟。廷旨嚴切，軍孤地危，時移勢迫。睢陽孤障，空霽雲之哭師；石勒未除，恐劉琨之先隕。至他日者，聞鼓聲而興思，望旌旗而啜泣，嗟亦何及，不其晚歟。僕來輦轂，遭此軍書。不能請尚方斬馬之劍，揮魯陽回日之戈。備列懷慗，食祿增媿。秋風歸矣，得盡所積。賤騰爵媵，葩流藻發。明月引路，同車載歸。華燈照筵，爭射隱語。九天珠玉，揮跌盪之詩豪；二豪蜾蠃，作淋漓之酒頌。豈謂爾日，致有此樂。由今思之，若嫚亭設宴，神人不來。洞庭張樂，妙音已住。羅浮東谷，山名白水。所交者鳥獸之跡，所美者雲嵐之容。僕將謝絕人事，剪茅此間。奉母偕隱，攜妻耕鋤，逃名滅聲，辭榮去辱，送其年齒，填此巖壑，如是而已。四方多難，風塵翳昏。必有英絕傑異，拔乎其間。驅戮鯨鯢，掃除蚇蟷。整混一之區宇，恢中興之大業。足下英才邁質，仁賢多能，交其俊豪，竭其心力，倚劍崆峒，掛弓扶桑，名成業隆，志遂身泰，凡此宏赫，是在吾子。伯尹足下，何時相見，南歸之時，定圖一晤。自茲以往，南山之南，北山之北，寄其遐邈，甘於寂寥。以子知我，聊表心跡。言盡於此，不知所云。逢辰頓首。」此劄十紙、乃清秘閣造，鈎晉磚「太歲乙未」牋也。

　　「昨夕與鐵三孝章暢談至曉，互得雞啼天亮之名。君所猜是實，可作隔山斷矣。今日大享用。同拉二君，無俟三請。伯尹同年，逢辰啟事。」「逢辰之印」白文方印。

　　「伯尹足下。五日趲渡，舟中悶坐。四晝夜始抵舍下。甚念足下不置，知足下之念予也。神桂一片，敬以相貽。味淡息希，宛若太羹元酒，惟巨眼神識，當必有別之耳。《文溪集》尚斠畢，畢即寄上，刻刻在心。昨以小妹夫遽卒，重以弟喪，哀存弔亡，筆硯寥落。與伯琴蒸二公所命，稍遲方寄也。行時匆促，几上大筆，假自侗若，忘親交付，望飭尊使檢送之。周社長來取堂扁否。有一名戳，俟補書之。幸道鄙意。伯尹考功同年。逢辰頓首。十三日。」「逢辰之印」白文方印。「□灣、彬卿、叔莊、芰舲諸君子。晤時希致道。」此札角花箋三紙。

「昨夕偶占得兩聯，陳聯終不佳，倦叟聯似尚可用，未審是否。錄出送呈大手筆，請即訂定。可否隨由尊處飭人代辦送去，何如。別又成得一篇文字，遲日呈教。聞齋課卷各館已閱畢，日間須並力乃可趕上。明日之約，恐不能如命。本甚欲見拔兄，請略遲之。《文溪集》深以為念，《柳集》大有地方，庋閣隨時可成。十六日午刻，定如約去唁諫垾也。草此致候考功同年足下。逢辰頓首。三月十二日。」此札兩紙，賤有「學不可以已，集北海書」雙鈎九字。

「臨行時寄有一札，並碑搨一包，曾察覽否。澳門悶住二日，渡船始到，復悶坐兩日夜始到書院。此後渡船結盂蘭會，遲十餘日始行。若此渡不來，悶困在澳，當更不知何似。人生有安樂，便有辛苦，辛苦中亦安樂，此之謂也。今日變法，力勸院中學子，《時務報》萬難不閱。今睇一分，希代函致。前時芰舲寄來，一番美意。今學子始省悟耳。院中數日生徒未集，苔痕鼠跡，寂坐無聊，覺感舊園之會，不可多得。將事敷衍成百韻詩一篇，寄伯尹、芰舲，並請星曹先生一覽，望均有以教之。芰舲贈聯，千萬勿忘。寄來詩太長，僅寫得一分，共覽之何如。有懷千萬，不盡所言。伯尹考功足下。逢辰頓首。七月三十日。諫垾《柳集》有印否。曾見梅伯否。鐵三信息何如。省中近事，覆函時望詳及。」此札四紙，箋有「自得」雙鈎二字。

「經史閣書能先寄來更好。否則先取其《聖武記》《先正事略》兩種，同報寄來亦可。雙門底全經閣，有新刻《龔定庵集》。白紙長頭，開價一元。請飭購一部。前數日整理書籍，指甲頓折，此指甲頗怪，似專為伯尹刻印而設，然深入甲縫，須稍養乃能奏刀耳。第二次刻賤，有印好否。略檢數種寄我，至盼至盼。逢又啟。」「江」朱文圓印。此札二紙，賤有「不息」雙鈎兩字，印黃色。案此則孝通並工篆刻，可補《嶺南畫徵略》也。

「伯遠足下。廿九日抵赤溪，其書院即鄰廳署。今修城同新兩局紳士居之。齋舍亦狹。三十日遷文昌宮，去年煥文亦館於此。去城二里，地至幽深。□制宏敞。其廊廡多列字號，即邦人所謂貢院也。初二日謁聖，弟子多樸願。讀書無門徑，亦無書籍。幸煥文去年披荊斬棘，獨闢蠶叢，先河之功，真不可沒。惠州相隨弟子，此數日間無人不病，僕從亦然。藥物不易購，行篋所攜均罄矣。幸寄數種，如諸葛行軍散、王家園疝氣丸、如意油之屬。又雙鈎賤式數紙，請飭剞劂。此間不特書無恏亦無，可發一嘆。然有一事最稱心者，應酬寡少，可以重理故業。此一段景光，真不易得耳。古微書寄上尊師石先生。煥文、梅伯、仲鷥諸同年，曾得見否。曾啟程否。深念念也。別有書單一恏，望給菁華閣交

涉。事多無窮，勞動真不安矣。敬候興居。弟逢啟。」此札四紙，乃赫蹏牋也。

「書來，喜甚勞甚。《資治通鑑》《杜佑通典》兩書，來時從菁華閣已定。餘書付經史閣，分辦如何。菁華閣如未裝訂，並歸經史閣則覆一律。是《通典》，非是《廣東通志》，當是誤筆。為伯遠作得數牋，安定辭一紙頗覺得意。必待伯遠索而始寄者，似更有趣。又『金玉自保』，節庵師語。先有一印。卓如□寶之矣。四牋可與伯遠共用，此文章通例也。又『靜遠』『鼎父』兩牋，九宮格皆惠州學子所欲得。所謂上有好者，下必甚焉。亦望併付手民，多印數百紙寄來。紙件尚未接到，當由渡船有誤。該渡亦云，遲即送上。不識致誤之由。遲渡寄銀五十元，轇轕紛□，不勝勞動。酒龍得子，可謂聞死得生。又聞君子之有子也，歡喜無量。伯遠考功。功逢辰頓首。二月二十日。」此札四幅，亦赫蹏牋。

「近事先有所聞。及得書報，哭了一夜，不食一日，即哭即不食，亦何益於國哉。持之急，實早憂之。不圖變之□也。守舊夙論不欲立會，正是此意。今日之事，無論何說。總須安安靜靜，極力展作，方克有濟。若徒囂然，或又茶然，將來正不知如何耳。雖欲哭亦無眼淚矣。同心之人，以為如何。逢啟上。」此札四幅，牋有「研幾」雙鉤兩字，印黃色，是札有胡退廬 [6] 題詩，小楷書於札尾。按退廬，江西人，光宣間為御史，有直聲。

「北望觚稜淚眼昏，海南無地託詩魂。思量國變兼家難，萬弩潮聲撼虎門。宣統二年臘月。伯尹考功屬題。胡思敬 [7]。」「退廬」白文長方印。

「師船亟行，不能多寫心事。晤兄時當共痛哭之，痛論之。之庵我兄足下。逢辰啟。」

「如■敬領。書印鈎本，並望發下。家藏碎金零石十餘種，手拓不精。具眼鑒之，有可收錄否。弟一器要九拜□，非臣下所敢議也。考功足下。制逢辰稽首。」此札一幅，乃即色角花牋。

「不孝逢辰稽顙。伯遠足下。不孝侍奉無狀，天降鞠凶，嬰此大故。深感伯遠與三四君子，哀矜之惠，遠相挽弔而厚賻之。高誼敦切，傳之無極。豈楮墨所能罄宣。西望泥首，不省措語。亦惟伯遠永永知我此心而已。披讀函唁，淚不能抑。幅淫字損，一覽一哀。嫂夫人窀穸安否，深以為念。書來經旬，恐有安仁之悼，乃果然耶。小人有母一印『感■園居』。君欲脫贈，時以樹郎為辭。豈意樹郎今日亦永為無母之人，不能用此印耶。嗟夫，一物之微，其機如此。今年元旦，不孝驟病幾死。翌日力疾補書春聯，至不成字。此則不祥之甚，

病已。旋又傷脖幾死。稠疊危厄，不自慎密。老親愛子，■疑隱憂。此皆致疾之由。今日追思，雖百慎密。悔恨終天，亦何可及耶。先母三歲失恃，幼復失怙。兄弟早喪，骨肉寡少。及歸先大夫育不孝，至於今。中更五十年，曾無一日之樂。妄意歸迎，侍養院館，如伯遠之擘畫。雖非白水之隱，庶遂板輿之情。乃不孝命薄遇窮，罪深戾重，殃及其母。嗚呼，即此一事，一思一慟也。蘦幽之詞，鐵三任之。今其以母病，急電遄歸。礱石虛縣，葬日嚴迫。不孝窮促無路，前日雖專函哀請屺老，未審矜允。或已歸香山，往返濡滯。深恐後期，故又稽顙哀籲伯遠，矜痛其幽憂，深憫其窮促，有以成之也。伯遠先有女弟之喪，今復有齊眉之戚。重期感愴之下，敦促制作。不無闊非於事情。然伯遠視不孝猶手足，故寧冒此不韙，望哀憐而許之。他日《南海志乘》，賢媛一傳，得大著尤足徵信。其為哀矜之惠，九原百世，寧有已耶。如有宣示，幸告舍親李弟劉甥。泣血哀叩，不知所云。不孝逢辰稽顙。」此札四帋，帋九行。

「江孝通，名逢辰。惠州歸善人。壬辰進士，官戶部。而志文己丑鄉榜同年也。少有高行，畢業廣雅。為節庵入室弟子。南皮張公知之最深。聘主湖北經心書院講席。丁母憂以毀卒。志文曾誌其墓。惠州太守沈傳義為立碑曰『孝子阡』云。與人交久敬不欺。於志文尤善。來省垣必至寒家，相礪不怠。詩學大蘇。嘗有句云『一自東坡到南海，天下不敢小惠州。』其意向如此。平居書札往還，不下百數十通。志文兩遷居，又赴京師，大半散佚。此舍弟由南中裒其僅存之作，郵寄京屬。檢閱叢殘，令人有當年之歎。而孝通之墓草宿矣。可勝痛哉。書中關涉鐵三任公，他日示之，當復欷歔流涕而不能已也。光緒戊申秋七月。南海梁志文記。」

案《石遺室師友詩錄》，梁鼎芬為性寬上人題《江生畫竹》，「一春密密一秋疏，真稱幽人寂寞居。鴛老雁慵天色暮，琅玕腹裡足愁餘。與可襟情近世無，愛將瀟灑夢西湖。洗肝亭下千枝綠，猶記論詩到日晡。」

又案張之洞《廣雅堂詩集·登凌霄閣》詩有「江山雪霽好畫本，可惜江生今南還」之句。注江孝通善畫。

又案何翽高 [8]《嶺南詩存》有《荷花詩》云，「葉葉花花媚綠春，渺渺微波思洛神。瑟瑟風裳水環珮。不肯明珠持與人。」又《梅花詩》云，「月下散髮一百梳，寒香沁心絲縷如。滿庭梅影不忍踏，復上匡床讀道書。」

《香港中興報》1934 年 10 月 10、12 至 16 日

【注釋】

[1] 千里，即李天馬，詳見《附錄　蔡守與時人交遊考》。

[2] 孝通，即江逢辰，詳見《附錄　蔡守與時人交遊考》。

[3] 梁伯尹，即梁志文，詳見《附錄　蔡守與時人交遊考》。

[4] ■，原文模糊莫辨，下同。

[5] □，原文空白，下同。

[6] 胡退處，詳見《附錄　蔡守與時人交遊考》。

[7] 胡思敬，詳見《附錄　蔡守與時人交遊考》。

[8] 何翽高，即何藻翔，詳見《附錄　蔡守與時人交遊考》。

廣彩瓷盌

嘉道間粵人以景德白瓷盌加彩，畫極精美，比來價直殊貴。孤圓山民有「海珠盌行」，因錄之：

「一船在碗裡，卅船在盌面。盌高二寸弱，泊船成一片。面徑可三寸，讀畫兩眼炫。底徑則半之，弧線非平線。層樓凡五座，朱欄最華絢。是曰十三行，開埠稱利便。趙趨靖遠門，二客禮相見。荳欄亦對峙，青袍立冷椽。或者負斗米，或者暑揮扇。或者撐傘行，或者搖櫓倦。又或倚舷歌，與婦話繾綣。船尾曬紅衫，不知紗與絹。二童守冷攤，一童論貴賤。更有三波斯，碧眼銳如電。畫中十五人，水陸經行遍。高柳只兩株，悽慘千金堰。　綠槐四五株，下有三座殿。海珠在城外，佛廟金頂現。老屋六七處，遙遙隔碧淀。桃杏數十叢，春色眾所羨。遠山高復低，陵谷屢遷變。我聞嘉道間，歐美率艦戰。藩籬一朝毀，口岸始海縣。芙蓉創別館，香氣出深院。悲哉罌粟花，流毒滿禹甸。館中置茗盌，藻繪煩筆硯。尺幅寫千里，美術誇雋彥。頗參界畫法，深淺悅睊眄。樹既小於薺，人似蟻盤旋。憔僥詎為細，眩人實自眩。所歟大旗五，站站風際顫。異國各雄長，蹈舞若雷抃。而獨無龍旗，海上飛匹練。夕陽紅一角，輕若受風燕。琳宮蠹旌竿，道場方追薦。亦恐旗無龍，感歎淚若霰。老夫得此盌，畫意喜菳蒨。甲曰此廣窯，絕技洋彩擅。乙曰景德窯，陽江難中選。我意重洋彩，筆法有錘鍊。霏微淡巴菰，非我之所眷。我性本善罵，滑稽嗤曼倩。山膏唇易焦，苦茗忿吞嚥。不如酌香醪，狹坐雜釵釧。雛鬟理箏琶，嬌鶯亦目囀。一醉驅萬愁，浮名安足戀。」

《香港中興報》1934 年 10 月 16 日

黃季度畫荷花扇子

南海黃季度[1]紹憲，光緒十七年舉人。工詩，有《在山草堂燼餘稿》。善寫荷花。梁節庵[2]鼎芬題其《墨荷花》云，「體開汴人尹白，筆妙墨院於清言。風流逮南海，絕藝欲到渠。一花亞一葉，韻潔而枝疏。何以芳華手，緬彼沉默居。我憶豐稷詩，當暑搖風如。怡微靜者寤，此意子可書。」

日昨有人示以季度寫荷扇子，有旃存[3]少年題詩。錄下：

「荷葉荷花開滿塘，塘西三十六鴛鴦。縞衣倩女遺珠珮，紫府仙人墜錦璫。吸露深宵清澈骨，搖風獨立暗聞香。已歸白社心清淨，不許容華比六郎。

世界偶然留色相，生涯畢竟託清波。明璫翠羽人何許，銀漢紅牆夢似過。殘月照來裳珮冷，曉風墮後粉痕多。城南詩客頻相問，其奈朱華易老何。

季度為節庵畫荷花，題詩其上，綿麗而幽思，沈秀獨絕。余諷而歎之，乞季度為余畫一箑。因仿季度體得二律，題所畫荷上，亦題於季度自畫荷花扇上，並徵節庵諸子盉作，為季度荷花結一重香火緣焉。丁亥夏四月。延香館主祖詒[3]。

右卅八年前寫詩。城郭人民，是耶非耶。感舊懷人，睹此悽愴。而偶留色相，畢託清波。珮冷粉留，遺珠墜錦。銀漢紅牆，曉風殘月，幾成詩讖。後之覽者，應有感也。甲子立春天遊化人[3]題於安慶舟次。延香館為吾西樵山北。銀塘鄉少時讀書處。今已毀矣。」

《香港中興報》1934年10月17日

【注釋】

[1] 黃季度，即黃紹憲，詳見《附錄　蔡守與時人交遊考》。

[2] 梁節菴，即梁鼎芬，詳見《附錄　蔡守與時人交遊考》。

[3] 旃存、祖詒、天遊化人，均為康有為別號。詳見《附錄　蔡守與時人交遊考》。

《嶽雲聞笛圖》卷

《嶽雲聞笛圖》。汪鷗客[1]洛年寫，紙本高九寸又半寸，長二尺八寸。圖前有「顧印愚[2]小景」。先錄諸名流題像詩於後：

「巖電蒼髯奕有神，詩亡驚見嚮時人。忍攜雙玉書龕酒，來拂千金隗市塵。往事託孤艱辟地，曰歸將母奈長貧。聲名不共形骸化，私謚誰知絳與蕤。癸丑臘會日。節庵[3]自梁格莊還滬，持示印伯道兄遺像題詩。予亦有作，並題寄

還阿康津門。時距印伯京師殍 [4] 日六閱月矣。思之泫然。程頌萬子大 [5] 記。」「十髮翁」朱文方印。

「昨宵通夢寐，今日見鬚眉。貌為思親瘦，詩因歎世悲。閒山春散久，滄海我來遲。幸有門生在，編鈔共兩兒。癸丑九月十四日。過京師隆安寺，展所持兄長殯宮。翌日其門人程康 [6]，敬以遺像屬題。悲成此詩。十九日記於梁格莊。梁鼎芬書。」「藏山」白文方印。

「深盃健啖麵團團，往日文潛本肉山。我亦所親驚老瘦，去年見汝苦辛還。題所持故人遺像。陳衍 [7]。」「石遺」朱文方印。

「酒盃磊落平生意，詩夢蒼茫五十秋。雙玉龕前問香火，幾人拂席涕橫流。印伯先生遺像。羅惇曧 [8]。」「癭公」朱文方印。

「草堂春檥峽門船，詩夢沉沉久化煙。識我偏於年少日，死君恨不國亡前。千金骨竟埋燕駿，萬里魂應化蜀鵑。且幸閑安設虛室，有人淚滿薊門天。易順鼎 [9]。」「哭庵」白文長方印。

「對此鬚眉淚已流，何須羊子過西州。楓青月黑傷心別，鳥瘦郊寒與目謀。千古交情生死見，一篇歌哭鬼神愁。不知飯顆山頭客，清夜魂歸感愴不平。塞向翁遺像。甲寅五月，沈福田 [10] 書。」「福田之印」白文有邊方印。

「獨夜荒寒百感侵，況瞻遺像復沾襟。鬚眉爽朗思親日，吟醉疏狂慨世心。除是夢中能一見，懸知別後又如今。斯人不作吾安仰，鈔纂殘篇歲□ [11] 深。先師塞向老人以癸丑六月八日歸道山。康翌日入都，竟不及見。痛成挽詩二十四首，附刻遺詩之後。嘉平既望。門人寧鄉程康謹題。」「穆庵」朱文長方印。

「《嶽雲聞笛圖序》。昔向秀道經山陽，聞鄰人之笛。悲生愴懷，因成《思舊賦》。予讀其詞，未嘗不淒然傷懷。蓋其於日薄虞淵寒冰淒然之時，又觸麥秀殷墟黍離周郊之景，情已不能自已。而黃壚人遠，渺若山河，憂從中來，適與笛會，宜其詞不必連篇累牘，而沁人心脾，不忍卒讀也。程子穆庵雋秀之士而深於情者也。癸丑秋杪，追悼其師顧公印伯於嶽雲別業。時則暮雨蕭瑟，涼生衣袂。寒泉秋菊，懷其惱人，何來笛聲，更如怨慕。向生當日之情之景，古今乃爾相若耶。汪君鷗客，雅善繪事，程子因屬為《聞笛圖》以志其哀。予嘗怪夫凡人之心，苟有所鬱結煩冤，繚繞而不能自舒者，一有所感觸，遂如流水之赴於中壑，燥薪之燃於烈火，有不知其然而然者，至聲音之感尤為深。操雍門子之琴，孟嘗君乃淚涔涔而承睫；彈桓野之箏，謝太傅亦潸然出涕。人之情自情，而聲音自聲音。乃竟相感有如此者。程子與顧公，誼雖師弟，而飲食教

誨，疾痛痾養，相關之切，顧公視之猶子，程子視之猶父。與巫醫樂工之師徒，授其業而去者殊也。與望門投拜，思通聲氣而來者殊也。予聞鄂北兵起，顧公居圍城中，程子單舸赴之，其時飛彈如蝗，旁有貫腦而倒者，程子急於師難，曾不返顧。今夏顧公臥病京邸，程子聞之，又復間關奔赴。至則顧公已先一日逝，程子肝腸崩裂，以不及見其彌留為恨。抆淚穗帷間，檢弄其遺詩遺墨，今《嶽雲追悼》所陳者是也。輓近之世，人心風俗日益儇薄，師友之間，能以道義相終始者不可多得。每有一貴一賤，一死一生，交情交態，因時轉移，不計人之議其後。即有如翟公榜門，孝標著論者，亦視之為風簫過耳，漠然無動於中。吾願觀是圖者，勿徒作向生思舊觀，將舉為砭愚訂頑可也。田於寒山詩社，曾隨顧公拈豪索句，回憶酒綠燈紅時，顧公掀髯論詩，憑几而聽，恍如文冒之奏絲竹，聲猶在耳。又感程子之篤於師友，故展覽此圖，不能無一言。癸丑冬日，番禺沈福田序。」「沈硯農氏」白文方印。

「疏鐘百八聲，鄰笛兩三弄。燕樹碧無情，嶽雲寒不動。招要白社朋，抒寫黃壚慟。尺波隙駟悲，斗酒隻雞供。中有雙玉龕印伯，早並浣花鞚。禽向期五岳，羊求稱二仲。君因美蜀才，余亦慕□頌。離合逾卅年，死生真一夢。楊叟復傷麟味春，朱生還歡鳳芷青。龍蛇辰巳逢，貍豹庚寅從。靈山會已同，彌勒龕宜共。天隨配范張，小海迎胥種。寒泉水仙菊，彩絲湘纍粽。羹嵌表奠鬹，詩誄代賻贈。汪侯雙玉友，寫圖風義重。程郎雙玉徒，臨祭中腸痛。秋入酒痕深，淚滴墨華凍。吾聞弟招師，出自景與宋。懷沙悲申徒，築室效子貢。況能寶副墨，何減得雒誦。幼婦猜楊脩，小兒勝蕭統。暝色俄蒼茫，佳期仍倥傯。西日墜如繩，南窪合其縫。嘶馬四五匹，歸鴉萬千眾。來思淮山留，去似易水送。王孫兮不歸，巫陽焉復用。蔡邕像重看，向秀賦可諷。為程康題《嶽雲聞笛圖》，追悼顧印伯，兼悼楊、朱兩君，即題印伯遺像。哭庵易順鼎。」「實甫」白文長方印。

「《嶽雲聞笛圖》為穆庵題並引。穆庵詩人屬題《嶽雲聞笛圖》，圖為顧所持、楊味春、朱芷青三君作者。芷青請業於余，味春亦同詩社，所持則二十年故人，同客武昌十年，又穆庵師也。故重有悲於所持，因題此詩，『並逝陳徐與應劉，風流鄴下古今愁。才人落魄江湖暮，弟子招魂天地秋。上表通天寧有路，索琴顧景久無儔謂叔喬。黃公壚畔悽回首，十載南冠共楚囚。』石遺陳衍。」「石遺」朱文方印。

「高樓何處笛聲起，聲聲飛入愁人耳。阿誰承睫淚灣灣，知是節翁舊桃

李。顧翁筆冢與詩瓢，名流傾倒非一朝。法書妙得鍾王秘，詩派能承李杜祧。家原夔府聽笛客，泛泛紅蓮王儉幕。吹笛曾歌見紫裘，落梅時詠登黃鶴。石巢程子得賢師，一見相歡恨遇遲。洞簫赤壁遊同地，漆簡青臺授比兒。傳經何異馬南郡，絲竹後堂曾許近。撥阮賢名屬阿咸，吹簫故里同荊員君楚人，為十髮先生猶子。坐風立雪記頻年，別來滄海變桑田。笳鼓喧喧愁動地，烽煙處處欲迷天。參差吹罷懷彼美，曾走琴臺謁吟兒。忽驚入海失子春，又聽吹篪如老婢。白傅聞琶亦感傷，何堪死別熱中腸。才傷薪木遭全毀，況遇人琴歎並亡。沈郎蕉萃腰已瘦，頓觸子期賦思舊。雍門琴韻有同悲，燕市築聲難復覯。此時嶽雲皆故人，聞此龍吟各愴神。柯亭截竹人何在，玉關怨柳詩如新。調苦應難李□廮，是日西風寒獵獵。畫師詞客盡銷魂，古木幽篁驚墮葉。悽咽何人忍再聽，汪君鷗客善丹青。蕭疏為點倪迂筆，響胖如通顧況靈。少許勝人善塗抹，傳觀幸得居賓末。一幅生綃董巨圖，數行妙墨蘇黃跋。我為題圖感不禁，翁今控鶴已難尋。九天珠玉隨風唾，化作笙簫雲裡音。硯農沈福田。」「硯農」朱文長方印。

「山陽愁聽笛聲哀，大壑移舟去不回。入室只餘遺像在，披圖枉說故人來。空教小阮鈔殘稿，曾許元方有雋才予與印伯無緣一面。惟壬子歲時以詩札往還，蓋神交也。白馬素車同一哭，惟將魯酒酹泉臺。《嶽雲聞笛圖》為穆庵侄題。訥叟[12]。」「程」朱文方印。

「□七郎以印伯手寫遺詩乞題，悲成長歌，書於此卷。『所持所寫詩，吾藏過百幅。惟此圍城中，辛亥冬舂錄。鎖印寄一簍，奉母不敢哭。噫焉往出之，僅書以兒屬辛亥君署武昌通判，九月余遣阿康以□濟會船迎君武昌兵中，君還書以次子楚寶見屬。再為蚩駏依，論詩曷繼燭。人間幾韓孟，喪亂得迫逐。客臘送君行，京關□能縮。予亦浮海居，念若□塊獨。何虞明哲殲，遽返人天籙。於生固不諒，存死誠為酷。君才如蘇梅，騷雅導原玉。皎如星含□，□如泉出谷。爛如青□葩，恣如霜掣鵠。甚怡貴博通，其辭竸豐縟。其變薈唐宋，其律合溪局玉溪、玉局，因號雙玉龕。□義老漸摩，選理故精熟。文焰日以長，壽命期以促。遭時欻變革，凡百胥窮蹙。天命故不爾，民物交相鬻。如子豈獲罪，罪亦以詩贖。阿康覬入室，二子同□錄。傳固君所必，刻匭工能速。昨傳鄂曾書，知葬洪山麓。塞問何所向，蜀士不還蜀。三長物何存，八口餔以粥。惟君文行貞，千古一遐矚。霜淒風裂帷，墨暗塵棲簏。痛哭陳君詩，哽噎不能讀。十髮翁。」「程頌萬印」白文方印，「子大」朱文方印。

「穆庵寄示顧所持遺詩，悼以此作。

蜀士騷雅宗，結交計偕輜。翰墨照輦下，兩絕書與詩。詩參曹洞禪，書倣玉局姿。貌顏接溫溫，制行無瑕疵。霑醉仍囁嚅，吐□中然疑。蹭蹬王城內，善鍵藏和隨。曳履十年間，俱滯江漢湄。玩月菱湖臺，把酒洪山祠。延下乃園楊甲午冬先公官湖北按察使，君嘗留居署後乃園兩月，日繞百本梅。聯吟病霜霰，夜兒撥死灰。世故促聚散，夢魂各尊罍。子終縛一官，捧檄全鳥私。為政不輟學，藻思逾紛披。挾策以亡羊，甘博長吏嗤。運極煽巨變，城隍殷鼓鼙。奉母久閉門，忍視血如糜。亂定賦北征，乞食支饑羸。吞聲過苑囿，感舊瞻罘罳。窮愁攬忠憤，陰陽食其脂。戢棺目不瞑，寢膳誰扶持。萬里望兒辰，倚閭獲忘疲。巫陽肯下視，哀氣纏風雷。隔歲忝初度，辱制縑幅遺。孰謂稱心詠，留作永訣辭。九州眩播蕩，黨輩今安之。楊吳久歇絕，喬宋方流離。及門仗阿康謂楊叔喬、吳季清、喬茂萱、宋芸子皆蜀人。阿康為吾友寧鄉程子大猶子，求稿寶鼎彝。躍紙蔚鸞鳳，引豪蟠蛟螭。平生結習在，聊待後世知。昏燈勘海屋，淚落魏衍癡。伯嚴陳三立 [13]。」「散原」朱文長方印。

「題所持楹帖並書於此　元賓字幾個，東野淚千行孟弔李元賓遺字，零落三四字，忽成千萬年。退筆久成冢，遺詩光滿廊。憑他酬蹭蹬，對此念芬芳。棲鳳書還在君客鍾山時以『看作棲鳳宅』句為聯寫贈，今藏之家，予情永不忘。節庵梁鼎芬。」「天睨生」朱文長方印。

「門生持絕筆，逝矣莫能追。世亂仍安酒君署室曰『安酒意齋』，書名末掩詩。病存遺一諾去年省翁病榻，曾許病瘥作書，骨立敬孤兒。無復圖修禊癸丑萬生園修禊，翁與焉，今年上巳墓宿草矣，魂悽向水湄。瘦公羅惇曧。」「孝通長壽」朱文方印。

「巴船同上計偕車，頭白燕臺歲月賒丙戌春與君同舟下峽，赴禮部試，唱和甚多。籍甚謫星歸李白，強於甘露殉王涯。晚年遇竟悲孤竹，故國魂應戀浣花君家近浣花溪。蒍記幸貽諸弟子，不將香火負龍華。哭庵易順鼎。」「易順鼎印」白文方印。

「數年長我鬢華白印伯長余三歲，一世作書衫袖烏。鬼唱秋墳詩愛鮑，婆呼春夢扇憐蘇。魂招天寶傷心史，腳認元和斂手徒。賴有門生寶遺墨，淚痕如墨共模糊。順鼎又書。」「哭庵」白文有邊長方印。

「一日不見傷離群，此別萬古號秋旻。長康未肯輸三絕，阿買猶知學八分。篋底硬黃和淚檢，尊前遺墨照愁醺。蒐題賴汝存師法，秘鑰山陰定許聞。十髮翁又書。」「程子大」朱文方印。

「（缺文）遺恨，羈魂應逐白雲飛。約庵李孺 [14]。」「約庵」白文有邊長方印。

《香港中興報》1934 年 10 月 17 至 23 日

【注釋】

[1] 汪鷗客，詳見《附錄　蔡守與時人交遊考》。

[2] 顧印愚，詳見《附錄　蔡守與時人交遊考》。

[3] 節庵，即梁鼎芬，詳見《附錄　蔡守與時人交遊考》。

[4] 殏，同「卒」。《說文》，「殏，大夫死曰□。從歺，卒聲。」《玉篇·歹部》，「殏，死也。」今無此字。

[5] 程頌萬，詳見《附錄　蔡守與時人交遊考》。

[6] 程康，詳見《附錄　蔡守與時人交遊考》。

[7] 陳衍，詳見《附錄　蔡守與時人交遊考》。

[8] 羅惇曧，詳見《附錄　蔡守與時人交遊考》。

[9] 易順鼎，詳見《附錄　蔡守與時人交遊考》。

[10] 沈福田，詳見《附錄　蔡守與時人交遊考》。

[11] □，原文空白，下同。

[12] 訥叟，即王珂，詳見《附錄　蔡守與時人交遊考》。

[13] 陳三立，詳見《附錄　蔡守與時人交遊考》。

[14] 李孺，詳見《附錄　蔡守與時人交遊考》。

潘壺拓本

蘭泉 [1] 拓其世守潘壺全形。鄧爾疋 [2] 為補寫荔子數枚，並題二詩。「名園遺跡荔支灣，絳色羅襦夢海山。舊館仙家剩文采，叢書千卷在人間其一。　陽羨茗壺傳統茶，紫泥精品敵哥窯。供春失考時大彬 [3]（缺文）。」

《香港中興報》1934 年 10 月 23 日

【注釋】

[1] 蘭泉，即潘蘭泉，詳見《附錄　蔡守與時人交遊考》。

[2] 鄧爾疋，詳見《附錄　蔡守與時人交遊考》。

[3] 時大彬，詳見《附錄　蔡守與古人交流考》。

吳竹盧 [1] 茗壺

滇南趙石禪 [2] 尚書藩昔在蜀中嘗得陳曼生 [3] 紫砂壺。銘曰,「青山箇箇伸頭看,看我庵中喫苦茶。」邑子陸岊公 [4] 藏硃泥方壺,底亦鑴此二語。署款「公之坦」,鋬下有「瓦山」二字橢圓小印。考嘉興吳履,字竹盧,號公之坦,又有「瓦山野老、苦茶和尚」之號,工詩畫,嘗書其五律鋟版。名苦茶僧二十五首詩。曾賓谷燠 [5] 贈詩「百味如嚼蠟,但以茶療飢。枯腸日灌溉,清氣融肝脾。有時出芒角,寫畫兼賦詩」。其嗜茗飲,亦可想矣。主曲阜孔谷園繼涑 [6] 家最久。晚年歸里,曳朱履,好衣服,每出遊,攜豔妾以行,眾目駭怪。君放誕自若,固振奇之士也。又與胥燕亭 [7]、唐陶山 [8]、蔣藕舲 [9]、郭厚庵 [10]、汪浣雲 [11] 友善。錢叔美 [12] 跋其山水冊云,「竹盧山水,妙絕一世。是冊尤得元人冷趣,悠然絕俗,非時史所能夢見。其中『秦淮圖』及『宋人詩意』兩葉,使南田見之,亦當斂手。」傾倒如此,其傳器寧勿令人把玩不忍釋手乎。

《香港中興報》1934 年 10 月 24 日

【注釋】

[1] 吳竹盧,即吳履,詳見《附錄　蔡守與古人交流考》。

[2] 趙石禪,即趙藩,詳見《附錄　蔡守與時人交遊考》。

[3] 陳曼生,即陳鴻壽,見前。

[4] 陸岊公,詳見《附錄　蔡守與時人交遊考》。

[5] 曾賓谷,即曾燠,詳見《附錄　蔡守與古人交流考》。

[6] 孔谷園,即孔繼涑,詳見《附錄　蔡守與古人交流考》。

[7] 胥燕亭,詳見《附錄　蔡守與古人交流考》。

[8] 唐陶山,即唐仲冕,詳見《附錄　蔡守與古人交流考》。

[9] 蔣藕舲,無考。

[10] 郭厚庵,詳見《附錄　蔡守與古人交流考》。

[11] 汪浣雲,即汪梅鼎,詳見《附錄　蔡守與古人交流考》。

[12] 錢叔美,詳見《附錄　蔡守與古人交流考》。

《千山詩集》

余生平最喜剩人和尚 [1] 詩。昔年得白紙長頭尾初印本之《千山詩集》,室人傾城 [2] 為摹其像於卷首,趙石禪 [3] 尚書為題之。

「蔡張傾城夫人白描臘人和上遺像　一滴曹源向北湍，順流容易逆流難。神龍破浪無尋處，留得威獰紙上寒。天然和尚 [4] 原題。己未小暑，石禪老人補書。」「北垞」朱文葫蘆印。

「臘人和上，博羅韓文恪 [5] 公之長子，諸生，負才名。一旦出家，赴南都請藏經。會明亡，為詩弔殉國公。被邏論死，赦□ [6] 盛京。緇素皈依，七坐大剎。死葬千山。遼潘所稱為祖心大師者也。石禪記。」「趙潘印信」白文方印。右題於像之後頁。

「發來一個臘人，死去一具臭骨。本意付渾河，還他赤骨律。卻是門人不了事，入龕建塔煩紀述。世壽四十九，遺書二十一。多生忠孝心，歷劫揸撐力。戰萬魔，拼百死。共說遼東可大師，誰知嶺外韓公子。國亡家破哭向天，西來大意原如此。不動旗婦勸，不避大僧訶。不翻貝葉數穗子，以詩為命狂吟哦。因詩得禍禍得詩，臣舌猶在臣心癡。心之所苦默自知，不道冰雪木石禽蟲神鬼猶知之。風吹鈴鳴，塔不經意。長耳振一鬣，霜雪在背。神動天隨，可以類例。吁嗟乎，敗龜門下死牢囚。所未斫者猶吾頭，捧洗腳水刷馬桶。中有浩浩曹溪流，流趨鴨綠江通海。微妙空明騰異彩，有欲參之一編在。己未夏六月，從寒瓊道兄假觀祖心大師《千山詩集》，為長歌書其後。即質寒瓊、傾城賢儷正之。滇南石禪老人趙藩。」「趙藩」白文方印，「樾邦」朱文方印。

「南鳥飛飛北網羅，尚餘絕塞一頭陀。冰山雪窖無生死，弔鶴冤禽與唔歌。陽蕨盡時天地老，冬青吟處鬼神訶。侯陳何事紛紛甚，不及傷時涕淚多。寒瓊社督屬題《千山詩集》，吳江楊天驥 [7]。」「楊千里」朱文方印，「繭廬」朱文方印。

「白門風雨泣秋煙，淒絕南都乙丙年。底死不應旗婦勸，錯將文字認狂禪。萬劫難灰忠孝心，冰天雪窖有高吟。涓涓一滴曹溪水，派演遼陽直到今。哲夫社督來遊滬瀆，行篋有《千山詩集》，假觀匝月，題此應命，兼志因緣。屯艮傅熊湘 [8]。」「屯艮小璽」朱文方印，「同覺掌記」朱文方印，「梅花社」朱文橢圓印。

「祝髮空門二十年，莫憑綺語拜詩禪。一腔忠憤如潮汐，血淚瀾翻紙上濺。一滴曹溪派演長，白山黑水莽蒼蒼。涅槃三百年猶未，見說橫流海又桑。辛酉秋重遊五羊，哲夫社長屬題《千山詩集》。醴陵劉澤湘今希 [9]。」「今希」朱文長圓印。

《香港中興報》1934 年 10 月 24、25 日

【注釋】

　[1] 剩人和尚，詳見《附錄　蔡守與古人交流考》。

　[2] 傾城，即張傾城，詳見《附錄　蔡守與時人交遊考》。

　[3] 趙石禪，即趙藩，詳見《附錄　蔡守與時人交遊考》。

　[4] 天然和尚，詳見《附錄　蔡守與古人交流考》。

　[5] 韓文恪，即韓日纘，詳見《附錄　蔡守與古人交流考》。

　[6] □，原文空白。

　[7] 楊天驥，詳見《附錄　蔡守與時人交遊考》。

　[8] 傅熊湘，詳見《附錄　蔡守與時人交遊考》。

　[9] 劉澤湘，詳見《附錄　蔡守與時人交遊考》。

廣州寓書兩印

　　曩歲嘗屬鄧爾雅 [1] 篆刻「廣州書」三字朱文方印，印款云「讀流沙隊 [2] 簡牘遺文，知漢魏人尺牘，必先署發書地名。哲夫社長因取唐妓劉采春羅嗊曲「廣州書」三字，屬刻寓書之印。乙卯二月爾疋。」室人傾子 [3] 以膡人和尚 [4] 接鄉書詩云，「片紙來天外，封題自廣州。開函不敢讀，一字一生愁。」又自刻「封題自廣州」五字白文圓印，作寓書鈐火漆之印，亦漢魏人意也。

《香港中興報》1934 年 10 月 25 日

【注釋】

　[1] 鄧爾雅，詳見《附錄　蔡守與時人交遊考》。

　[2] 隊，墜落。後作「墜」。《左傳・莊公八年》，「公懼，隊於車，傷足，喪屨。」楊伯峻注，「隊，同墜。」

　[3] 傾子，張傾城，詳見《附錄　蔡守與時人交遊考》。

　[4] 膡人和尚，即剩人和尚，詳見《附錄　蔡守與古人交流考》。

北魏《韓遠墓誌》

　　《韓遠墓誌》，戊辰冬長沙出土。庚午閏六月初二日，長沙共匪之役，毀於兵燹。拓本無多，至可寶貴。詳志於左：

　　誌凡四甎。高八寸又半寸，寬八寸又二分。每甎六行，行六字，有棋格，每字約一寸又二分。甎背有花紋，第一第二雷文，第三第四泉文及卍字文。

　　「大魏故韓文安公墓誌　君諱遠，字念頑。烏程淵雀村人。韓起龍太守之

孫也。公少敏慧第一甎，以文名傳播鄉里中而情古傲，終身不試。公生於延和
三年甲戌五月七日未時，卒於承明第二甎元年丙辰九月十六日申時壽終。享春
秋四十有二。子少玫、少瑛同視入櫬。存於西山古福寺第三甎。今謹諏於太和
四年庚申二月九日巳時葬於獅子嶺之南。子少玫等，恐墳塋失散，刊誌以記第
四甎。」第一二兩磚完好，第三四磚已斷。民國十七年冬，在長沙南門天心閣
附近城基出土。初由馬路工程處掘得，棄置木廠中，無注意者。李蔣竹 [1]、
任戀沈 [2]、張平子 [3] 訪得，遂商於市政府籌備處處長易希亮 [4]，移入湖南
圖書館。

　　李蔣竹跋云，「案誌之簡略，證以地理歷史，有可疑二點。一、韓係烏程
人。烏程在浙江，何以遠葬長沙，文中未言其故。二、延和係北魏太武帝年號，
承明、太和，均北魏孝文帝年號，正當南朝宋、齊之交。長沙與北魏領土相距
甚遠，而太和四年，即齊高祖建元二年，其時齊勢方張，南北戰爭正烈，韓既
北魏官裔，何以遠葬長沙。如係僑居於此，既已終身不試，何以尊用魏朔。文
中亦難推知其故。此須俟博雅君子詳加考究者也。至字跡有人審鑒，謂確出北
魏，決非贗品。文中所云西山古福寺，西山即嶽麓山，古人有稱嶽麓為西山者
見《五代史·馬殷傳》。古福寺不知□ [5] 否為麓山寺，抑另有一寺。獅子嶺，據
《善化縣志》在縣東南，山脈由歇馬嶺分右□沙，至此而止。大約距天心閣不
遠。此於地理無可疑者。又韓起龍、韓遠，《魏書》及《南北史》均無可考，
當非顯赫之人。文安公諡號，不知何來。亦殊可研究。」

　　張平子跋云，「天心閣發現北魏韓文安公墓誌。余於南社雅集日，曾偕李
洞庭等數人往該處參觀，亦曾見之。當時曾有建議，以謂宜於閣旁作碑亭以貯
之。未嘗疑其有偽。據蔣竹考證，以烏程人不宜遠葬長沙。則僑居客籍，事亦
當有。以韓終身不仕，不應尊用魏朔。則誌中明言為起龍太守之孫，起龍當官
於魏，從祖志而嚮魏，古人亦有先例。且地理明確，文字古樸。使前人有欲偽
造，決不至假一無名之人以冀欺世。蔣竹泥古之說，予未敢從同也。」

　　傅熊湘 [6] 案，「李君考證之古福寺。似係另是一寺，不必泥定為麓山寺
也。文安公疑是私諡。私諡始於柳下惠，後世亦多有之。特誌文簡略，未詳作
諡之由，斯為憾耳。意以其敏慧能文，故諡曰『文』。以其終身不試，故諡曰
『安』歟。遠蓋以祖仕北魏，不欲己仕南朝。故雖居齊，仍奉魏朔，從祖志也。
抑其南歸於湘而不於浙，殆有不得已於中者歟。不然，何詞之隱也。至其字跡，
在北魏諸石中，雖未必如何精美，然以結體之樸厚，用筆之方重言之，去古未

遠，要不失當時風格。信非唐以來手筆。惜磚質不任刻，而刻手亦未必精。與石刻固當別論也。蔣竹考證甚詳，平子之辯，與余意同。故錄其說於此，以遺同好，異日或將更有發明也。又湘中古刻甚少，岣嶁禹石，其真偽不可知。僅存者惟耒陽之谷朗，為三國時物。後此，則唐代麓山片石耳。若六朝人書，在湖南出土者，蓋未之見。此誌之刻，當公元四百八十年，距今已一千四百四十九年。物以稀而可珍。豈曰道在瓦甓。存之圖書館，當與來者共護惜之。民國十八年四月。傅熊湘記。」

屯艮寄贈此拓本，余即裝成冊子。並馳書索拓甎背花紋而同裱之，次年誌毀後，屯艮為篆冊耑，而題之如左，「此甎志於去年在長沙天心閣下城基出土。余以之庪藏圖書館時屯艮為館長也。當時同人頗有考證，曾別紙書之。特有可補者，城工劉隊長云此甎發見在離平地五丈許，上有墳三四重，先後之跡，宛然可辨，此其在事親見者。近湘中有妄人刻集，於此志詆為偽造，以志中『謹諏』二字，為近人俗語，不應出於北魏人之口。不知此本民間權厝私志，且可證『謹諏』二字自北魏時已有之。『謘事』為『諏』又豈造志者並造經義，此二事皆前語所未及者。去年閏六月，長沙之變。紅匪赤毛等逆，自平瀏薄城。省軍退走，旬日之間，各公廨焚毀殆盡。而此甎志，亦遂與圖書館藏珍籍十餘萬冊，及博物館所藏金石古物之屬，俱成灰燼。湘中文物，蕩然以盡，痛哉。計是磚入土一千四百九十九年，洎出土乃未一年而滅。神物顯晦，固有不可知歟。是磚拓出無多，社友順德蔡侯寒瓊，深通金石之學，曾以一本奉寄。寒瓊復囑並拓磚背花紋以膠，固久乃應命，則僅拓一分耳。然則是拓今後已成絕世，益足寶貴已。寒瓊遠函索題，為志其略如此。回思浩劫，涕淚橫襟矣。庚午秋日，潯陽病中，更生傅熊湘記。」「傅」六角朱文印，「更生」宋文有格方印。

更生乃屯艮庚午閏六月脫險後之字，其印即月色刻贈者。屯艮為此跋後不久即歸道山。今宵錄此，不禁有人琴俱亡之感也。

《香港中興報》1934 年 10 月 26 至 28 日

【注釋】

[1] 李蔣竹，即李澄宇，詳見《附錄　蔡守與時人交遊考》。

[2] 任懋沈，無考。

[3] 張平子，無考。

[4] 易希亮，無考。

[5] □，原文模糊莫辨，下同。

[6] 傅熊湘，詳見《附錄　蔡守與時人交遊考》。

宋瓷兩硯

前年殘冬，大刀山出土兩宋瓷硯，余以重值得之。兩硯皆圓形，大小相若。一有蓋如印泥合子，但蓋平面。蓋內無釉而平可蘸筆，其底微坳可研硃。一無蓋，企身，高二分，底平。無釉可研石黃。兩硯皆月白龍泉窯色。余以紫檀製底蓋，無蓋之硯在下。而紫檀蓋面平而微凹，可置有蓋之硯於上。余越園紹宋 [1] 以草書題曰，「牟軒夫婦斠勘金石丹黃兩研。壬申歲莫，廣州大刀山出土。癸酉孟春。越園題。」「寒柯」朱文小方印，刻於座底。王西神蘊章 [2] 銘曰，「山上刀環圓復圓，觀之鵒之斑復斑。割紫雲，篆丹文。蘆簾紙閣寫簪花，誰其琢者蔡少霞。王西神茗。」以篆書題之。刻於紫檀蓋面。疊置精嚴，洵可愛也。

《香港中興報》1934 年 10 月 28 日

【注釋】

[1] 余越園，即余紹宋，詳見《附錄　蔡守與時人交遊考》。

[2] 王西神，即王蘊章，詳見《附錄　蔡守與時人交遊考》。

石黃

昔袁寒雲 [1] 贈余石黃一匣。硃漆描金雲龍。匣面隸書「儀府珍賞」四字。計四條，圓條長二寸強，通身描金雲龍。一面「儀府珍賞」楷書四字，填石青色。一面「鏤月開雲」篆書四字，填石綠色。下有橢圓印，文「可素氏」三字。頂有楷書「堯千氏」三字。製作極精。研以書墨拓上，色媲乳金。洵□ [2] 碑點書之精品也。

《香港中興報》1934 年 10 月 29 日

【注釋】

[1] 袁寒雲，即袁克文，詳見《附錄　蔡守與時人交遊考》。

[2] □，原文模糊莫辨。

明程明茂青花瓷硃硯

　　明青花瓷硃硯，圓形有池，邊青花，色最明朗，底欵「程明茂」三字直書。余重遊薊門，得於海王村延清堂。漆匣亦明代物，惜程明茂未可考耳。

《香港中興報》1934 年 10 月 29 日

佛郎器

　　寂園 [1] 叟《佛郎嵌 [2] 篇》，「佛朗善製機，礮久入中國。而其所製瓷，銅質罩堊澤。時賢之所賤，棄不足惜□ [3]。語其精妙者，今亦豈易得。歐製近益衰，彼族且歎息。憶昔庚子前，曾得五盤格。用以作承槃，珍同和氏璧。花鳥最細緻，美術入畫筆。戲語孺人曰，此宜進容德。以託成化琖，填帽仍側□。一朝黃巾來，飛灰沈浩劫。萬花誇客瓶，瓶肩纏紫袱。袱製別凸起，豔如燕支色。畫意不幽秀，但誇富麗極。我意所不取，要自有其說。平生頗嗜古，網羅其殘失。所所僅五器，節衣復縮食。二器較尋常，無足掛齒頰。一為齋戒牌，一為印泥合。或填古錦文，或作餺飥式。齋戒實舊典，掌故資考核。印泥合繪工，牡丹雜蝴蝶。三器至精妙，一一儘陳列。曠代之所無，間世乃一出。小合長且方，所畫甚秘密。合外姐妹花，王后盛妝飾。其內有二神，誕幻殊叵測。小者自緣 [4] 神，兒臂生兩翼。赤身牽紫幔，飛起絕有力。大者美婦人，裸體坐碧褥。是為戀愛神，其細鑒毛髮。國防置不論，利械罔講習。所鶩在淫巧，考工曠天職。乾瓶矮類盂，三寸皤厥腹。巨朵紅藍茄，寶光時發越。康窯御製碗，嬌豔直如一。楷款堆青料，貴重罕與匹。雖曰鬼國嵌，一世尚無敵。大盤徑尺五，圍徑逾三尺。中央畫一鶴，銜籌向海屋。四圍圓若規，萬花紛攢簇。是真花世界，黃地錦一幅。花裡廣二指，夔紋周而復。灩灩胭脂水，妖嬈動人目。濃青回邊□，亦自勝綺縠。大清乾隆年，新製未手觸。製者翳 [5] 何人，姓名無記錄。大篆蟠龍蛇，勁氣達必直。小於帝者璽，款字數以六。一字徑一寸，六字朗可讀。字字胭脂紅，恢奇邁凡俗。盤背花八朵，各挾一紅蝠。亦是黃錦地，團繞葉盡綠。生世何繁華，死後惟白骨。此盤二百年，榮謝類轉轂。流落野人家，光彩媚幽矚。寶茲三奇器，可以賤珠玉。龍門例合傳，瓶史倘可續。斯世不我用，我亦樂其樂。考古兼述文，何必親天祿。」

　　又題《佛郎嵌盤畫海殿歌》，「造化小兒至不仁，丈夫生世多苦辛。四海大矣難容身，武陵何地堪避秦。長松千尺龍蛻鱗，一株偃蹇一欠伸。海波渾渾逨涯津，蹩躠石壁方微皴。石壁矗立廣殿新，朱欄畫棟麗絕倫。頗疑午夜朝仙

直，或跨白鳳驂赤麟。湘娥洛妃眉黛顰，桐君桂父蜿虹紳。金在指頭何憂貧，長生不死千萬春。朝罷而退不逡巡，殿中空洞虛無人。窺窗但見玉几陳，几上青瓶希世珍。三莖奇草光玢璘，非花枝也非箭筍。其插瓶者為何因，海水齧石仍齗齗。節泪有聲醋益振平葉，浪花如山堆若銀。修廊曲折通高宸，屧響不聞落絮辰。電火恐化青塞燐，緣坡小草綠比茵。野花開落連宵晨，碧雲無際風起蘋。白衣上天胡輪囷，青天一抹卵色勻。下接海水茫無垠，海天萬里絕纖塵。橫空一鶴翅若輪，一飛何止百由旬 [6]。如雁銜，性頗馴，三籌四籌來往頻。十籌歲與喬松鄰，桑田東海所見親。神州大火厝於薪，狃於鎮南始因循。鄭灣平地俄沉淪，悲哉六子及五臣。三輔擾擾黃其巾，彎弓墮地倏上賓。枯筰■ [7] 乃馭紅騏■，一橋道使瑣瑣姻。百魚鄭公驕且嗔，蒼蠅薨薨皆胡蠅。賢路彌■荊棘榛，曼息之遇雀平甄。昵近過於岐薛申，所謂其亂在精神。希夷傲世逃深蓁，久矣亦作驪之民。驪之民兮以酸呻，束□往往與死瀕。安能幽仄容垂綸，剎那泡影鳥踆踆。當時捧出勞花嬪，只今哀誄鐫貞瑉。山丘華屋瞬一眴，焉知周孔與孟荀。何論韓盧與郭魏，成缸聲價齊柴鈞。君且近婦而飲醇，爛醉不惜世路屯。江干暮雨肥鱸蓴，乍可青溪蕩小■。中流簫鼓巧笑瀕，悲歌激楚櫻動脣。福門長年惟刁遵，蜉蝣枉自議大椿。切莫彳丁寂寞濱，憂愁幽思如靈均。」

讀寂園叟此二歌。則佛郎器之瓌奇偉麗亦可想而得知。余曩歲在上海桃源坊何九娘月秋家亦愛而近路一號唐三小姊之流，見其妝臺側鉅鏡俗稱穿衣鏡下，有硃漆樹頭矮几上一佛郎花盆，長方形，高可三寸，橫一尺有奇，寬四寸許，四面畫秘戲圖四幅，精細絕倫。栽海外來女見歡二株，一含苞，一已吐花。余笑謂月秋曰，「此花固可愛。其蕾太不文耳。」月秋羞而他顧，其情態至今猶在目也。

余於夏口時亦得佛郎小花盆一事，圓形，藍錦地開窗，寫西廂故事，亦絕華麗。以邑子何覺夫貽之鳳竹栽之，亦如用五彩瓷瓶插松柏之意。插牡丹、玫瑰穠豔之花，則用古陶瓶。如此方雅俗調和，濃淡相稱也。

《香港中興報》1934 年 10 月 29、30 日

【注釋】

[1] 寂園，詳見《附錄　蔡守與時人交遊考》。

[2] 佛郎嵌，即琺瑯。明曹昭《新增格古要論·古窯器論·大食窯》，「以銅作身，

藥燒成五色花者，與佛郎嵌相似。」即景泰藍工藝品。「佛朗善製機」，明代泛
稱葡萄牙、西班牙人為佛郎機人，故稱其所製火炮為「佛郎機炮」。

[3] □，此句似脫一字，下同。

[4] 繇，通「由」。《漢書・律曆志上》，「準繩連體，衡權合德，百工繇焉，以定法
式。」顏師古注，「繇讀與由同。」

[5] 翳，可解作「遮蔽；隱藏；隱沒」。《楚辭・離騷》，「百神翳其備降兮，九疑繽
兮，九疑繽其並迎。」王逸注，「翳，蔽也。」

[6] 由旬，宋靈芝元照《阿彌陀經靈芝疏》：「由旬，西竺驛亭之量。經律所出，遠
近不定。諸家多取四十里為準。」百度百科考為「一由旬相當於一隻公牛走一
天的距離，大約七英里，即 11.2 公里」。

[7] ■，原文字模糊莫辨，下同。

《十六金符齋印存》

吳愙齋大澂 [1]《十六金符齋印存》有兩版本，余昔年所藏，與黃賓虹 [2]、
易惲南田 [3] 畫《紫藤游魚立軸》者，乃廿六冊，一葉一印，前有篆書「十六
金符齋印存」七字書耑，書口亦有篆書「十六金符齋印存」七字。後有自題一
詩，「蓄印十六年，積累至二千。古璽得□ [4] 寶，文字秦燔先。漢魏官私印，
金玉皆精堅。同紐各從製，年代不細編。印茲二十部，裒集豈偶然。誰其任此
役，穆父黃 [5] 與伯圜尹 [6]。光緒戊子秋七月，吳大澂自題。」「愙齋」朱文
方印。

今見夢園 [7] 所藏者乃十二冊，有篆書「十六金符齋印存」七字赫蹏簽，
其版乃印綠色瓦當，而鈐印於其中。瓦當即「千秋萬世長樂未央昌」九字瓦。
下有隸書題「漢九字瓦」，前人著錄所無，「萬」字「長」字與它瓦皆異。「子
琴鈎沏」，「子琴」朱文方印。然以愙齋藏瓦拓本校之，乃符翁 [8] 縮臨，而非
鈎沏也。

《香港中興報》1934 年 10 月 31 日

【注釋】

[1] 吳愙齋，即吳大澂，詳見《附錄　蔡守與古人交流考》。

[2] 黃賓虹，詳見《附錄　蔡守與時人交遊考》。

[3] 惲南田，即惲壽平，詳見《附錄　蔡守與古人交流考》。

[4] □，原文字模糊莫辨。

[5] 穆父，即黃士陵，詳見《附錄　蔡守與時人交遊考》。

[6] 伯圜尹，詳見《附錄　蔡守與時人交遊考》。

[7] 夢園，詳見《附錄　蔡守與時人交遊考》。

[8] 符翁，詳見《附錄　蔡守與古人交流考》。

「長生無極」瓦當硯

曾傳軺 [1] 得長生無極瓦當，前人已琢為硯，硯旁刻竹三竿，竹間新月以為池。其「長」字篆文與他瓦特異，為《唐多令》四闋寵之：

「其一古瓦出咸陽。長長無極當。遍驪山，頹敗宮牆。李氏長安圖志在，纔著錄，肇收藏元李好文 [2]《長安圖志》始著錄『長生無』瓦當。　文字貴吉作平祥。長生又未央。比年來，發見他方。莫說關中無此瓦，便傅會，是阿房前人謂『長生無極』瓦當為阿房宮瓦，比年各地發見甚夥，乃吉祥語耳。

其二百十范同時。無如長字奇。篆靈文，窈窕多姿。趙晉宋葆淳陳介祺高鴻裁多異品，那似此，筆欹垂。　清絕竹三枝。娟娟半月池。千百年，古澤如脂。銅雀香姜都莫比，初入手，寵新詞。

其三古月妙新裁。詞人得硯材。賦阿房，能說秦灰。位置精嚴欣共賞，墨西捧，抵瓊瑰。　抬瓦上朝臺曾傳軺有《南越朝臺考》。越華新館開蔡子民 [3] 院長元培，榜曾傳軺書齋曰『越華吟館』。好磨治，恰與相陪。斜拂琅玕籠月影，填小令，有清才傳軺工小令。

其四之子忒多情張光蕙 [4] 亦贈我『長生無極』瓦當硯。團圓好篆盟。願它生，厮守卿卿。非我佳人誰曉得，待吉語，祝長生。　銅雀鎖娉婷。鴛鴦畫不成。長相思，減字偷聲。拼拓墨花十萬本，槃中字，署心瓊。」

《香港中興報》1934 年 10 月 31 日

【注釋】

[1] 曾傳軺，詳見《附錄　蔡守與時人交遊考》。

[2] 李好文，詳見《附錄　蔡守與古人交流考》。

[3] 蔡子民，即蔡元培，詳見《附錄　蔡守與時人交遊考》。

[4] 張光蕙，詳見《附錄　蔡守與時人交遊考》。

以反切與隱語為銘

余嘗製紫檀如意，銘曰，「七蓋書九，人有十口。前牛無角，後牛有口

走。」十七字人多不解。實係「蔡守甲午造」五字之反切與隱語耳。「七蓋書九」為「蔡守」二字之反切。「人有十口」乃「甲」字。「前牛無角」乃「午」字。「後牛有口走」乃「造」字。借用唐隱語鏡文也。鄧爾雅 [1] 嘗為余刻「河干渠營」一印。乃「寒瓊」二字之反切。以反切為姓氏隱語印，明末人多有此例。

《香港中興報》1934 年 11 月 1 日

【注釋】

[1] 鄧爾雅，詳見《附錄　蔡守與時人交遊考》。

宋石灣窯瓦琴

清故宮有宋瓷琴，讀郭氏《故宮辦琴記》，知實係吾粵石灣窯之瓦器也，是琴洵足為粵窯光，亟錄其記與高宗御製詩，畀都人士知石灣竟有此瑰奇偉麗之物。

范陽郭世五葆昌 [1]《故宮辦琴記》曰，「往余讀清高宗御製集，有題宋瓷琴詩，異之，以不得見為憾。歲之五月，故宮博物院延余為專門委員。到院之日，與鄞縣馬叔平衡 [2]、美國福開森同遊景陽宮，乃始見所謂宋瓷琴者，景陽宮今院中陳列古瓷之所也。木櫃周建，飾以玻璃，宋元明各色之瓷，粲然羅列。琴在中霤，檀几承之。御製詩鑴於額端，其前為髹漆琴匣，亦刻御題於上。群臣梁詩正 [3]、蔣溥 [4] 以下和者七人，古趣盎然，真奇物也。馬君曰『是器為內殿藏瓷逸品，御製詩詠歎至深。獨未詳何窯所出，是不可不亟為考辦。吾友徽州鄭穎孫 [5]，善鼓琴，慕此琴已久，宜使見之，試一彈焉，』乃定出組之期而別。至日入院，與馬君、福君及北平齊樹平念衡 [6] 重蒞景陽宮。甫至，德清俞星樞同奎 [7] 及英國大維德新自歐洲東來，考察瓷學者適來。福君奮臂抱琴起，俾眾觀之，其為器也，象製中程，修短合度。胎骨畢露，其質粗砂，徽十有三，並罩泑皆白色，維軫與足，悉以白玉為之。龍池之中有銘曰『維沙陶瓦，制從鴻蒙。鳶飛魚躍，為歌南風。』前述其制，後言其用也。鳳沼之內，則題『修身理性』四字，蓋用琴操序語。字作秦篆，深雕而罩以薄泑。其色月白，極晶瑩澈之致。意者泑本周身，或以不盡平勻，或以滑不宜指。初於琴面礲治，寖淫遂及全體。觀於臨岳之下，餘泑微存，自是明證。審其製作，沙質而瓷泑。以指扣之，聲如瓦缶。在宋惟廣窯製器如此，他窯則否。閒嘗歷覽前代官私圖籍，於陶瓷之器，其辨未嚴。故督瓷之官，

說瓷之作，概蒙陶名。品目鑒別，遂易淆亂。究之陶始古初，厥後精進為瓷。其別在骨而不在泑。陶骨為土，土之用隨在可資。瓷骨則採石製泥而成，產地有定。以資辨之，二者迥異。

至於廣窯沙胎，是又別出於陶瓷之外者。考廣窯之設，始於南宋。在粵之陽江。以其地不毓 [8] 瓷質而特產粗砂，故製器即用作胎骨，泑色悉仿鈞窯。俗因名之曰沙鈞。昔人未嘗細審，往往稱之為瓷。御製詩於是琴，目為宋瓷。蓋沿舊稱，弗深考耳。於是鄭君張弦命操，眾屏息以聽。乃搏拊再四，不能成聲。余曰，『噫。此豈大音希聲者耶，殆亦靖節無弦之儔。烏睹御製詩所謂元音澹泊乎。使其質為瓷，如唐之越甌、邢甌、若大邑盌者，自應有韻。安見不能調諧音律，而扣如哀玉也哉。然考其埏埴之難，工作之巧。當時燒造，千百中未必一二能佳。說宋南至今數百年，僅存此器。而又完好若是，不可謂非曠代之瓌寶矣。』馬君曰，『是琴也。宜以修身理性名之。』余曰『善』。乃定名為宋廣窯修身理性琴。而請馬君為之記。馬君還以見屬余。曰『諾』。既歸而述之。

清高宗御製宋瓷琴詩『齦齶恢恢太古器，形模不假雷霄製。易漆以陶豈無為，我於重華窺其義。諫者十人爭小事，不如渭汭初所試。焦尾斷紋渾可棄，五弦七絃惟汝置。元音澹泊從茲嗣，譬如徐羨面之粹，說以內養無火氣。』」

《香港中興報》1934 年 11 月 2 日

【注釋】

[1] 郭世五，即郭葆昌，詳見《附錄　蔡守與時人交遊考》。

[2] 馬叔平，即馬衡，詳見《附錄　蔡守與時人交遊考》。

[3] 梁詩正，詳見《附錄　蔡守與古人交流考》。

[4] 蔣溥，詳見《附錄　蔡守與古人交流考》。

[5] 鄭穎孫，無考。

[6] 齊樹平，即齊念衡，詳見《附錄　蔡守與時人交遊考》。

[7] 俞星樞，即俞同奎，詳見《附錄　蔡守與時人交遊考》。

[8] 毓，一解作「孕育；產生」。《國語·晉語四》，「黷則生怨，怨亂毓災，災毓滅姓。」韋昭注，「毓，生也」

宋瓷枕

昔皆以瓷枕為殉葬之具，故北方妄人謂瓷枕為尸枕。十年前，直隸鉅鹿出

土瓷枕數事，有題「崇寧二年新婿」六字，其為館甥之器。又有題「程三」與「程小」者，其為程氏父子寢具，可證前人謂為尸枕之謬。

天津博物館有鉅鹿宋瓷枕，一似槃形，而上斂以受頂，下侈以承項。上有鈍■ [1] 翹起，略如剖開之半桃實式，面與邊一面皆有汕，惟向肩之邊與底無汕。面長一尺又五分，寬九寸又三分。平置時，其鈍角之邊高六寸又三分，向肩之邊高二寸又三分。面寬而底斂，底長四寸又七分，寬四寸又三分。面有畫。鉅鹿發見此枕時，有平置者，有豎者。可見當時此枕，用則平置，不用則豎置之習慣。故其文字圖案，皆依上下列敘也。底有墨題字「崇寧二年新婿」六字。又一具形式同，底有墨字「程三」兩大字，旁又有「程小」兩小字。

又嫠 [2] 書枕。形式亦與前同。面有「長命枕」三大字，乃於枕胚成後，用竹籤嫠劃之。字體遒健古拙，非今人所能為。又殘枕片一，亦嫠書。而筆意之優美足見，亦可寶也。

又一枕形式尺寸皆同前。面有「清淨道生」四大字，乃嫠書而填汕者。製法雖不傳，然就此枕審之，可略得其梗概。其法，蓋於胚成後，施以白粉。再施黑色。然後嫠劃種種文字花紋。將空處復行鏟去，以白粉填之。然後施汕入窯。因其製法甚為繁複。故古玩商■重視之。

又二枕作長方形，而折四角，略似刻角印方樣，亦上寬而下斂，故枕面長九寸又三分，而底長只八寸又六分強，枕面寬六寸又六分，而底長只五寸又八分，面欹向前，故後之邊高三寸又四分，而前之邊高只二寸又六分。以汕作書畫，不加■劃，清宮所藏宋定窯枕亦多此式。甲寅夏寒雲 [3] 為介清格格愛新覺羅氏雨孃，知余生平喜枕瓷枕。把似舒窯枕一，形式尺寸亦若是，面以黑汕寫一小兒赤體僅衣錦繡，手執荷葉逐一鴨。用筆古拙，確是宋人手筆。底有楷書長方印。印文曰「張大家枕」四字，下有蓮花一朵在子母邊之內。底有一小孔可入水，水滿用火漆封之，炎暑枕之，益覺清涼可喜。底又有墨寫「興□ [4] 枕興」四字，墨色雖脫，墨痕宛在也。清高宗所題瓷枕詩並錄如左清高宗御製詠瓷詩錄一巨冊。郭■齋精刊。定價三十大元。南方罕見之書也：

白瓷枕

枕石不如流，漱流不如石。瓷枕堅且潔，堪贈如茲客。既質玉之質，復白雪之白。磨涅不磷緇，拂拭多光澤。恍挹神仙人，精神盎內積。豈伴窈窕女，粉黛汙顏色。可薦床之東，亦宜牖之北。張氏榴應羞，錢家石豈特。虛堂夏午

閒，松濤泛幽席。竭此夢羲皇，古風如可即。

瓷枕

瓷枕通靈氣，全勝玟與珊。眠雲渾不覺，夢蝶更應安。僧榻雨花亂，客衾霜月寒。盧生如識此，豈復歎邯鄲。

詠宋瓷枕

埏氏初凝土，陶人為鑿坯。千年火氣盡，一晌黑甜來。金玉徒奢製，松榴遜樸材。誰云礙穩寐，籍可至蓬萊。

又

修內當時秘，千年製樸淳。通身辭火氣，徹體蘊精神。木以陽城重，玉非荊國珍。不須更鼓響，防值碎椎人。

詠柴窯枕

遵生稱未見《遵生八箋》[5]，述柴窯雖有青如天，明如鏡之目，然其自稱則云未之見也，安臥此何來。大輅椎輪溯，青天明鏡開。薦床猶蟹爪，籍席是龍材。古望興遲想，宵衣得好陪。堅貞成秘賞，苦竊漫嫌猜。越器龜蒙詠，方斯倍久哉。

詠哥窯枕

瓷枕出何代，哥哥類董窯。金絲鋪荇藻，鐵足節菰葭。文並栟榴重，珍非翡翠饒。贈宜漆園吏，夢蝶恣逍遙。

詠柴窯枕

色如海玟瑎，青異八箋遺。土性承足在《遵生八箋》云，曹明仲則 [6] 曰，柴窯足多黃土，銅非箍口為舊瓷多有以銅箍口，此獨無。千年火氣隱，一片水光披。末若永宣巧，龍艘落蟲斯。

定窯瓷枕

八角定瓷枕，面平中則虛。一陶樸初就，七寶侈何如。妥貼宵眠穩，清涼古色舒。治猶遜虞夏，敢曰夢華胥。

又

瓷中定州猶椎輪，丹青弗籍傅色紛。懿茲芳枕質樸淳，蛤粉為汹鋪以勻。鉛氣火氣淨且淪，粹然古貌如道人。通靈一穴堪眠雲，信能忘憂能怡神。至人無夢方宜陳，小哉邯鄲漫云云。

再詠定窯瓷枕

哇哇如有聲，曲盡小兒情。人並匍匐異，覆荷妥□□。冶成邵局幾百年，火色盡泯秘色全。是誰佳兒崢嶸然。曲肱跽股伏臥便，背披荷葉垂朵蓮。枕之而樂曾執焉，晝寢有戒宣尼言。丙夜亦豈每晏眠，於余此在應棄捐。籍因望古置座邊，武丁遙企能夢賢。

詠定窯睡孩兒枕

北定北精陶，曲肱代枕高。錦繃圍處妥，繡榻臥還牢。彼此同一夢，蝶莊且自豪。警眠常送響《吳越備史》[7] 載，武肅王錢鏐 [8] 在軍未嘗睡，每用圓木作枕，熟睡則欹。名曰警枕。而陳武帝嘗敕雞人，投銅錢階石之上，令鎗然有聲，以警宵眠，此枕動搖則內有聲，或亦警枕之類歟，底用擲簽勞。

詠定窯瓷枕

頭角崢嶸嶷，曲肱樂意真。已贏珊作枕，堪與錦為茵。■若無火氣，睟然見古神。如因成吉夢，良弼定何人。

詠定窯娃娃枕

荷葉荷花緊貼身，崢嶸頭角嶷精神。夢羲皇者將誰待，開眼看他熟寐人。

又

爭不棗梨鬧，嬉辭保傅嚴。錦繃曲肱臥，玉筍舉頭瞻。巧製傳白定，晏眠資黑甜。緊予夙興者，卻置只吟拈。

又

定州陶穴精，總角已崢嶸。閱古無火氣，葆光有玉英。伏猶曲四體，醒自瞪去聲雙睛。憐爾供人寐，己恆寐不成。

詠汝窯瓷枕

汝州建春窯，珍學柴周式。柴已不可得，汝尚逢一二。是枕猶北宋，其形肖如意。色具君子德，睟而盎於背。髻嶅雖不無，穆然以古貴。今瓷設如茲，腳貨在所棄瓷有驚文斑點者，謂之腳貨，語雖俗而切貼。貴古而賤今，人情率若是叶。然斯亦有說，魯論示其義。大德不逾閑，小德可出入叶。色潤瑪瑙■，象泯煙火氣。通靈旁孔透，怡神平底置。我自宵衣人，幾曾此安寐。

詠柴窯如意瓷枕

過雨天青色，八箋早注明。睡醒總如意，流石漫相評。晏起吾原戒，華祛

此最清。陶人具深喻，厝火積薪成。

詠定窯娃娃枕

荷花荷葉貼腰髓，跪股曲肱睡正酣。作枕卻供他人寐，前三三即後三三。

《香港中興報》1934 年 11 月 2、3、4 日

【注釋】

[1] ■，原文模糊莫辨，下同。

[2] 嫠 lí，無作「刻」字解，誤。有作「隸」字解，無考。

[3] 寒雲，即袁克文，詳見《附錄　蔡守與時人交遊考》。

[4] □，原文空白。

[5] 《遵生八箋》，明高濂撰，共 19 卷，清修妙論箋 2 卷，四時調攝箋 4 卷，起居安樂箋 2 卷，延年卻病箋 2 卷，飲饌服食箋 3 卷，燕閒清賞箋 3 卷，靈秘丹藥箋 2 卷，塵外通舉箋 1 卷。

[6] 曹明仲，即曹昭，詳見《附錄　蔡守與古人交流考》。

[7] 《吳越備史》，是記載錢鏐以下累世事蹟的書，包括《年號世系圖》《諸王子弟官爵封諡表》《十三州圖》《十三州考》，今唯存《十三州考》一篇，其圖表俱佚。

[8] 錢鏐，詳見《附錄　蔡守與古人交流考》。

繆頌砂壺

香港漢文中學李校長鳳坡景康 [1]，號「百壺居士」曾得一砂壺。底有「石林中人」一印，甚精湛。似乾嘉間名器。室人月色撰《壺雅》疑是李蔣石林 [2] 傳器，顧未有確證也。日前武進朱夫人玉蘭寄示月色《繆頌寫梅》題云，「嘉慶甲子九年春海外歸來，與曾園六如 [3] 同遊張公洞。以葛子厚 [4] 為製之茗壺，試玉女泉，茶燕樂甚。畫似六如陳子，用志勝事。石林中人繆頌 [5] 並識。」據此乃確知為繆氏傳器，而非蔣氏物也。案《墨林今話》「繆頌，長洲人，編修文子先生曾孫。工詩善山水，為王二癡 [6] 弟子，名噪都中。嘉慶壬戌七年隨星使往琉球歸故題畫有『海外歸來』之語，詩益放縱，畫益超脫，王椒畦 [7] 極推許之。又聞山塘顧氏歌樓有石林畫梅甚佳」云云。百壺居士又有「陳六如壺」「子厚之壺」，均未考得。據此畫題，並知陳六如為石林之友，子厚姓葛氏，乃乾嘉間製壺名手。石林六如之壺，皆其手作，所謂問一得三，欣快無量。

《香港中興報》1934 年 11 月 5 日

【注釋】

　[1] 鳳坡，即李景康，詳見《附錄　蔡守與時人交遊考》。

　[2] 李蔣，即李石林，無考。

　[3] 曾園，即曾六如，無考。

　[4] 葛子厚，詳見《附錄　蔡守與古人交流考》。

　[5] 繆頌，詳見《附錄　蔡守與古人交流考》。

　[6] 王二癡，即王玖，詳見《附錄　蔡守與古人交流考》。

　[7] 王椒畦，即王學浩，詳見《附錄　蔡守與古人交流考》。

唐孝女茗壺

　　武進朱夫人玉蘭知室人月色有《玉臺壺史》之輯，寄示唐孝女茗壺景本。紫砂小壺，底有「道華奉貽，素霞永用」小楷八字，作率更體精絕。

　　考錫山唐孝女素，號素霞，鈎染花卉，得北宋人法，嘗寫百花圖卷，當代名公題詠，不下百家，可稱鉅觀。孝女早歲失恃，兄弟繼之，矢志不嫁，垂簾鬻畫，養父終身。乾隆中旌其廬，年七十餘卒，海內歌詠孝女事者甚夥。昭文席夫人道華三絕為最。詩云，「白華朱萼畫鮮明，換取鱸魚手作羹。家在慧山山下住，慧泉應改孝泉名其一。　風木銜悲泣鏡臺，白頭孺慕尚嬰孩。北宮之女今無恙，親拜宮中詔問來其二。　欲寄生綃乞作圖，備余閨閣細臨摹。圖中不綴閒花鳥，只寫貞松與孝烏其三。」

　　昭文席佩蘭，字道華，孫子瀟原湘 [1] 室，工詩，有《長真閣集》。又能畫蘭。錢松壺 [2] 為畫《隱湖偕隱圖》，筆墨幽異，乃生平最愜意之作也。是壺有兩名媛之手澤，益可寶貴。

《香港中興報》1934 年 11 月 6 日

【注釋】

　[1] 孫子瀟，即孫原湘，詳見《附錄　蔡守與古人交流考》。

　[2] 錢松壺，即錢杜，詳見《附錄　蔡守與古人交流考》。

鳥聲人又來

　　《堅瓠集》[1] 引《南窗閒筆》[2] 云，「陳白沙 [3] 善畫梅，求之者眾。白沙題座側曰『鳥聲人又來』。人不解，問之。白沙曰『白畫，白畫』。眾為絕倒。」

室人月色取是語為印,以鈐不予潤豪者索寫之梅,洵妙諦也。

《香港中興報》1934 年 11 月 6 日

【注釋】

[1]《堅瓠集》,清褚人獲撰。褚人獲,詳見《附錄　蔡守與古人交流考》。

[2]《南窗閒筆》,無考。

[3] 陳白沙,即陳獻章詳見《附錄　蔡守與古人交流考》。

酒埕、酒筲箕

　　昔顧使君嗣立 [1] 號酒王。莊書田楷 [2] 號酒相。繆湘芷沅 [2] 號酒將。方觀文觀 [2] 無鬚,號酒后。曹亮儔儀 [2] 年最少,號酒孩兒。如吳荊山士玉 [2]、鄭魚門鑰 [2]、林象湖之濬 [2]、王翁林澍 [2]、蔣檀人漣 [2]、孫遠亭蘭芝 [2]、蔣愷思泂 [2] 皆不亞於將相。紀曉嵐 [3] 云「酒有別腸」,信然。八九十年來,以顧使君稱第一,繆香子 [2] 次之。孫端人 [2] 亦入當時酒社,自云「我去二公中間,猶可著十餘人」。次則陳句山 [2] 與相敵,然不以酒名。後以路晉清 [2] 稱第一。吳雲巖 [2] 亦駸駸爭勝。雲巖酒後彌溫克,是不勝酒力,作意矜持也。朱竹君 [2]、周椎圭 [2] 皆以酒自雄。雲巖曰,「二公徒豪舉耳。拇陣喧呶,潑酒幾半。使坐而靜則敗矣。」後來以葛臨 [2] 為第一,不與之酒,從不自呼取一杯,與之酒,雖盆盎無難色,長鯨一吸,涓滴無遺。嘗與諸桐嶼 [2]、吳惠叔 [2] 五六人角,至夜漏將闌,眾皆酩酊,臨溪一一指揮童僕,扶掖登榻,然後從容登輿去,神志湛然,如未飲者。但不能辨酒之美惡,故人以登徒好色戲之。朋儕中有金湘帆曾澄 [4],人呼為酒筲箕。馮小舟梁 [5],師韓之胞兄,人呼為酒埕。惜余不能酒,未見金、馮二人決勝負也。聞金已病酒,不欲更飲。如賴煥文際熙 [6],雖長以白蘭地酒代茶,聞酒人云煥文實非能酒也。

《香港中興報》1934 年 11 月 7 日

【注釋】

[1] 顧使君,即顧嗣立,詳見《附錄　蔡守與古人交流考》。

[2] 莊書田、繆湘芷、方觀文、曹亮儔、吳荊山、鄭魚門、林象湖、王翁林、蔣檀人、孫遠亭、蔣愷思、繆香子、孫端人、陳句山、路晉清、吳雲岩、朱竹君、周椎圭、葛臨、諸桐嶼、吳惠叔,均為清末民初人。

[3] 紀曉嵐,即紀昀,詳見《附錄　蔡守與古人交流考》。

[4] 金湘帆，即金曾澄，詳見《附錄　蔡守與時人交遊考》。

[5] 馮小舟，即馮梁，詳見《附錄　蔡守與時人交遊考》。

[6] 賴煥文，即賴際熙，詳見《附錄　蔡守與時人交遊考》。

中郎有後

所謂吾家中郎蔡邕 [1] 無後，《堅瓠集》[2] 引《晉書》羊祜 [3] 傳及蔡克 [4] 別傳云「克祖睦。睦，邕之孫也」，故謂中郎有後。

《香港中興報》1934 年 11 月 7 日

【注釋】

[1] 蔡邕，詳見《附錄　蔡守與古人交流考》。

[2]《堅瓠集》，見前。

[3] 羊祜，詳見《附錄　蔡守與古人交流考》。

[4] 蔡克，詳見《附錄　蔡守與古人交流考》。

火畫

疇昔在潘致中和 [1] 處見藉班祿 [2] 火畫一幀，作工筆山水，似用火烙於紙上。深淺陰陽，毫釐可辨，洵絕技也。案藉班祿，趙城人，號羅雲。何蘭士 [3] 嘗作羅雲山人火畫歌。致中歸道山後，是幀雜故紙堆中，未識尚在人間否耳。

《香港中興報》1934 年 11 月 8 日

【注釋】

[1] 潘致中，即潘和，詳見《附錄　蔡守與時人交遊考》。

[2] 藉班祿，詳見《附錄　蔡守與古人交流考》。

[3] 何蘭士，詳見《附錄　蔡守與古人交流考》。

石綠餅

潘致中 [1] 又藏石綠一餅。月前在文德路西齋見一餅，索值百餘金，以為價昂未購也，頃讀吳秋漁升 [2] 詩，題云，「乾隆壬子客濟南，念湖宗兄於桂未谷 [3] 處得石綠餅，明供御物也。徑二寸，厚四寸，面文曰『龍香御墨』，背曰『大明隆慶年製』，皆正書。輪旁朱篆『重三兩八錢』五字。」與所見致中、

西齋二餅同式。方知乾隆間已珍視之也。吳詩曰,「英武山南白雲子,銅精重作翡翠羽。芙蓉搗汁麝屑膠,大臼深凹三萬杵。承平天子慕開元,龍香新劑翻松丸。祖母綠裁圓鏡樣,阿姑青印小茶團。龍賓十二埋塵土,冷翠猶磨銅雀瓦。柿葉書成伴廣文,楊枝買後隨司馬。相逢為出豹皮囊,古墨一規寒放光。賈胡欲攫眼空碧,上品只許收元霜。雙螭蟠面金塗字,外來朱文鏒款識。年號分明鈇兩真,內家製造精無二。梅花秘閣珊瑚匙,想見徵香滴露時。不是宮方修綠黛,肯教梳篋襯紅脂。三百年來離畫筆,一朝月白飛蒼色。從今說餅並充饑,何須邦字珍唐墨。」其珍貴固可知矣。

《香港中興報》1934 年 11 月 8 日

【注釋】

[1] 潘致中,即潘和,詳見《附錄　蔡守與時人交遊考》。

[2] 吳秋漁,即吳升,詳見《附錄　蔡守與古人交流考》。

[3] 桂未谷,即桂馥,詳見《附錄　蔡守與古人交流考》。

詩妓葛香菱

薊門詩妓香菱為葛寶祥 [1] 之女,工詩,其小楷尤娟秀。余欲為萬里賽修,與某參軍謀為脫籍,卒以道遠不果,只供談笑耳。成都官妓尹溫儀,本良家子,失身樂籍,嘗於郭帥席上獻「玉樓春」云,「浣花溪上風光主。宴席桃源開幕府。商巖本是作霖人,也使閑花沾雨露。父兄世業傳儒素,何事失身非類侶。若蒙化筆一吹噓,免使飄零飛櫺戶。」郭帥即判與落籍,惜香菱未遇郭帥其人耳。

《香港中興報》1934 年 11 月 8 日

【注釋】

[1] 葛寶祥,無考。

橫財

世人謂賭博所贏之錢為橫財。橫財二字出唐代,見《唐餘錄》[1] 及《獨異志》[2]。「宰相盧懷慎 [3] 無疾暴終,夫人崔氏止其兒女號哭曰,公命未盡,我得知之。公清苦謙退,四方賂遺,毫髮不留。與張說 [4] 同時為相,今納貨□ [5] 積,其人尚在。而奢儉之報,豈虛也哉。及宵分,公復生。左右以夫人

之言啟陳。公曰，理固不同。冥司有三十爐，日夕為說鼓鑄橫財。我無一焉，惡可並哉。言訖復絕。」據此，則橫財二字，乃指賂遺而言。今日在位者，莫不橫財大進也。一笑。

《香港中興報》1934 年 11 月 8 日

【注釋】

[1]《唐餘錄》，宋王子融著。王子融，詳見《附錄　蔡守與古人交流考》。

[2]《獨異志》，唐李亢著。原本 10 卷，今傳 3 卷。雜錄古事和唐代軼事。成書於唐宣宗至唐僖宗年間（846～874）。

[3] 盧懷慎，詳見《附錄　蔡守與古人交流考》。

[4] 張說，詳見《附錄　蔡守與古人交流考》。

[5] □，原文字模糊莫辨。

仿造建初銅尺

　　甲寅重遊都門。留春女郎鎦椿曾以光緒間張瑩 [1] 仿造建初銅尺為贈，摹刻原文甚精。余喜其重，宜為紙鎮。趙尚書過余見之，謂張瑩字仲澤，為雲南巧家縣人，與張藻林開儒 [2] 師長同族也。頃讀翁覃溪方綱 [3] 詩，謂嘉慶壬申葉東卿志詵 [4] 仿作漢建初銘尺。阮氏文選樓，葉氏平安館，翁氏蘇齋各藏其一。覃溪題詩，刻於尺之匣云，「鄭君禮注費人猜，未得周遺矩樣來。今日手量銅式在，班劉行引為誰開其一。　寶匣熊熊氣躍龍，河豚米老贗何從。從今不仗朋枚釋，箱篋長收古鼎鍾其二。」

《香港中興報》1934 年 11 月 9 日

【注釋】

[1] 張瑩，詳見《附錄　蔡守與時人交遊考》。

[2] 張藻林，即張開儒，詳見《附錄　蔡守與時人交遊考》。

[3] 翁覃溪，即翁方綱，詳見《附錄　蔡守與古人交流考》。

[4] 葉東卿，即葉志詵，詳見《附錄　蔡守與古人交流考》。

張鶴千印紐

　　敝齋藏張鶴千 [1] 製紐兩牙印。大橢圓印，上刻兩狐。小長方印，上刻一犬。皆精湛絕倫，活潑生動。雖韓鈿閣 [2]、楊玉璇 [3] 皆莫能及。考鶴千為毘

陵舊家子，名曰中，喜製象牙紫檀印紐，為獸龜龍之屬。鼉鼊螭虎之狀，皆能出新意。聞學於蔣列卿 [4]，列卿所作，惜未見也。

《香港中興報》1934 年 11 月 9 日

【注釋】

[1] 張鶴千，詳見《附錄　蔡守與古人交流考》。

[2] 韓鈿閣，詳見《附錄　蔡守與古人交流考》。

[3] 楊玉璇，詳見《附錄　蔡守與古人交流考》。

[4] 蔣列卿，詳見《附錄　蔡守與古人交流考》。

賴儗繪張二喬抱琴繡像

《蓮香集》卷首有瑞金賴儗 [1] 繪張二喬 [2] 抱琴繡像。劍川趙石禪尚書藩 [3] 誤題云瑞金女士賴儗。案龍雲麓應時 [4]《天章閣詩鈔》有題賴山人儗《秋潭魚泊圖》，題賴山人儗《羅浮雲海圖》，題賴山人儗《秋山夕照圖》。又案羅石湖天尺 [5]《瘦暈山房詩刪》有，「潘景最 [6] 舅弟延瑞金賴耕南繪余小影。屢易不肖，因題一絕。兼示及門諸子。」據此確知賴儗，字耕南，為江西寧都府之瑞金縣人也。且遊幕吾邑，而工寫真。固非女士也。又於香山陳潤書蕉雨 [7]《凹碧山房詩鈔》有擬張二喬過花田有懷素馨七律一首。詩云，「買花輸盡素馨錢，惆悵花叢瘞玉田。憐我憐卿兒女輩，是空是色死生緣。名慚吳美吟唐句，才壓宮人憶漢年。誰料梅坳墳不遠，芳鄰身後倍天然。」亦《蓮香集》未載，當據此補入。春間麗社同人吳佩琳 [8] 等，嘗議覆刻《蓮香集》與修墓之舉。今悠悠半載，一事無成，可見真好事者鮮矣。比來邑子嚴炎南 [9] 以重值得乾隆乙酉西城草堂重鐫《蓮香集》，惠慫龍君箕伯官崇 [10] 重刻之。余亦樂觀厥成，以遂我二十年來之夙願也。

《香港中興報》1934 年 11 月 9 日

【注釋】

[1] 賴儗，詳見《附錄　蔡守與古人交流考》。

[2] 張二喬，即張喬，詳見《附錄　蔡守與古人交流考》。

[3] 趙石禪，即趙藩，詳見《附錄　蔡守與時人交遊考》。

[4] 龍雲麓，即龍應時，詳見《附錄　蔡守與古人交流考》。

[5] 羅石湖，即羅天尺，詳見《附錄　蔡守與古人交流考》。

[6] 潘景最，無考。

[7] 陳潤書，詳見《附錄　蔡守與古人交流考》。

[8] 吳佩琳，無考。

[9] 嚴炎南，詳見《附錄　蔡守與時人交遊考》。

[10] 龍箕伯，即龍官崇，詳見《附錄　蔡守與時人交遊考》。

顧二娘硯

上海城隍廟，北平琉璃廠各古玩店，時有顧二娘硯出售。大抵雕工略為細緻，尤以雕竹織紋之合樣者為最多。「吳門顧二娘製」六字款，有小篆者，亦有隸書者，索值不過二三十金，皆係贋造，並非仿造。案朱象賢 [1]《聞見偶錄》云，「清初吳郡顧德麟，號顧道人，讀書不成，去而學琢硯。凡出其手，毋論端溪、龍尾之精工鐫鑿者。即礎 [2] 邨尋常石，隨意鏤刻，亦必有致。自然古雅，名重於世。德麟死，藝傳於子，子不壽，媳鄒氏襲其業，俗稱顧親娘也。嘗與人論硯曰『硯係一石，琢成必圓活而肥潤，方見鐫琢之妙，若呆板瘦硬，乃石之本來面目，琢礱何為』，其意效宣德年鑄造香爐之意也。其所作古雅之中兼能華美，名稱更甚，當時實無其匹。鄒氏無子，螟蛉二人，皆得真傳，惜殀其一。鄒死，僅存一人，名顧公望，號仲呂，此人實鄒之姪而冒者。仲呂亦無子，遂失傳。」復案《隨園詩話》[3] 云，「何春巢 [4] 在金陵，得一端硯。背有劉慈 [5] 絕句云『一寸干將割紫泥，專諸門巷日初西。如何軋軋鳴機手，割遍端州十里溪』。跋云『吳門顧二娘為製斯硯，贈之以詩。顧家於專諸舊里。時康熙戊戌五十七年秋日』。春巢因調一翦梅。」云云。案是詩乃黃莘田 [6] 所作，刻於《香草齋詩》卷二，注云，「余此石出入懷袖將十年，今春攜入吳。吳門顧二娘見而悅焉，為製斯硯。余喜其藝之精，而感其意之篤。為詩以贈，並勒於硯陰，俾後之傳者，有所考焉。銘曰，『出匣劍，光芒射人。青花硯，文章有神。與君交，如飲醇。紀君壽，如千春。』」然則非劉慈竊取黃詩，即作偽者託名無疑矣。獨怪袁子才 [7] 與黃莘田相去不遠，何以未及詳考。春巢劉郎之詞，更屬夢夢。又莘田題《陶舫硯銘冊雜詩》云，「古款遺凹平聲積墨香，纖纖女手切干將。誰傾幾滴梨花雨，一灑泉□ [8] 顧二娘。」注云，「余田生之蕉白硯，陳德泉之井田硯，十硯翁之青花硯，皆吳門顧二娘製，時顧已歿矣。陳勾山和韻云『淡淡梨花黯黯香，芳名誰遣勒詞場。明珠七字端溪吏，樂府千秋顧二娘。』」張祥河 [9]《偶憶編》云，「余藏宋坑鵝池硯，為吳趨顧二娘所

製，山水渾樸，雙鵝戲池。富春相公所贈。銘曰，『琢者誰，顧二娘。寶者誰，董富陽。卅載隨值軍機房。甲戌冬贈華亭張。』歸銘墨池旁。」

又案舒仲山 [10] 手批《隨園詩話》云，「乾隆丙午，福州畫師姚根雲 [11]，贈余硯一方。刻七絕一首云，『繡出端州石一方，纖纖玉指耐春涼。摩挲細膩玲瓏處，多謝吳門顧二娘。』」又案阮葵生 [12]《茶餘客話》云，「吳門顧青娘王幼君，治硯名聞朝野，信今傳後無疑。大約明以前，硯材易得。故其式率端方樸直，有文飾者至罕。後始以片石為行硯。各式競興。鐫山水魚蟲花卉於池上。顧製其著者也。特鮮款識，不易辨別。」據以上所述，則顧氏之硯鮮有署款者。疇昔在寒雲 [13] 齋中，見歙石羅紋刷絲硯，橢圓形，兩面均有池。硯邊兩面皆作雷紋，而工細絕倫，且款式圓潤可喜，洵如顧氏之論。硯側有小篆款二行云「康熙乙未春日。顧鄒青製」，十字亦極工整。此真係顧二娘製硯也。余亦得歙石金銀片硯，橢圓形，厚僅二分，光素無華。但硯形亦極圓潤之致，硯池極淺而自然。硯側有「仲呂作」款，大篆三字極古。知為顧二娘之義子顧公望所造者。亦可寶也。

《香港中興報》1934 年 11 月 10、11 日

【注釋】

[1] 朱象賢，詳見《附錄　蔡守與古人交流考》。

[2] 礪，「礪le」，「礪礋」，也作「礘礋」。農具名。形似碌碡，外有齒。《廣韻·麥韻》，「礪，礪礋，打草田器。出《字林》。」今無此字。

[3] 《隨園詩話》，袁枚撰。

[4] 何春巢，詳見《附錄　蔡守與古人交流考》。

[5] 劉慈，無考。

[6] 黃莘田，即黃任，詳見《附錄　蔡守與古人交流考》。

[7] 袁子才，即袁枚，詳見《附錄　蔡守與古人交流考》。

[8] □，原文字模糊莫辨。

[9] 張祥河，詳見《附錄　蔡守與古人交流考》。

[10] 舒仲山，詳見《附錄　蔡守與古人交流考》。

[11] 姚根雲，與袁枚同時人，福州畫師。

[12] 阮葵生，詳見《附錄　蔡守與時人交遊考》。

[13] 寒雲，即袁克文，詳見《附錄　蔡守與時人交遊考》。

散髮維摩像

疇昔月色嘗摹散髮維摩像。絹本長二尺四寸有八分，寬一尺三寸有六分。白描，散髮披草衣，袒右臂。雙手捧經卷，右乳微露，貌甚豐腴。

金石僧六舟 [1] 跋云錄原本，「此散髮維摩像，向為王荐州 [2] 山人供之小秖園。三百年來，又轉入骨董手。去秋金陵友人遊幕武林持售。余以古幣易得。今夏重過焦山，攜是幅供奉書藏。與古鼎並傳不朽右繆篆三行。道光十四年六月望日。菩薩戒弟子海昌六舟達受合十志楷書一行。」

「吾聞維摩昔示疾，從癡有愛形神癯。所以坡翁題其像，乃稱病骨枯龜如。生死未離解脫境，醫王難把煩惱除。眾生病時我則病，原來佛性非貪軀。今觀此像獨否否，面目姣好童而腴。青絲如雲覆半臂，通眉長爪無髭鬚。法身豈必拘跡象，著求色相無廼愚。瘦肥老少與男女，妄生分別胡為乎。荐州山人本好事，秖園供養珍璠璵。流轉相遭入浮玉，痊藏遂並古鼎俱。至今幾逾四百載，當時不知誰所圖。袈裟被肩神內斂，慈光欲出如可呼。六舟初志月色摹，縑素畢露髮與膚。安之丈室共問答，我竊自比夫文殊。壬戌歲不盡十五日，金山高燮吹萬 [3] 拜觀並題。」「高燮學詩」白文方印，「吹萬過目」朱文方印。

「不同示疾老維摩，散髮承肩貌粹和。清供焦山陪古鼎，長吟吹萬續東坡。因須猛懺疊陽子，緣信稀逢乾闥婆。掬水爇香描一燈，詩龕留月寫心多。癸亥七夕，寒瓊參軍為月色夫人索題。滇南趙藩 [4]。」「石禪」朱文方印。

「繡袈幾世侍醫王，解作西園翠珮裝。想見吮豪參妙相，夜深長爇海南香。奉題月色夫人摹散髮維摩像。癸亥上巳。吳江楊天驥千里 [5]。」「繭廬」白文有邊小印。

「此草衣文殊像。曾見兩本，皆雪磵 [6] 續。一有愚極 [7] 題。一有崇裕 [7] 題。均元代高僧也。六舟不惟不識文殊，並不識維摩，故有此誤。月色夫人摹寫，神與古合。筆端自有光明。正不必問其為文殊為維摩耳。因賦小詩。以廣其意。『文殊維摩皆佛子，隨緣各現幻中身。何須名相妄分別，月印千江只一輪。壬申冬夜，周肇祥養庵 [8]。」「肇祥審定」白文方印。

自養庵題後，始知為元雪磵禪師所續草衣文殊像，而六舟誤以為維摩，不知何所見而云然。月色生於十一月十九日，與文殊同生日也鄧爾雅 [9] 曾為刻「文殊同日生」一印。因題一偈曰，「蚤年喜畫文殊眉，晚歲學披文殊髮。我與文殊同日生，文殊示我法身法。」

《香港中興報》1934 年 11 月 12 至 13 日

【注釋】

[1] 僧六舟，詳見《附錄　蔡守與古人交流考》。

[2] 王弇州，即王世貞，詳見《附錄　蔡守與古人交流考》。

[3] 高燮，詳見《附錄　蔡守與古人交流考》。

[4] 趙藩，詳見《附錄　蔡守與古人交流考》。

[5] 楊天驥，詳見《附錄　蔡守與古人交流考》。

[6] 雪碉，詳見《附錄　蔡守與古人交流考》。

[7] 愚極、崇裕，均為元代和尚，詳見《附錄　蔡守與古人交流考》。

[8] 周肇祥，詳見《附錄　蔡守與古人交流考》。

[9] 鄧爾雅，詳見《附錄　蔡守與古人交流考》。

葉小鸞眉子硯 [1]

余弱植讀吾粵葉氏所刻《返生香》，知小鸞有眉子硯藏番禺陶氏許，惜未得見。嗣得陳樹人 [2] 以倪子羽 [3] 拓本為贈。題云，「硯藏番禺陶氏。癸亥考係同治二年仲春。奉贈梅生居巢 [4] 先生清玩。桂林倪鴻識。」「子羽」朱文橢圓印。

壬子十一月廿六日，偕劉聘孫 [5] 名慶崧，號留庵，江西人。工篆刻，馮康侯 [6] 之師也訪陶哲卿 [7] 於荔子丹房，獲觀此硯，乃端溪石，橢圓形長二寸有六分，寬一寸又半寸，厚約三分強，硯有池，池作新月形。硯底刻有小楷七行云，「舅氏從海上獲硯材三。琢成分貽予兄弟。瓊章得眉子硯云，『天寶繁華事已陳，成都畫手探能新。如今只學初三月，怕有詩人說小轟。素袖輕籠金鴨煙，明窗小兒展吳牋。開盒一研櫻桃雨，潤到清琴第幾弦。己巳寒食題。』」「小鸞」朱文橢圓印。紫檀匣亦百十年物，把玩喜甚。並手拓一紙歸。更寫《觀研圖》與倪氏舊拓本，同裝為冊子。索朋儕題詠，楊千里天驥 [8]、鄧爾雅 [9] 皆為篆冊端。

「月掩雲封去窈然，一簾春雨自娟娟。故家詞賦分明在，半作仙音半入禪。省識詩前與畫邊，淒清墓草入寒煙。卷舒偶落凡人眼，已隔升仙三百年。裔孫葉楚傖 [10] 謹題，並呈哲夫社長正。」鈐「楚傖」朱文方印。

「鏤玉雕瓊人甚處。撇下彎環，一彎山眉嫵。午夢堂中題秀句。含嚬記捧隨春女。　黝墨凝香飄若霧。凹處微斑，紅認櫻桃雨。攜向拗風廊底住。夜深應有魂來去。調寄《蝶戀花》，寒瓊社兄正。俞鍔劍華 [11]。」「太倉一粟」朱

文方印，「小窗吟夢詞人」白文扁方印。

「春月一奩，寒雲半稜。翠鏤詩胅，紅題字豔。鏡臺妝罷，薇露盨芳。簪花嫣笑，小草斜行。春山曲曲，秋水娟娟。銀刀瑩雪，玉屑霏煙。腕弱刃澀，爪長鋒剡。豔儷機錦，芳鐫琬琰。硬黃影楊，琉璃之匣。兩絕唐籤，七行晉帖。月府魂歸，曇花逝瞥。聶孃眉嫵，千苦悽咽。鄒厓逋者。」「何藻翔 [12]」朱文長方印，「梅夏」白文方印。

「仙人解脫。只片石遺留，幾歷塵劫。依約眉痕，疑有疑無，恰似半彎新月。綺窗潤灑櫻桃雨，共一縷，芳魂同活。看娟娟，格寫簪花，小字鐫來圓潔。　彭澤當年韻事。徵題遍名宿，篇什盈帙。舊物飄零，紹業文孫，好古竟收完璧。圖成歸硯傳佳話。信絮果，蘭因難滅。試摩挲，賸墨猶存，證取石緣重結。調寄《解珮環》。此詞余為陶哲卿畫《歸硯圖》所作也。今為寒瓊先生更書於《觀硯圖》後。即希兩正。壬子十二月。南城劉慶崧並記。」「留公」白文長方印。

「清詞細字鏤琳胅，珍重重還合浦珠。知否幽靈呵護意，纖纖留補《十眉圖》。劫歷紅羊石骨愁，遠山橫斷眼波秋。春風零落銅臺瓦，可有眉痕在上頭。錄題陶氏《歸硯圖》舊作。哲夫先生兩正。姚筠嶰雪 [13]。」「老雪七十後作」朱文長方小印。

「豔跡流傳到嶺南，硯池摹肖月初二。桐華閣主清詞在，可是曾藏龔定庵 [14] 注，道光間番禺陶氏以《小鸞眉子硯》遍徵題詠。嘉應吳石華 [15] 詞最勝。而石華自刻詞集云『硯藏龔定庵家』。硯銘字句，亦多與陶氏互異，殆當時別有所本耶。寒案，龔定庵藏器，九十供奉之中。固有《葉小鸞疏香閣詩硯》，又有《天仙子》詞題小鸞硯云『天仙偶住厭瓊樓，乞得人間一度遊。被誰傳下小銀鈎。煙澹澹，月柔柔。伴我薰香伴我修。』所言其硯與陶氏藏大小形式皆同。但硯側有『疏香閣』三字，陶氏則無。詩則第二句，陶氏作『畫手』，龔氏作『妙手』。『次章弟』三句，陶氏作『開奩』，龔作『開簾』。又陶氏者乃端溪石，龔氏者乃歙石。顧名思義，眉子當是眉紋子石為然。眉紋乃歙龍尾石之至佳者也。又案，道光己酉廿九年大興王佛雲壽邁 [16] 嘗於袁浦市上，得小鸞疏香閣詩硯拓本，徵題刊《硯錄集》行世。集中以琴川吳逸香 [17] 女士北曲一套最擅勝場。錢吉生（慧安）[18] 為寫《聽真圖》於冊首。並考瓊章歿於崇禎五年十月，年十有七。己巳在前三年，年始十四。又考硯乃番禺何綏之 [19] 舊藏。為何夢華 [20] 所得。後歸龔定庵云。然聞陶氏此雖曾失出，後經哲卿即贖還。未嘗出吾粵也。但日前聞謝英伯云 [21]，此硯陶氏已不能守，今歸某律師矣。因汪注有所疑，故為考釋之。」

「考據從來聚訟紛，秘珍過眼等煙雲。摩挲省識眉峰態，畫筆春風麝氣

薰。　玉頰修眉述已陳，琉璃硯匣舊隨身。青花隱隱餘芳潤，記取燃脂寫洛神注，徐釚 [22]《本事詩注》。小鸞修眉玉頰，有林下風。善琴奕，能畫。日臨王子敬洛神賦一編。

　　小名不比顧橫波 [23]，密字紅絲寄意多。正合西堂好詩句，隃糜常倩遠山磨注，『隃糜常倩遠山磨』，尤梅庵 [24] 和余澹心 [25] 句也。哲夫先生屬題，即希正之。兆鏞 [26] 漫稿。」「汪大」白文有邊小印，「兆鏞私印」白文方印，「羅浮觀道人」白文方印。又詩前上有「紅豆」朱文長小方印，下有「微尚齋印」白文方印。

　　「彼美之所貽，硯譜亦眉譜。婉孌初三月，摩挲十五女。素心已化石，紅淚休彈雨。如何離恨天，卻靳皇娲補。寒瓊屬，趙藩 [27] 題。」「石禪寓目」兩朱兩白方印，「抱膝堪」白文方印。

　　「疏香餘韻慰相思，寫出滄桑恨不支。仙樣人兒眉樣硯，當年淒絕斷腸詞。寒瓊聲鄜屬題，即希教正。戊午夏，天梅高旭 [28]。」「天梅詩本」白文方印。「變雅樓」朱文方印。又詩前上有「空自苦」朱文橢圓印。

　　「雙眉如繭心如石，石不能言亦效顰。十斛春螺拼棄擲，問誰憐取斷腸人。　仙語如珠未忍拋，疏香閣外剪蓬茅。匆匆小別滄桑過，留得千秋有石交。小鸞為吾鄉汾湖人，父天寮，明末遺逸，以三絕稱於世。小鸞著《斷腸詩》，歿後屢降乩於某士子家，語極淒婉。平生所居曰『疏香閣』。今鄉人已覓得故址，築亭徵詠為紀念云。寒瓊詞長屬題，戊午夏日，九一顧餘 [29]。」「九一詩草」白文方印，「懺綺樓」朱文方印。

　　「紅窗韻事已陳陳，古硯摩挲尚似新。想見畫眉初試墨，幾分憨笑幾分顰。　彩雲散去渺如煙，留為君謨寫短牋。名士美人原沆瀣，焦桐聽處妙無弦。小鸞才長命短，今古傷心。檢淚詞人拓得眉子硯囑題，即用原韻成二絕。擲筆憮然，不知感之何從也。見齋，錫圭。」「秦錫圭 [30]」白文方印。

　　「粉盝花鈿雜沓陳，摩挲香澤宛如新。當時停墨沉吟處，畫到眉端露笑顰。　聚作華雲散作烟，新詩留寫薛濤牋。美人端合曇花幻，錦瑟傷心五十弦。客邸不寐。再疊前韻又題。」「上海秦錫圭審定金石」白文方印。

　　「畫眉曾傍鏡臺陳，畫出初三月樣新。留得簪花書法妙，卻從何處喚顰顰。　平生過眼盡雲煙，愛和清詞幾易牋。只為綠窗留試墨，秪琴未忍再安弦。三疊前韻以補餘紙。」「見齋詩本」白文方印。

　　「是硯是眉還是月，摩挲描畫兩分明。當時賸墨猶存否，幾度含毫詠不

成。　曾捧纖纖仙子手，疏香閣外想沉吟。清琴絃索櫻桃雨，依約留痕直到今。寒瓊社督囑題，即希吟政。甲子大寒節，金山高燮 [31]。」「吹萬吟草」白文方印，「寒隱手跡」白文方印，「金山高燮考訂金石之章」白文長方印，「傳之其人」朱文方印。

　　「劫後東風第幾春，瑤臺縹渺散花身。空留一片傷心影，晝日生香不返魂。桐露冷，墨華新。晚妝初罷惜微矉。從知深淺無人問，坐對菱花只自親。調寄《鷓鴣天》。哲夫社長囑題，伯端劉景棠 [32]。」「守璞」朱文方印，「笙歌清夢詞館」朱文方印。

　　「午夢堂前，疏香閣畔，屐痕猶認苔邊。琉匣隨身，風流見說當年，明窗日永攤牋，慣占開奩，櫻雨紅酣。擅修眉蛾綠，慵描月樣初三。　　斷腸身世應餘恨，怕小矉輕喚，逸興偏耽。塵劫笛痕，料知春淚頻淹。彩雲不逐飛鸞去，付清吟，傳遍天南。便圖成不返，生香卻望珊珊。倚《高陽臺》。為寒瓊聲郒作。乙丑夏五，崔師貫今嬰 [33] 題於赤柱坐觀天室。」「白雪」朱文無邊橢圓印，「師貫」朱文方印。

　　「寒瓊名合配瓊孃，月色溶溶眉樣長。晚鏡偷窺女菩薩，三生石上返魂香。　金壺墨汁灑珠璣，曲曲春山抹翠微。月府侍書靈許降，儂甘捧硯著青衣。哲夫社督命題。傳金城 [34]。」「金城」朱文長方印。

　　「翠臼銀釵搗麝煙，硬黃影拓衍波箋。畫眉才子緣偏淺，小玉墳前一撫弦。哲夫社長屬。羅賽雲 [35]。」「羅氏」白文方印，「賽雲」朱文方印。

　　「蕉葉蓮華跡已陳，聯娟眉樣喜翻新。十三行尚餘丰采，帖寫簪花敢效矉。哲夫社長正。傳韻雄 [35]。」「傳」白文方印，「韻雄」朱文方印。

《香港中興報》1934 年 11 月 12 至 16 日

【注釋】

　[1] 本段文字以現存蔡守冊頁校改。冊頁歸蔡守嫡孫蔡慶高先生收藏。葉小鸞有詩
　　　集《返生香》。葉小鸞，詳見《附錄　蔡守與古人交流考》。

　[2] 陳樹人，詳見《附錄　蔡守與時人交遊考》。

　[3] 倪子羽，即倪鴻，詳見《附錄　蔡守與古人交流考》。

　[4] 梅生，即居巢，詳見《附錄　蔡守與古人交流考》。

　[5] 劉聘孫，即劉慶崧，詳見《附錄　蔡守與時人交遊考》。

　[6] 馮康侯，詳見《附錄　蔡守與時人交遊考》。

　[7] 陶哲卿，無考。

[8] 楊千里，即楊天驥，詳見《附錄　蔡守與時人交遊考》。

[9] 鄧爾雅，詳見《附錄　蔡守與時人交遊考》。

[10] 葉楚傖，詳見《附錄　蔡守與時人交遊考》。

[11] 俞鍔，詳見《附錄　蔡守與時人交遊考》。

[12] 何藻翔，詳見《附錄　蔡守與時人交遊考》。

[13] 姚筠，詳見《附錄　蔡守與古人交流考》。

[14] 龔定庵，即龔自珍，詳見《附錄　蔡守與古人交流考》。

[15] 吳石華，無考。

[16] 王佛雲，即王壽邁，詳見《附錄　蔡守與古人交流考》。

[17] 吳逸香，詳見《附錄　蔡守與時人交遊考》。

[18] 錢吉生，即錢慧安，詳見《附錄　蔡守與時人交遊考》。

[19] 何綏之，無考。

[20] 何夢華，無考。

[21] 謝英伯，詳見《附錄　蔡守與時人交遊考》。

[22] 徐釚，詳見《附錄　蔡守與古人交流考》。

[23] 顧橫波，詳見《附錄　蔡守與古人交流考》。

[24] 尤梅庵，無考。

[25] 余澹心，即余懷，詳見《附錄　蔡守與古人交流考》。

[26] 兆鏞，即汪兆鏞，詳見《附錄　蔡守與時人交遊考》。

[27] 趙藩，詳見《附錄　蔡守與時人交遊考》。

[28] 天梅，即高旭，詳見《附錄　蔡守與時人交遊考》。

[29] 顧餘，無考。

[30] 秦錫圭，詳見《附錄　蔡守與時人交遊考》。

[31] 高燮，詳見《附錄　蔡守與時人交遊考》。

[32] 劉景棠，詳見《附錄　蔡守與時人交遊考》。

[33] 師貫，詳見《附錄　蔡守與時人交遊考》。

[34] 傅金城，詳見《附錄　蔡守與時人交遊考》。

[35] 羅賽雲、傅韻雄，無考。

趙伯先遺墨

趙伯先聲 [1] 遺墨罕見。余藏一幅，紙本，長二尺四寸又半寸，寬一尺有

二寸，行書四行。

「新開蘭蕙正芳菲，初到鱸魚入饌肥。最好流光是三月，如何拋卻渡江歸。時己酉春日，書贈春栽仁兄大人正，弟聲。」「聲印」朱文方印，「趙氏百先」白文方印。書首有「江東步兵」朱文天然長印。

馮康侯 [2] 篆端，「趙先生百先遺墨小篆七字。寒瓊道兄屬篆，馮疆。」「阿疆」朱文子母邊方印。

「將赴廣州憶百先有序。光緒丙午冬，吾罹黨禍，避地蘇州。明年春，百先自廣州馳書相邀。於時客囊久罄，且變更姓名，貧乏不敢告貸，遂不成行。故人宿草，觸緒有作。首難英雄半劫灰，當時談笑是人才。閶門行李三春柳，瘐嶺音書十月梅。杜老無家何處別，劉郎前度不曾來。即今孤往成何道，八口飢驅事可哀。哲夫社長發吾行篋見是作，謂與百先有關。因出百先手書，囑題幀尾。戊辰夏五，林之夏涼笙 [3] 識於黃埔客次。」「無聊筆墨因緣」白文方印。寒案，林涼笙為南社發起人。己酉十月，南社第一次雅集於虎邱。姑蘇相見，一別垂二十稔。往歲同事黃埔軍幕。復得聚首，皆垂垂老矣。涼笙為光復時最先以兵入南京者。功高不居。今隱於福州倉前山，聲問久闕。又將經年，今夕錄其詩，不禁神馳也。

「伯先趙先生，少穎異，壯年尤有拔萃之概，以衛國故治兵法，及次第治軍江寧廣州。暇時以酒自娛，人固不知其能詩工書，更不知其暗圖革命也。紀元前三年展堂 [4] 胡先生諸同志與直勉 [5] 成立中國革命同盟會於香港。甫數月，伯先即與倪先生炳章 [6] 來共籌進行。計定伯先、炳章共入粵。領新軍發難，冀先克廣州，旋出師北伐。後事敗悲憤而逝，眾咸傷之。伯先久寓余家，日中臨池一揮十紙。惜歷年顛沛，莫能存其隻字。今於哲夫蔡君寓齋，睹此如晤故人。其奕奕生氣，活現行間。借觀彌月，不忍釋手。哲夫寶藏之，留貽後人。十八年冬十一月十六日。東莞林直勉識於東山。」「東官林氏」白文方印，「直勉私印」朱文方印。

「『同盟會』下脫『南方支部』四字。隋齋識。」「隋齋學人」朱文方印，「胡毅 [7] 之璽」白文方印。

「往歲余肄業廣東小學時，伯先先生為校監督。相從問學，共事革命，義氣沆瀣，曾書『宏毅』二字相贈。遭世流離，失藏久矣。而先生邁德峻節，久要不忘。哲夫蔡君，出示此幀，雖欹斜淡墨，亦儼如川岳奇珍，光氣射牛斗。先烈遺墨，固非尋常肬篋之玩藏已。民國十九年九月。合浦陳銘樞 [8] 敬識。」

「陳真如」朱文方印寒案真如此跋，作蠅頭小楷。

「民國建立二十年矣。噫。三月三日於愁病交集之中。展觀伯先先生遺墨，因以志之。戴傳賢 [9]。」「季陶」朱文方印。

「二十年三月。魏崇元 [10]、周覺 [11] 同觀。」「周覺」朱文長方印。

《香港中興報》1934 年 11 月 16、17 日

【注釋】

[1] 趙伯先，即趙聲，詳見《附錄　蔡守與時人交遊考》。

[2] 馮康侯，詳見《附錄　蔡守與時人交遊考》。

[3] 林之夏，詳見《附錄　蔡守與時人交遊考》。

[4] 展堂，即胡漢民，詳見《附錄　蔡守與時人交遊考》。

[5] 直勉，即林直勉，詳見《附錄　蔡守與時人交遊考》。

[6] 倪炳章，即倪映典，詳見《附錄　蔡守與時人交遊考》。

[7] 胡毅，詳見《附錄　蔡守與時人交遊考》。

[8] 陳銘樞，詳見《附錄　蔡守與時人交遊考》。

[9] 戴傳賢，即戴季陶，詳見《附錄　蔡守與時人交遊考》。

[10] 魏崇元，詳見《附錄　蔡守與時人交遊考》。

[11] 周覺，詳見《附錄　蔡守與時人交遊考》。

《紅妝鬥茶圖》

十年前，月色用乾隆高麗稥寫《紅妝鬥茶圖》，長二尺有一寸，寬一尺又半寸。仿元人淺絳山水頗工。

「爾雅釋茗荈，周詩載苦茶。三國稱水厄，六朝入畫圖北齊《勘書圖》始列茶器。唐之桑苧翁，擬經著茶書。樂天亦好事，遊山挈名姝。虎邱夜品泉，李娟張態俱。自爾風雅彥，鬥茶如樗蒲。此圖碧筠翳，彼美紅袖揄。倘置老夫中，七椀供鯨噓。蔡侯鬥茶兼鬥色，淨侶一笑月容嫿。蔡侯鬥色復鬥畫，此筆況出纖纖玉手歟。甲子東坡生日，寒瓊社督屬題月色夫人《紅妝鬥茶圖》，即希儷政。邐菴老人顧薰 [1]。」「邐菴詩本」朱文方印。

「怪石如雲，修篁如雨。中有茅亭，茶香□ [2] 縷。茗椀錯雜，紅妝伴侶。此何人哉，呼之不語。倘非盧仝，定是陸羽。蔡社嫂談夫人自寫《紅妝鬥茶圖》甚工。吹萬居士喜而題之。」「金山高燮 [3]」白文方印，「寒瓊社長」白文方

印，「吹萬詩草」白文方印。

《香港中興報》1934 年 11 月 18 日

【注釋】

[1] 顧薰，無考。

[2] □，原文缺字。

[3] 高燮，詳見《附錄　蔡守與時人交遊考》。

湯雨生、張墨池、謝里甫、李芸甫合作鉅幅

吾家世守湯雨生 [1]、張墨池 [2]、謝里甫 [3]、李芸甫 [4] 合作巨幅。紙本高六尺三寸有七分，寬三尺一寸有半寸。上有冷金餞池，高一尺一寸，寬三尺一寸有半寸。為嘉慶十九年作，迄今適兩甲戌。家藏百餘年，願子子孫孫永寶之。

「冷金池玉龍蟠拏翠蛟舞，森森鱗中氄氄羽。冰天月□ [5] 忽相逢，聯翩飛上空青府。孤鸞戢翼眠雲根，梅松作賓竹主人。蒼髯尚肯低頭立，清露濃濃勁梢濕。石中訝有青琅玕，石交許我盟歲寒。盤根錯節虀不動，牢向人間閱膽肝。雨生、墨池、里甫三君為芸圃先生合作鉅幅。李水部芸甫補竹於石下，余乃自託於竹，作詩兼呈芸甫水部。甲戌嘉慶十九年夏五月二十有四日。禺麓潘正亨 [6] 識。」「潘正亨印」白文方印，「伯臨」朱文方印楷書十九行。

「張墨池松，謝里甫石，湯雨生梅。觀者劉樸石 [7]、張南山 [8]，時集蔡侯芸甫 [9] 齋中，時甲戌春閏月既望。」「墨池」朱文方印，「雨生書印」朱文有格方印行書一行。

「越三日，李芸甫補竹。」「李芸甫」朱文方印行書一行。

「此幀余先寫松，雨生後畫梅。而梅高於松，似礙畫理。然余荷香園館，有小松種梅樹下，寫真景也。恐閱者見訝，故記之。墨池張如芝。」「張如芝印」白文方印，「張伯子」白文方印行書四行。

「閬風之巔，峭壁雲連。蒼虯欲舞，玉妃嫣然。矯首三歎，翩乎仙仙。南山題」，「曲江詩孫」白文方印楷書一行。

「松矯泰山龍，石橫華山鐵。何如羅浮梅，卓立千古雪。芸圃詞長屬題，香石培芳。」「黃培芳 [10] 印」白文方印草書三行。

「昔我夢羅浮，手攀丈人峰。袖籠一片石，秀削青芙蓉。洪厓笑拍肩，吹入瀛海東。謝朓偶拾得，筆妙天無功。落紙化煙雲，矗地生崆峒。插天五千丈，

仙掌擎當空。牛斗遇張騫，乘槎闖鴻蒙。排雲共嬉戲，幻作千歲松。勁挺勢不群，夭矯小虬龍。何來飛將軍，下馬氣如虹。風流更倜儻，惠休出詞宗。豪懷邁儔侶，矯矯多英風。天際見天人，歡集瓊花宮。此日蔡中郎，春酒介而翁。合觴頌貞壽，華堂春融融。或效米顛拜，或晉秦山封。六出宴飛霙，海角朝霞紅。芸圃詞兄屬題，鑒仙黃喬松 [11]。」「黃喬松印」朱文方印，「蒼厓」白文方印行書十二行。

「松欲參天偏拗抑，當頭飛壓巉巖石。洞穿石腹簪喬柯，上有寒梅透春色。梅與霜松均筆力，鱗鬣渾身思欲壁。張公驟把蒼龍降，放爾白龍上天脊。龍虎風雲蕩精魄，山君嘯出長松側。崚岈石角補天餘，白日謝公驅霹靂。牛哀氣勢成俄頃，猿臂將軍貫飛鏑。離奇變化古無敵，畫趣天然出胸臆。兩旁觀者皆辟易，七尺剡藤涼雨滴。古物□ [12] 幽在空際，石氣松聲泛寒碧。誰似蔡侯芸圃宅，暑天不受炎官逼。松風一陣飄冷冷，送我梅邊吹鐵笛。嘉慶甲戌仲夏朔，題應芸圃道兄雅屬，即希訂正。秋田李光昭 [13]。」「李光昭印」白文方印，「秋田伯子之章」朱文方印行書十二行。

《香港中興報》1934 年 11 月 18、19 日

【注釋】

[1] 湯雨生，即湯貽汾，詳見《附錄　蔡守與古人交流考》。
[2] 張墨池，即張如芝，詳見《附錄　蔡守與古人交流考》。
[3] 謝里甫，即謝蘭生，詳見《附錄　蔡守與古人交流考》。
[4] 李芸甫，即李秉綬，詳見《附錄　蔡守與古人交流考》。
[5] □，原文字模糊莫辨。
[6] 潘正亨，詳見《附錄　蔡守與古人交流考》。
[7] 劉樸石，即劉彬華，詳見《附錄　蔡守與古人交流考》。
[8] 張南山，即張維屏，詳見《附錄　蔡守與古人交流考》。
[9] 蔡芸甫，即蔡齋中，無考。
[10] 黃培芳，詳見《附錄　蔡守與古人交流考》。
[11] 黃喬松，詳見《附錄　蔡守與古人交流考》。
[12] □，原文缺字。
[13] 李光昭，無考。

張大風畫梅便面

邑子鄧野殘 [1] 藏張大風 [2] 畫梅扇面，僅一枝三花，清絕。且有阮慰民 [3]、龔半千 [4]、陳道山 [5] 題，尤足珍貴也。

「陳仲醇梅花詩云『清極不知寒』。此老徘徊，殊有寒意。是又畫與詩之不同道也。戊□冬為驂如社兄設。同里弟張風。」「大風子」朱文方印行書二行。

「繞屋寒香處士家，安窗如對影橫斜。閒來靜展連山易，春在枝頭第一花。驂如盟兄航雪南歸，忙無詩為贈。想到暉娛堂時，梅花獻壽。故以題畫詩書之扇頭。若遇大風吾社師，畫中寒意是我句中否。江都弟阮玉鈺書。」「慰民」朱文長方印小楷三行。

「今世不知誰主宰，野人著意在眠餐。梅花幾朵白如雪，只作羲皇曆日看。梅花直作高人對，撲鼻幽香似異才。冰雪滿天傷寂寞，空山亦自有春來。題大風畫。為驂如道兄正教。同學弟龔賢。」「半千」朱文方印小楷四行。寒案，柴丈小楷難得。余藏明人寫金剛經亦有小楷一則。

「詩梅難，詠梅難，畫梅有何難也，不易出脫耳。若此望而知其是梅，何嘗有花。抑望而為詩，何嘗有句耶。冬寒無人用便面。而驂老出示。即便書之。道山陳舒。」「原舒」「道山」朱白文屢齒印行書三行。

《香港中興報》1934 年 11 月 20 日

【注釋】

[1] 鄧野殘，詳見《附錄　蔡守與時人交遊考》。

[2] 張大風，即張風，詳見《附錄　蔡守與古人交流考》。

[3] 阮慰民，詳見《附錄　蔡守與古人交流考》。

[4] 龔半千，即龔賢，詳見《附錄　蔡守與古人交流考》。

[5] 陳道山，即陳舒，詳見《附錄　蔡守與古人交流考》。

清湘詩幅

社嫂朱玉蘭 [1] 藏石濤 [2] 寫詩小幅。高麗寬間羅紋紙，高二尺有三寸，寬七寸有八分，楷書九行。清湘詩不多見，楷書尤罕，洵劇跡也。

「西□ [3] 山人稱八大，往往遊戲筆墨外。心奇跡奇放浪觀，筆歌墨舞真三昧。有時對客發癡顛，佯狂索酒呼青天。須臾大醉草千紙，書法畫法前人前。眼高百代古無比，傍人讚美公不喜。胡然圖就折了義，抹之大笑曰小技。四方

知交皆問余，廿年蹤跡那得知。程子抱犢向余道，雪個當年即是伊。公皆與我同日病，剛出世時天地震。八大無家還是家，清湘四海空霜鬢。公時聞我客邗江，臨溪新構大滌堂。寄來巨幅真□滌，炎蒸六月飛秋霜，老人知意何堪滌，言猶在耳塵沙歷。一念萬年彈指間，洗空世界聽霹靂。題家八大寄予大滌堂圖。時戊寅夏五月。清湘膏肓子濟。」「清湘子」白文長方印，「一枝石乾」朱文方印。

《香港中興報》1934 年 11 月 21 日

【注釋】

[1] 朱玉蘭，無考。

[2] 石濤，詳見《附錄　蔡守與古人交流考》。

[3] □，原文字模糊莫辨，下同。

《鼎湖感舊圖》題詠

南社社友陸丹林 [1] 寄示鄭午昌 [2] 為繪《鼎湖感舊圖》卷，黃晦聞節 [3] 題額，于右任 [4] 題贈 [5]。索愚夫婦題句，因並錄友人題詠如左：

「鼎湖山，山色好，曾照佳人容窈窕。如何今日喚真真，只餘一幅傷心稿。佳人本是大家女，錦瑟年華識經史。管領春風桃李多，鴛鴦繡出從君始。憶昔星巖攜手遊，一丘一壑窮探搜。登臨每到最高處，塵寰下視空悠悠。空悠悠，雲水流，我走西蜀君南遊。犰鳥蠻花不足語，自誓拼老終炎州。太息塵緣何時了，忍看霜月芙蓉槁。檢點青箱故物存，日事摩挲忘夕曉。摩挲摩挲哀怨多，別有傷懷喚奈何。鮫綃帕盡淚痕裏，中有心香歷不磨。中衣贈到身心暖，一針一線量長短。長是恨，短是因緣天不管。吁嗟乎，情天缺，媧皇補。恨海深，精衛堵。獨余只憑一咮訴心苦。心苦心苦余負汝，相期密約守終古。陸丹林自題。」

「渡海曾言別後春，看山如憶畫中人。一亭本在松風裡，胸次何容著點塵。　風絮光陰感少年，即無恨事亦淒然。眼中新史皆成舊，記取人天第一禪。諸宗元貞壯 [6]。」

「隔斷仙緣結墨緣，強將煉石補情天。分明哀樂中年事，寄記丹青尺幅傳。別緒頻教縈燕雁，憐衷況復擬夔蚿。新圖舊恨重根觸，癡絕相同有鄭虔謂午昌。歙縣黃質賓虹 [7]。」

「放翁癡意韋孃瘦，合向雲山問鷓鴣。蕭寺鐘淒為汝策，有情還願記伊無。鶴山易廷熹季復 [8]。」

「七襄織罷鴛鴦錦，百寶平拋玳瑁床《西京雜記》韓嫣以玳瑁為床，圖中主人固姓韓也。不是龍髯攀未得，空山臣甫戀前皇。上海劉三季平 [9]。」

「握手記韓嫣，紅亭地儼然。東風吹別夢，萬里隔情天。襟上流霞珮，囊中織錦篇。蓬山安可接，棖觸宓妃年。番禺潘飛聲蘭史 [10]。」

「暗記記韓嫣，披圖一惘然。殷勤懷後會，消息望南天。攜手慶雲寺，傷心感舊篇。頂湖飛水急鼎湖亦作頂湖，有飛水潭，瀑布最勝，遮莫似流年。和潘蘭史韻。順德談溶溶月色。」

「分明舊事憶韓姨，謄與湖山說愛癡。萬劫此情如可滅，海枯石爛已多時。上谷王世仁軍衍 [11]。」

「違隔風波異國情，舊時內記尚分明。卻憐圖畫長舒卷，不抵斑騅腸斷聲。湘南譚澤闉瓶齋 [12]。」

「世上哀情有萬千，歡場回首總潸然。此圖可是丹心影，劫燼成灰也證緣。　山中七日湖麻飯，幾見神仙惜別離。畢竟人間恩怨重，鼎湖雲水化燕支。江天鐸競庵 [13]。」

「鼎湖莫話龍髯事，情波別貯鮫人淚。清淚濺胡塵。搏為圖裡人。　　圓圓天上月。心事他生說。莫與月論心。月中愁更深。調寄《菩薩蠻》。姚華茫父 [14]。」

「華髮驚秋早。為佳人，春魂搜盡，旅懷難好。前度星巖遊屐共，低視微塵漸杳。吮柔翰，題名雙到。　省識情長歡總短，對雲屏，自惜嬌花貌。霞薄暈。鏡中照。　掌中楚楚憐他小。莽天涯，相思不見，南鴻書少。猶有羅襦香在綺，愁逐游絲晴裊。福地洞天原幻耳。問何時，親與加笄帽。呼負負，幾人曉。調寄《賀新郎》，用夢窗韻。費樹蔚仲琛 [15]。」

「飛水延清蟫。憶人人，頂湖賣夏，儁遊偏好。島國無端成遠別，望斷南溟信杳。敏棲壑，情天容到。曲徑通幽尋曩跡，弔鍾花，可媲韓嫣貌。湖作鏡。更同照。　　想鈿閣昔年嬌小寒戊午秋日，曾與韓霞女郎，禮佛慶雲寺。勝千秋梁秩、韓鈿閣之夫也，春風鬢影，歡娛爭少。猶記慶雲寒雨夜，共聽梵音餘裊。一賦換巢鸞鳳曲。薄封侯，先脫參軍帽寒嘗參曲紅軍，海疆參。同感舊，有人曉。調寄《賀新郎》，用夢窗韻。順德蔡守寒瓊。」

《香港中興報》1934 年 11 月 22、23 日

【注釋】

[1] 陸丹林，詳見《附錄　蔡守與時人交遊考》。

[2] 鄭午昌，詳見《附錄　蔡守與時人交遊考》。

[3] 黃晦聞，即黃節，詳見《附錄　蔡守與時人交遊考》。

[4] 于右任，詳見《附錄　蔡守與時人交遊考》。

[5] 贉，指書冊或書畫條幅卷首貼綾之處。宋周密《齊東野語·紹興御府書畫式》，「用紅霞雲錦標，碧鸞綾裏，白鸞綾引首，高麗紙贉，白玉軸，檀香木杆。」

[6] 諸宗元，詳見《附錄　蔡守與時人交遊考》。

[7] 黃質，即黃賓虹，詳見《附錄　蔡守與時人交遊考》。

[8] 易廷憙，即易孺，詳見《附錄　蔡守與時人交遊考》。

[9] 劉三，詳見《附錄　蔡守與時人交遊考》。

[10] 潘飛聲，詳見《附錄　蔡守與古人交流考》。

[11] 王世仁，即王軍衍，無考。

[12] 譚澤闓，詳見《附錄　蔡守與時人交遊考》。

[13] 江天鐸，詳見《附錄　蔡守與時人交遊考》。

[14] 姚華華，詳見《附錄　蔡守與時人交遊考》。

[15] 費樹蔚，詳見《附錄　蔡守與時人交遊考》。

何夫人程盥薇遺詩

秋夜無俚，偶翻篋衍。得何翽高藻翔 [1] 手札。並程盥薇夫人遺詩。鄒厓逋者翽高晚年自號亦歸道山數載。讀之潸然雪涕。因並錄存之：

「悼亡承同人賻，至感。工潮後久未晤，星期日下午一鐘擬過訪。乞少候何如。哲夫道兄。藻翔箋有雙鉤『梅夏白』繆篆三字。」

「哲夫道兄侍右。昨承台從攜同爾雅枉顧，失迓為罪。丁此時世，有炊臼之戚。何以為懷。矗述行狀，乞南社詩友錫以誄言。使姓名得留大集中，幸甚。期何藻翔頓首。

夫人程氏，字絜貞。順德□ [2] 寨鄉學圃公長女。乙丑七月七日卒於郡城西賃廡。貧無以斂，哀哉。越二十日余乃得耗，不能歸，著有《盥薇閣詩集》。光緒初，以詩見賞於廣州將軍長善，年十七，以『詠水仙花詩』為媒約婚。壬午余登鄉薦，乃來嬪，雖富貴恒多憂慮。曁余成進士，隨宦京師。未嘗□日樂也。生三子一女。長鴻璟，大學堂德文畢業生，考取舉人，官農工商部。次鴻

儀，美國工藝大學畢業，充美使館繙譯，補用知縣。次鴻平，嶺南大學畢業生，國變後，鴻璟、鴻儀死於海外，益鬱鬱。咯血，骨如柴立，家益貧。靠鴻平、女寶箴教讀脩金供醫藥，死時值廣州罷工風潮，桑租既絕，典賣無門。從戚友假數百金，市薄槥以殯。俯仰四十年間今昔之感。萬萬想不到此，余死時更不知何如也。鄒厓隨筆略述。

何夫人程絜貞遺詩三章

鄒厓夫子為朱九江 [3] 募置祭田感賦

國變歸來日賣田，不因饘粥乞人憐。欲修師友淵源錄，笑似闍黎募化緣。從祀例應援涿郡，傳經稿竟火伊川。儒林循吏何輕重，門青清寒轉惘然。

謁朱九江先生祠

落日九江口，風飽帆如馬。村墟魚市散，繫纜石橋下。導登禮山堂，嚴祠臂堪把。桐子落廊廡，桑葉拂簷瓦。如聞講經聲，溜溜石泉瀉。不愧儒林鄉，誰立欒公社。盧文毅 [4] 駱文忠 [5] 交章薦，鄭朱一爐冶。人師古難得，遺書今莫寫。一瓻薦山芳，合樂和幽雅。舊德食先疇，孤寒庇廣廈。鄒厓篤風義，庶以勸來者。

懷朱九江先生

鳳翼峰頭雲氣紫初葬西樵山鳳翼峰，中有真儒呼不起。龍門北來萬疊山山脈自龍門花縣蜿蜒來，西樵磅礴雙鸞峙。邐迆平原三萬家，桑園倒灌淇鬱水桑園圍障蔽南順西北江水。廣州人物數咸同，靈秀天鍾兩鉅子駱文忠花縣人。駱相勳名朱理學，窮達雖異胸懷似。丞相子孫不自存駱文忠公後人亦窮薄，何怪柴桑饑欲死。先生學派永嘉傳，水心亦似同淵源先生最熟明清掌故。名物博稽王伯厚考據家亦出宋學，先生常駁江氏師承記門戶之見，意氣籠罩陳龍川官晉日，止聯關隴策，不見用。出宰烏程百九日，歸教河汾二十年。正襟危坐延半笑，少猶勉強老自然廖孝廉伯雪云『先生少肄業粵秀書院，終日莊坐，盛暑未嘗跂倚，儕輩時譏笑之。今老矣，五十年如一日，勉強成自然』。鄉人薰德多良善，學似伯恭氣質變。盜牛里少畏使知，聽講菜傭時許見鄉農進見，藹然可親。言孝言慈，各饜其意而去。北窗炙□相傳鈔《雜錄》未成書，東塾蒲輪同論薦。修穀分年逋債償官晉時，借貸於戚友者，分年以束脩償之，至歿前一年始畢，宦囊只載端州硯。蕭蕭落葉禮山堂，伯道無兒祠早荒。遺縈況復歎周子，身後誰知有陸莊。羊舌無後善誰勸，庭堅不祀古同傷。春韭夏麥以時薦，餕餘分付妻孥嘗。人之欲善當如我，麥舟指贈猶古道。買田京口為東坡，此事唯聞之長老。大賢之後多衰遲，豈獨梁公嗟飯顆。寢邱綿上有賜田，求之今日

已不可。樂園產贖盛此公，負郭數畝謹自保。漁洋出購邢孟貞，囊金三百殊細瑣。鄒厓獨募九千緡，高義尤令人傾倒。所願雲礽孳乳多，紫荊柝鬻遽枯槁。後裔豈為謀稻粱，先賢僅足供香火。規約略仿范莊田，彝鹵勒銘冀永寶朱慶瀾 [6] 省長議定祭田租入，除祭掃外，現按兩房均分。俟三十年後，丁房各半，由孔安堂紳老妥定章程。

《香港中興報》1934 年 11 月 23、24 日

【注釋】

[1] 何翽高，詳見《附錄 蔡守與時人交遊考》。

[2] □，原文模糊莫辨，下同。

[3] 朱九江，即朱次琦，詳見《附錄 蔡守與古人交流考》。

[4] 盧文毅，無考。

[5] 駱文忠，即駱秉章，詳見《附錄 蔡守與古人交流考》。

[6] 朱慶瀾，詳見《附錄 蔡守與時人交遊考》。

四川新發見《隋通道記》

友人黃子祥致 [1] 擬補劉氏《三巴菨古錄》。比來於四川松潘縣前松潘廳集谷腦又名雜谷鬧訪得《隋通道記》。摩厓甚高，石脆不平，殊不易拓。且其地多匪，甚難再去。以寒耆古刻，不遠千里，以精拓本寄贈，囑為考釋。邊荒石刻，傳世已稀。蜀石鬆脆，尤易斷泐，亟為釋錄，並附考其略，以告南天耆古之士。

摩厓刻字十一行，高一尺有四寸六分，寬一尺有四分，楷書。

通道記首行三字，字約七八分，通字稍泐。

（次行）自蜀相姜維兩字微泐嘗於此行，爾來三百餘年，

（三行）更不修理。山則松草荒蕪，江則泫漚出岸。

（四行）猿怯高拔，鳥嗟地嶮。公私住當是往字之誤還，並由山上。

（五行）人□ [2] 馬之觔當作筋字力頓盡。大將軍開府儀同三司，

（六行）惣管二州五鎮諸軍事，會州刺史永安郡開

（七行）國公姜須達。懋人生之荼苦，報委寄之

（八行）天恩。差發丁夫，遂治舊道。開山棧木，不易其

（九行）功。遣司戶參軍事□ [3] 似元字博及「周肇祥 [4] 釋作」五字誤縣丞郭子鴻、王文誠。

—575—

（十行）吳榮、鄧仲景監督。大隋開皇九年九月。

（十一行）廿三日訖尾行僅四字，甚低。與隋字並列。

案，姜須達《隋書》無傳。《高祖本紀》，開皇八年三月壬申。以成州刺史姜須達為會州總管。記云「總管二州五鎮諸軍事會州刺史」。不識於會州之外，更兼某州，五鎮何名。隋書太簡，未可考耳。《蜀志‧姜維傳》，「延興元年，汝山平康夷反。維率眾討定之。」記云「蜀相姜維嘗於此行」，蓋指此役也。計延興元年至開皇九年，實三百又五十載。記云「三百餘年」是也。迄三百五十年而不修理，豈復有道可通。故姜須達此舉，於便利公私甚鉅。應摩崖以紀其事。

又案《隋書‧百官志》，州刺史置戶兵等曹參軍事。故記有遣司戶參軍事□博，縣令置丞尉。據會州統十一縣，今記云郭子鴻、王文誠、吳榮、鄧仲景四縣丞監督。知此路所經四縣之遠。文簡事賅，如「山則松草荒蕪，江則沿漚出岸。猿怯高拔，鳥嗟地嶮」，駢語亦頗古雅，書法亦殊淵懿。黃氏訪得，洵可補《三巴𡺚古錄》之闕也。順德蔡守寒瓊跋。此拓本四川成都學道街茹古書局寄售，定價五大元。

《香港中興報》1934 年 11 月 25、26 日

【注釋】

[1] 黃子祥，無考。

[2] □，原文模糊莫辨。

[3] □，原文空白，下同。

[4] 周肇祥，詳見《附錄　蔡守與時人交遊考》。

南齊釋玄嵩造像

黃子祥 [1] 又於四川茂縣前茂州城東北二里許，江瀆廟側點將臺下，訪得南齊釋玄嵩造像。石高二尺有三寸有四分，寬五寸有半寸，如方柱。正面上刻有一佛像，龕外作峰巒重疊畫像，下刻造像記，楷書六行。左面上刻二佛並坐一龕中，龕之上與兩傍亦刻峰巒重疊狀，中刻秀壁崇巖，一佛像立於巖中，巖右刻題字兩行。下刻一佛立像於大龕中，右面上刻山形石有題字一行，中刻一佛立像於大龕中，下刻奇岫靈巖，一佛坐於巖中，洵造像異品也。

「南齊釋玄嵩造像記

（首行）齊永明元年，歲次癸亥，七月十五日。□ [2] 諒會比丘釋玄嵩為帝

（次行）主臣王，累世師長，父母兄弟，六親眷屬及一切眾生。敬

（三行）造無量壽當來彌勒成佛二世尊像。願一切群生發弘

（四行）願心。明像主寶瞿。修十善遭遇慈□龍華三會，壽像

（五行）其昌，永去塵結。法身滿足，廣度一切，共成佛道。

（六行）比丘釋僧成操□修真共成此□。」

左面刻字兩行。「諸行無常，是生滅法。生滅□已，□滅為樂四言偈四句，分兩行。」

右面刻字一行，「時鎮主性莊丘□部亦值□福願是司□十六字一行。」

南齊石刻傳世，只有浙江會稽妙相寺石佛背刻「齊永明六年，太歲戊辰，於吳郡敬造維衛尊佛」楷書三行，都十又八字耳。未聞更有第二石也。詎意黃子竟於蜀中訪得此像，記與偈共存一百又四十字。且造像莊嚴古茂，復作峰巒巖岫之形，尤為罕見，洵為希世奇珍。獲此欣賞無量，鄭重裝池。倩李璽齋尹桑[3]以篆書題署，並詳誌以告好古之士此刻拓本共三紙，亦四川成都學道街茹古書局代售。定實價大洋十元。

《香港中興報》1934 年 11 月 27 日

【注釋】

[1] 黃子祥，無考。

[2] □，原文字空白，下同。

[3] 李璽齋，即李尹桑，詳見《附錄　蔡守與時人交遊考》。

陳蘭甫詩冊

室人月色與閨友荷鄉夫人假觀陳蘭甫[1]詩冊。紙本，高六寸又五分，寬四寸又六分。二十有四葉，楷書。因取辛未季冬汪氏刊《陳東塾先生遺詩》及汪孝博編《東塾先生年譜》未刊本，校錄如左：

感舊二首道光二十六年丙午，先生年三十七

先師程侍郎春海[2]先生，雄文兼碩儒。昔汪刻作『嘗』於侍坐間，問我讀何書。我以《漢書》對，又問讀何如。我言性善忘，讀過幾如無。師言汪刻作『云』不在記，記誦學乃汪刻作『至』粗。豈用擇雋語汪刻作『豈欲獵華辭』，以資詞賦歟。漢室之興衰，班史之規模。讀之能識此，乃為握其樞。廿年記師說，書此置汪刻作『銘』座隅。

我年未弱冠，初見張南康南山 [3] 先生也。請問讀書法，乞為道其詳。答云四庫書，提要挈宏綱汪刻下有『千門兼萬戶，真如古建章』二語。從此識門徑，斷可登其室。又言讀書者，古書味最長。當時一古字，出口汪刻作『語重』聲琅琅。我得此二語，如暗室得光。我舉此二語，先生云已忘。賤子不敢忘，書此置座旁汪刻作『什襲藏』。

春日遊杏林莊五首同治乙丑

我遊杏林莊，先憩芭蕉亭。赤日不能到，小雨亦可聽。欲研一斗墨，書盡萬葉青。

一徑繚而曲，轉入深翠中。竹影與蒼苔，滿亭綠濛濛。天然妙入畫，幾折闌干紅。

小閣號藏春，窈窕有春意。瓶花與盆石，一一工位置。閣外春更濃，兩樹小桃醉。

主人仙者流，骨瘦顏如童。丹成肯濟世，時來城市中。欲往從之遊，清坐談參同。

幽軒俯清池，三面綠陰裡。其中設胡床，醉眠無不可。但覺花影移，不知夕陽墮。

送鄭小谷 [4] 歸廣西五首同治元年壬戌。先生年五十三。九月買舟置酒要送於花埭

雄談累萬言，促席過千鍾。如何臨岐日，鬱鬱滿我胸。人生同志者，百歲得幾逢。亦知聚必散，安得常相從。其奈各斑白，況復多煙烽。珠海雲漫漫，鬱溪水淙淙。吾將縛行縢，扗以九節節。一訪小谷叟，一登獨秀峰。

獨秀峰高哉，壁立青嶄嶄。此叟亦一峰，橫絕天西南。昔者翳浮雲，來止鵝之潭。今也乘廻風，桂嶺汪刻作『海』鸞為驂。來兮何所聞，去兮何所耽。雪鴻一印爪汪刻作『雪鴻印指爪』，萬卷皆雕刻謂校補《皇清經解》。去去一□首，羊□□夕□。中有擘窠字，是我千仞庵小谷為余書此扁。千仞庵銘□，『澧水千仞溪且清，不受塵垢常□□。投以一針見外形，淮南之說感余憶。念昔先人錫嘉名，是之取爾敢不承。一庵□兩楹，良友書榜我勒銘』。（注：此段□，均為原刊文字模糊不清。）

千仞本無庵，我意取自勵。感君書跋尾，為我解疑滯汪刻作『高論了無滯』。君如秋天月，清光滿空際。並無蟾與樹，中間作蒙翳。我如幽巖泉，垂霤涓涓細。欲穿泰山石，不知幾千汪刻作『年』歲。空明復空明，磨礪復磨礪。懷哉古之人，落落有神契。

神契夫如何，傾耳談文章。讀書飽萬卷，字字出肺腸。不似孟與韓歐陽子云『孟韓文雖高，不必似之』，況乃歸與方。高舉巨靈掌，一掃傀儡場。別有千秋業，恨未知其詳。酒畔對掀髯，所聞一毫芒。來日不可料，往事亦可傷汪刻作『創』，小谷所著《愚一錄》，『昔被賊劫去』。今以所記憶者復著之。何當殺青竟，早付名山藏。

名山可藏書，何處藏我身。不能學黃老，汩汩同其塵。君為耕田夫，簑笠自寫真小谷有《識字耕田夫圖》。我為假田客，亦厭頭上巾。夔龍既不羨，廚顧亦不倫。獨可學沮溺，耦耕寂寞濱。一別又天涯，安得若比鄰。惟願中興日，同為太平民。

大水歎道光庚子前作

羊城積雨盈街衢，濕我架上千卷書。朝來戴笠訪汪刻作『著屐過』田舍，問訊水勢今何如。老農告我水已大，上游傳說基圍破。江頭萬斛老龍船，昨日揚帆田上過。陽侯為虐誠何心，縱彼蛟蜃為驕淫。盤桓不肯赴滄海，忍使繡壤成荒沈。我謂陽侯豈得已，非水逼人人逼水。君不見，大庾嶺上開山田，鋤犁狼藉蒼崖巔。剝削山皮見汪刻作『膚』山骨，草樹鏟盡胡為汪刻作『能』堅。山頭大雨勢如注，洗刷沙土填奔川。遂令江流日淤淺，洲渚十百相鈎聯汪刻作『連』。又不見，海門沙田日加廣，家家築壘洪波上。海潮怒挾泥沙來，入此長圍千萬丈。三年種得草青青，五年輸租報官長。海門日遠路日紓，坐見滄溟成土壤。陽侯束手莫汪刻作『敢』與爭，迫窘詰屈難為情。欲留不能去不得，暫借君家田上行。人情貪利汪刻作『得』死不悔，豈知世事浮雲改。欲驅山海盡成田，反使田疇盡成海。老農聞言三歎吁，信我此論良不汪刻作『非』誣。不然粵地際南海，自昔水潦常無虞。今時水即舊時水，何至汪刻作『致』比歲淹田廬。闢菜任地詡汪刻作『本』良策，其奈利害相乘除汪刻下有『一方受利數郡害，徒使吾儕常向隅』。二句『嗚呼親民之吏慎勿疎，再謀開墾吾其魚』。

老人峰歌為鄧蔭翁壽 [5] 汪刻作《杏林莊老人峰歌》

杏林主汪刻作『老』人好汪刻作『愛』奇石，遠取太湖近英德。或多汪刻作『穿』巖穴穿汪刻作『洞交』玲瓏，或矗峰巒爭屴崱。或平如几人可坐，或立如屏字可刻。其餘小石養菖蒲，白者凝脂黃臘色。中有汪刻作『就中』一峰迥絕倫，乃審厥象如老人。石骨瘦汪刻作『成』削皮鱗峋，長頭僂背真汪刻作『偏』有神。吾觀滿園之石此獨尊，眾石羅列皆兒孫。得非羅浮一峰遠移至羅浮有老人峰，群仙拱

手送出黃龍雙洞門。此峰來此真不惡，清溪如練花如幄。覆以檀欒竹百竿，繚以欄干亭一角。亭中靜汪刻作『晏』坐長眉翁，與石對峙成兩峰。俯仰揖讓長相從，翁昔手種一株松。即今鱗甲夭矯汪刻無此二字將成龍，而翁朱顏綠鬢尚有童時容。問翁甲子不可算，定汪刻作『但』與老人峰壽將無汪刻作『毋』同。君不見，老人峰頭春色濃，杏花又放千枝紅。

蘿岡洞五首汪刻作『甲寅避寇蘿岡洞五首』。案咸豐四年甲寅，先生年四十五。六月賊陳顯良等攻廣州，攜家避居蘿岡洞東曰羅峰，水石幽邃，時往遊憩。有羅峰書院記。

幽絕蘿岡洞，桃源在世間。聚糧先隔歲，拔宅共遊山。烽火重城閉。村墟盡日閒。主人敦古道汪刻作『解留客』，樓託意相關。

避宅汪刻作『賊』全家在，偷閒一卷親。廿年積心血，幾日警兵塵。氣數汪刻作『世事』誰能料，文章或有神。名山藏已定，不必問傳人。

兀坐愁炎暑，開□ [6] 愛晚風。林深歡汪刻作『喧』鳥雀，水淺戲兒童。早稻垂垂熟，新炊處處汪刻作『戶戶』同。天心真可感，世亂得年豐。

憶早汪刻作『昔』探梅到，而今二十年。故人長已矣侯君模、桂星垣，山色自蒼然。憂樂心情別，飛馳歲月遷。結茅吾有願，長住洞中天。

林壑當門見，亭軒入畫看。池清知水活，山遠覺天寬。獨有烽烟急汪刻作『聞道兵戈苦』，深慚飲啄安。何當捷音至汪刻作『掃群盜』，主客共騰汪刻作『一杯』歡。

八月十五夜戊午避夷寇寓橫沙作。案咸豐八年戊午，先生年四十九。有《寓橫沙水樓記》

孤燈照兒遲遲睡，細雨敲窗暗暗愁。明月不來人又去徐子遠往惠州，不知今夕是中秋。

十八夜

墨雲吹散雨初收，淡月濛濛白上樓。幾個瓜犀一杯酒，獨來池上補中秋。

十九夜

中秋一醉不嫌遲，莫負今宵把酒卮。人有幽懷愛深夜，天將明月答新詩。四山雨氣全成水，一桁樓陰倒入池。野鶴閒鷗都睡了，此時清興有誰知。

廿一夜

樓頭缺月已三更，猶向池邊覓句行。蟹火漁燈風剪剪，豆棚花汪刻作『瓜』架露晶晶。潮痕退岸還歸海，山影和煙不見城。此際橫街秋草遍，更無人跡有

蛩鳴舊居在西橫街。

廿二夜

傍水竹欄花鴨睡，對門菜墢草蟲聲。他時記取橫沙住，夜夜哦詩看月明。

自橫沙過泌衝戊午作

沙州十里繞潯岡，小艇搖搖泛夕陽。除去蕪城兼廢壘，依然秋色滿江鄉。

余性懶作詩，蓋深知作詩之難，故不復有志於此。十餘年來惟避亂村居時所作稍多。然隨筆遣悶，不計工拙。椒坪大兄以冊葉索書舊詩，將一年矣。屢欲奉還。而遲之已久，不復可卻。日寫二三葉，浹辰而畢，遂以塞責。閱畢即棄置之可也。陳澧並識。」「陳蘭甫」白文方印。

《香港中興報》1934 年 11 月 28、29、30，12 月 1 日

【注釋】

[1] 陳蘭甫，即陳澧，詳見《附錄　蔡守與古人交流考》。

[2] 程春海，無考。

[3] 張南康，即張南山，無考。

[4] 鄭小谷，詳見《附錄　蔡守與古人交流考》。

[5] 鄧蔭翁壽：即鄧蔭泉，詳見《附錄　蔡守與古人交流考》。

[6] □，原文字模糊莫辨。

存誠堂保藏書畫印

日昨盧子樞 [1] 過我出示頃於冷攤所得一物，為綠色端溪石質，長方形。長一寸有四分，寬八分，厚二分弱，上有穿可繫。一面刻「存誠室保藏書畫印」，元朱文八字，分二行。文字殊精勁可喜，一面刻網紋。考清閩浙總督香山何小宋璟 [2] 之父雲畡曰愈有《存誠堂文集》，收藏甚富。此乃雲畡收藏書畫之印，為妄人取其印改刻他用，而將其舊印字裁下，幸遇識者保存之。因磨治而於背刻網紋。加穿可繫以把玩，亦索費若心。今復為子樞得之。物雖微，亦幸遇知音也。

《香港中興報》1934 年 12 月 1 日

【注釋】

[1] 盧子樞，詳見《附錄　蔡守與時人交遊考》。

[2] 何小宋，即何璟，詳見《附錄　蔡守與古人交流考》。

蕭瓢

邑子梁伯常紹章 [1] 出示其世守之癭木甌，為若祖妣蕭節婦遺物，古澤光潤如玉，三百年來物也。案陳古村份 [2]《水厔集》有癭瓢歌。序云，「瓢為蕭節婦食器。蕭嫁梁生若海一載，梁亡。婦卻膏沐紈綺，以瓢盛食。自別於眾，抑以木遇癭而廢，其質彌堅，取自況也。守節十二年，為夫立孤曰，吾今可以舍食矣。扃瓢於篋，餓十一日死。其瓢藏於家，稱蕭瓢云。

四座語莫囂，聽我歌癭瓢。癭瓢必有始，請從在樹起。在樹無榮芳，踞踽傲冰霜。蕭婦舉頭視，此木同妾廢。木廢木質全，妾廢妾心堅。斫瓢進飦粥，口澤慎微嫌。苟活十二紀，立孤夫有子。有子夫死安，妾食可已矣。收瓢扃蓋篋，亂衣裹重疊。鏽牡沈井底，此篋終不啟。鄰姑入屋歎，勸我且加餐。妾非瓢不食，鄰姑何有言。姑言請鏽牡，姑自入井取。鄰姑復淚垂，溫語為儂開。謂儂胡慘悼，謂儂胡酸悽。儂亦無慘悼，儂亦無酸悽。女生父母體，嫁夫為夫死。斷吭血漬衣，溺波污江渚。縣官到鄉曲，妾身無規矩。絕粒待命終，從容能自主。鄰姑始出門，蕭婦入黃泉。誰言九鼎重，九鼎有時遷。此瓢僅一握，萬古口血存。見瓢蕭瞻拜，不敢親撫摩。酸心無終極，瓢兮奈若何。」寒案《水厔集》，康熙壬寅原刻。有樓儼 [3] 序。梁氏所藏幾成孤本。今見乾隆己丑慕荊樓重刊本。而價值亦數十金也。

《香港中興報》1934 年 12 月 2 日

【注釋】

[1] 梁伯常，即梁紹章，詳見《附錄　蔡守與時人交遊考》。

[2] 陳古村，即陳份，無考。

[3] 樓儼，詳見《附錄　蔡守與古人交流考》。

黃泰泉詩刻

邑昨過南社社友黃慈博佛頤 [1] 出示新拓歸黃泰泉 [2] 詩刻，高一尺有半尺，寬一尺有八寸，行書八行。「達磨石首行，凌空飛錫結嶙峋，薝次行薝香中草自春。鳥度雲移三行今此世，鴻冥天闊我何人四行。羲娥斷送千年夢，龍五行象終成一聚塵。便合拈花六行發微笑，滄波無語月華新七行。泰泉黃佐八行。」在清遠峽山寺寺門外之右。孔氏曾復刻置雲泉仙館中，比校略肥。但原刻拓本

鮮見。

《香港中興報》1934 年 12 月 2 日

【注釋】

[1] 黃慈博，即黃佛頤，詳見《附錄　蔡守與時人交遊考》。

[2] 黃泰泉，即黃佐，詳見《附錄　蔡守與古人交流考》。

陳公新寶

廣州市立銀行行長陳仲璧 [1] 嗜古泉，多異品。日昨出示一錢。正書「陳公新寶」四字。廓好皆似寬永錢，幕無字。囑為考之。案錢同人侗 [2]《建元類聚考跋》有言及此錢，諒亦外國錢也。途遇李漢楨 [3] 謂《古泉匯》已載，但遍檢竟未得耳。

《香港中興報》1934 年 12 月 2 日

【注釋】

[1] 陳仲璧，詳見《附錄　蔡守與時人交遊考》。

[2] 錢同人，即錢侗，詳見《附錄　蔡守與古人交流考》。

[3] 李漢楨，詳見《附錄　蔡守與時人交遊考》。

呂宋通寶

陳仲璧 [1] 又示我「呂宋通寶」一錢。亦遍考古泉圖譜未載。日前途次遇李漢楨 [2]，舉此以問。漢楨云，彼亦得數枚。且幕有當當兩字。蓋近代呂宋國所鑄者。仲璧與余未知。意以為異品，亦可笑也。

《香港中興報》1934 年 12 月 3 日

【注釋】

[1] 陳仲璧，詳見《附錄　蔡守與時人交遊考》。

[2] 李漢楨，詳見《附錄　蔡守與時人交遊考》。

孔子及亓官夫人楷木造像 [1]

余越園紹宋 [2] 聞余有金石外之輯。因以孔子及亓官夫人楷木造像並跋寄示。案傳世造像，金石為多，木質罕見。佛家者多，道家已少。儒家□ [3] 見，始自北魏。盛於隋唐。三代造像，未前聞也。獲此欣喜奚若，洵足以為余輯金

石外之冠。謹錄余記於左:

「至聖先師及亓官夫人楷木像,相傳為端木子貢手雕。劉佳[4]遊家廟詩,所謂傳是衛國賢摹刻,志師誼者也。西安舊志僅云,宋衍聖公孔友,隨高宗南渡,抱負以來。不言何人所製,蓋無確據,不敢輕說耳。今觀兩像,木理堅結,幾化石質。而雕刻又極古樸渾穆。雖不敢必其出於子貢,要為漢以前人之製作則無可疑。木質而能流存至今,世間更無其偶。況屬聖容,尤堪珍重。舊奉家廟思魯閣下,今移奉閣上。孔裔向不輕示人,非其時不許瞻仰。紹宋商諸肖鏘[5]先生,始許攝影。龍游余紹宋謹記。」

《香港中興報》1934 年 12 月 3 日

【注釋】

[1] 孔子及亓官夫人楷木造像,2010 年齊魯書社出版《孔府藏真》載此兩木刻像正立面圖及說明,「楷木雕孔子(孔子夫人亓官氏)像　春秋　楷木雕刻,相傳為孔子弟子子貢手刻孔子(孔子夫人)木像。」

[2] 余越園,即余紹宋,詳見《附錄　蔡守與時人交遊考》。

[3] □,原文字模糊莫辨。

[4] 劉佳,無考。

[5] 肖鏘,無考。

虎丘塔甎

　　邑子何覺夫[1]遊姑蘇歸,以在虎丘拾得塔甎七品,攜過牟軒。倩閨人月色拓之,並為考釋如左:

　　「壽」字甎。正書一「壽」字,極淵懿,中從田,異品也。字在磚端,磚長一尺有四寸,寬四寸有半寸,厚二寸有奇。「壽」字陰文正書。高三寸強,寬二寸弱。十甎色青,質極堅。案《虎丘山志》,塔在虎丘山頂,共有七層。隋仁壽九年所建。其基為晉司徒王珣[2]琴臺故址。建塔時,掘地得一銀合,內藏舍利子一顆,落成即置舍利子於塔上云。

　　彌陀塔甎。正書「彌陀塔」三字陽文,精勁如隋碑。字在磚端,磚長八寸有六分,寬四寸,厚一寸強。磚作灰色,質亦甚堅。

　　塔記甎。正書「塔記」兩字陽文,字亦在甎端。甎之尺寸質色均同前。

　　吉字甎。隸書「吉」一字陽文,字在甎側。甎長一尺有四分,寬六寸有三分,厚一寸有六分。甎色深赭,質亦極堅。文字古拙竟似漢甎。

篆文壽字甎。篆書一「壽」字，長形有雷文邊。甎長八寸有四分，寬四寸又四分，厚一寸又半寸。字在甎側，甎色淺絳，質不甚堅。

武丘山甎。正書「武丘山」三字。陽文在甎側，甎長一尺有一寸六分，寬四寸有八分，厚二寸又二分。甎色灰，質頗堅。案《虎丘山志》，唐避諱改名武丘山。此當是唐修塔之甎也。

己未年建甎。正書「己未年建」四字在甎側。磚之尺寸質色與武丘山甎同。當亦是唐甎也。

陳東塾澧，字蘭甫 [3]《登虎丘塔歌》，「虎丘樓觀光玲瓏，寶塔突出撐晴穹。山僧朝夕共膜拜，香煙直上青濛濛。虹梁霞棟凌雲起，風鈴雨鐸層雲裡。四面高張佛手擎，千尋下壓虎聲死。丹梯曲曲盤蜿蜒，我誓鼓勇登其巔。吳山越水細如線，千里絡繹來眼前。川原城郭盡平地，目力不到成雲煙。不知此身離地五百尺，但覺衣邊花雨浮諸天。罡風橫空來，拂面聲琅然。朱欄碧瓦盡浮動，衣帶四起飛聯翩。身輕骨瘦倘吹去，坐使下界千人仰面疑飛仙。長嘯人不聞，白日忽西匿。吳王醉魄呼不來，古鐵沉沉葬寒色。有酒但酹真娘墓，散花不到生公石。玉樹瓊枝有枯槁，翠殿璇宮自金碧。君不見，金閶門邊春色新，嘈嘈萬斛綺羅塵。誰知七級浮圖頂，上有蒼茫獨立人。」

《香港中興報》1934 年 12 月 3、4 日

【注釋】

[1] 何覺夫，詳見《附錄　蔡守與時人交遊考》。

[2] 王珣，詳見《附錄　蔡守與古人交流考》。

[3] 陳東塾，即陳澧，詳見《附錄　蔡守與古人交流考》。

虎丘鴛鴦冢甎

何覺夫 [1] 於虎丘又拾得鴛鴦冢甎一，甎長一尺有四寸，寬七寸有二分，厚二寸有二分。側一面有「鴛鴦冢」三字，隸書陽文甚漫，一面有「崇禎十四年」五字正書陽文，亦頗殘闕。端有六耳結文，甎色灰，質不堅。案《虎丘小志》鴛鴦冢在虎丘頭山門內，二山門外甬道之右，有亭翼然，倪士義長洲蠡口人同妻楊烈婦之墓。明崇禎十四年，倪士義被誣冤死。其妻楊氏，絕食七日而亡。築墓虎丘。墓成，遠觀有鴛鴦集於墓上，近之則無。大吏聞於朝，賜「鴛鴦」二字，故曰「鴛鴦冢」。冢碑誌楊烈婦事，碑書於崇禎十七年立。王鐸 [2] 撰並篆額，葉侖穎書丹，久佚。比年保墓會會長吳蔭培穎之重建。並建亭於墓上，

聯云「身膏白刃風猶烈，骨葬青山土亦香」。

《香港中興報》1934 年 12 月 4 日

【注釋】

[1] 何覺夫，詳見《附錄　蔡守與時人交遊考》。

[2] 王鐸，詳見《附錄　蔡守與古人交流考》。

湯雨生 [1] 畫梅冊

閨人月色寫梅。避地香港深水埗時，假章珠垣 [2] 藏雨生畫梅冊二十有四葉，及吾家世守鉅幅，昕夕臨摹。十年以來，頗得其法。故每著筆，識者輒知其得力於琴隱園也。日前又與荷鄉夫人假得一巨冊，都五十葉，尺寸大小不一，乃集平日弄翰得意之作而成。故千變萬化，極畫梅之能事。其中逸品亦最夥，洵可喜也。茲錄雨生自跋，與萱坪兩跋於左：

「向與萱坪遊，予畫所不欲存者，概取而裝之。越七年，見此冊於孟華墀 [3] 齋頭。如梁灝 [4] 中狀元後，見啟蒙時所寫描紅也。然可見良友愛予如此。錯道人識。時丙子閏六月廿二日。」

「華墀謂，如今怎見便是狀元。道人謂，我只下了兩場，就中了狀元。何時何地下兩場。曰，盧山羅浮，近年兩遊耳。

雨生之畫，神理超脫。氣韻秀雅，此天生逸品，非他人所學而能也。余愛之，屢索不已。而雨生困於俗冗，不暇多作。北行之時，趣之至再，始成此冊。余學畫梅，故作譜廿二葉。今又以平時所得者附於後，又廿八葉，都五十葉。然猶未罄雨生之能事也。藏之行篋，冀得時時把玩。詎抵京月餘，車塵撲面，鹿鹿終朝，正不知所作何事。邇者庭試報罷，同侶皆歸。余尚留滯京華，不能即返。客懷岑寂，如何可言。昨日密雨如絲，困人天氣。秋士多感，轉生春愁。午間因過沈二栗仲，對雨小飲。栗仲言雨生之畫，有老畫師所不能到者。余深是其言。今日西風狂雨，枯坐無聊。出此一觀，藉滌塵目。觸憶故人遠別，萬里天涯，安得健翮摩空，隨賓鴻而南逸也。嘉慶甲戌六月廿九日，萱坪鄭灝若 [5] 記於都門之廣州會館。」

《香港中興報》1934 年 12 月 5 日

【注釋】

[1] 湯雨生，即湯貽汾，詳見《附錄　蔡守與古人交流考》。

[2] 章珠垣，詳見《附錄 蔡守與古人交流考》。

[3] 孟華墀，即孟佐舜，詳見《附錄 蔡守與古人交流考》。

[4] 梁灝，詳見《附錄 蔡守與古人交流考》。

[5] 鄭灝若，詳見《附錄 蔡守與古人交流考》。

考散氏盤入貢事

　　相傳散氏盤久佚，故舊拓本一紙貴至五六百金。自甲子重發見後，由故宮博物院精拓全形與銘文，每分亦定直數十金。頃友人以舊拓本囑考其入貢事時間，因檢吳士鑒 [1] 為余題者告之。

　　「阮文達 [2] 公《積古齋鐘鼎款識》云『散氏盤初藏揚州徐氏，後歸洪氏。不言貢之內府』。蓋其書成於嘉慶九年也。張叔未 [3]《清儀閣題跋》云『揚州徐約齋以萬金得之于欽州程氏，繼歸洪氏。嘉慶十四年鹽使某貢入天府』云云。士鑒昔直南齋，與王文敏 [4] 公研求金石之學。每言散盤忽鼎，不知尚在人間否。文敏曰『忽鼎不可知，散盤則屢聞老輩傳述。謂阿敬敏公林保 [5] 曾以進呈。或者藏在天家』，相與形諸夢寐。越二十年，歲在甲子。聞清理內府，原器尚存。金息侯 [6] 少府奏請命工椎拓，於是人間復有傳本。或云此器是文達所進。士鑒讀《東華錄》，嘉慶十四年十月，睿廟五旬萬壽。先於五月降旨，派出督撫將軍提督副都統各數人，屆期來京，隨班祝嘏。俱於九月十五日以後到京。萬壽正日，有備進書冊字畫者尚准其呈遞。其珠玉陳設等件，一概不准進獻，等因欽此。案是年七月，阿敬敏公，由閩浙總督調任兩江，自必派出祝嘏。故以此盤進呈，附諸書畫之列。阮文達公則於是年八月，以失察劉鳳誥監臨鄉試舞弊事革職，九月賞編修，恭逢萬壽聖節，已不在江浙巡撫任內。甫賞編修，亦未必進奉貢品。考之事實，似王文敏所言阿敬敏公進呈之說，頗為可信。證以張叔未十四年貢入天府一語，年分更無疑義。唯云鹽使所貢，殆當日貢品，由兩淮運司採辦，而名義則屬之總督。外間傳述但知有運司耳。士鑒家藏吳竹虛 [7]《落葉詩意》《萬山紅葉一詩人》兩畫幀及《潯江雅集圖》，均有敬敏題詠，風流文采，足以步武雷塘。張叔未為東南耆宿，與文達為師生，深究彝器文字，若果為文達所貢，必質言之。王文敏習聞潘文勤 [8]、陳壽卿 [9] 之緒論，其言有本。今牽連鉤考之，可斷為阿敬敏所進呈也。」

　　寒案，二十年前，南社社友醴陵傅熊湘 [10] 曾以此盤拓本寄示。並謂此盤現在湘中。余審之為複刻本，並以張叔未之言告之。嗣得傅君裁答云，此器之

底，有「阮氏家廟藏器」篆書六字。知為阮氏複鑄而置於家廟者。不知何時流入湘中。雖為阮氏複鑄，但亦可寶。當時曾欲為友人莫養雲 [11] 作緣購之。但物主索直數千金，議價未成，遂罷。未知是器今尚在湘中否耳。

《香港中興報》1934 年 12 月 5、6 日

【注釋】

[1] 吳士鑒，詳見《附錄　蔡守與時人交遊考》。

[2] 阮文達，即阮元，詳見《附錄　蔡守與古人交流考》。

[3] 張叔未，即張廷濟，詳見《附錄　蔡守與古人交流考》。

[4] 王文敏，即王懿榮，詳見《附錄　蔡守與時人交遊考》。

[5] 阿敬敏，無考。

[6] 金息侯，即金梁，詳見《附錄　蔡守與時人交遊考》。

[7] 吳竹虛，即吳履，詳見《附錄　蔡守與古人交流考》。

[8] 潘文勤，即潘祖蔭，詳見《附錄　蔡守與古人交流考》。

[9] 陳壽卿，無考。

[10] 傅熊湘，詳見《附錄　蔡守與時人交遊考》。

[11] 莫養雲，即莫鶴鳴，詳見《附錄　蔡守與時人交遊考》。

黃賓虹畫《青箱集》詩意冊

老友賓虹 [1] 寄贈寫《青箱集》詩意山水冊，高八寸有四分，寬三寸有三分。焦墨仿垢道人，極蒼古之致。

「容縣王正源 [2]《青箱集》。陳柱尊 [3] 輯粵西人詩稿寄觀，意欲付梓。扈讀無知音者。錄於畫端，寄似寒瓊道長同欣賞。賓虹並識。

茂樹匝江湄，一舟屯萬綠。對之清心魂。不怕新炎酷乍暑憩舟榕下作。

驛度滇陽古，樓登煙雨新。海風吹水去，留月照歸人英德息舟。

歸心寄一舟，且作藤江宿。星影落層波，風聲起寒竹藤江舟次。

一榻新秋色，雲光四照清。偶來因景適，細語覺情上。落葉乍淒磬，長烟已閉城。欲參開士偈，水靜月盈盈初秋過梅庵。

客意清如鶴，長天去復歸。禪蹤間似雲，念我忽款扉。竹亂不循徑，花殘無可飛。語深終夜燈留影，月淡雲孤安所依。想到聲聞俱寂處，樓禪還自仗吾師梅庵開士過訪。

滿庭肥綠浮窗漲，鶯聲忽度聞遙響。春光已去拼拋擲，夏日乍長得清朗。

柳浪搖搖嫩條直，松風漸漸新枝長。幸無剝啄叩幽戶，且自沉冥靜百想夏日。

　　一徑繞深碧，孤梅環眾梅。想當高月上，不盡曠懷開。山靜見雲去，風清知鶴來。共憐相識晚，疏影幾徘徊梅庵。」

《香港中興報》1934 年 12 月 7 日

【注釋】

[1] 賓虹，即黃賓虹，詳見《附錄　蔡守與時人交遊考》。

[2] 王正源，即王大覺，詳見《附錄　蔡守與時人交遊考》。

[3] 陳柱尊，即陳柱，詳見《附錄　蔡守與時人交遊考》。

盧氏藏顧橫波墨蘭卷

　　久聞顧橫波 [1] 墨蘭，吾粵流傳兩卷。一為欽州馮魚山敏昌 [2] 舊藏，今歸鍾氏。一為吾邑梁惺谷廷柟 [3] 舊藏，今歸畫友盧子樞 [4]。余以一日得觀兩卷，真自誇眼福不鮮，今先錄盧氏所藏如左：

　　顧橫波墨蘭卷。絹本高八寸有七分，長一丈有二分，款楷書一行。「丙戌春寫」。「一顧」朱文方印，「秣陵眉」方印。「秣陵」二字朱文，「眉」字白文。《藤花亭書畫跋》誤為「林陵眉生」及誤為朱文。龍氏複刻本，更誤為「林陵眉朱」。

　　「閨人病起，窗花正明。石帆年兄持此卷命畫，興到潑墨，欣然忘倦。觀其筆意紛披，縱橫蕭散，都入自然。無一點閨閣蹊徑，為可喜耳。今日見管仲姬 [5] 一筆一墨，便若天際人，恨不與之同時。不知數百年，此花猶能開生面否也。餘庵龔鼎孳識。」「寶硯齋」白文方印，「龔鼎孳印」白文方印，「孝斗氏」朱文方印。

　　「龔年嫂顧夫人，作蘭有雲蒸霞舉不可思議之妙。昔東坡謂『口至忘聲而能言，手必忘筆而後能書』，顧夫人於是乎進於道矣。石帆侍御其善寶藏之。丙戌三月，滄州治門弟戴明說 [6] 拜觀。」「戴明說印」白文方印，「默翁」朱文方印。

　　「都南半壁，天子無愁。江左三家，佳人有福。向使玉京娘子，得偶梅村。冠帔不終，羅浮同夢。豈不與顧柳兩人，合上竿頭，分成鼎足哉。一自元機入道，遺棄延陵。頓使花底孤棲，草間偷活。成仁無自，勸義伊誰。吁。可慨矣。若虞山合肥，並官宗伯。身典邦禮，家乏女貞。稱曰夫人，宜言偕老。紅蕣縱匪薄命，青史毋乃厚顏。幸如是，竟能慷慨捐生，從容殉死。稍能爭輝巾幗，

－589－

弗忝副笄。菊存晚節之芳，松竊冬青之號。知不可及，責莫如何。彼眉生之於芝麓，朝歌玉樹，夜剔銀釭。未揚杯下之風，但享閨中之樂。離支側挺，曲譜同音。甘蔗旁生，人嘲短節。縱復燕箋寫恨，兔管描情。現腕底之湘江，描階前之淇月。芳草妥王孫之夢，空谷招倩女之魂。若此卷者，詎不墨氣宜人，柔情作我。而吹來臕馥，依然野草閒花。點到殘莎，恰稱倡條冶葉。畫因人重，事豈其然。要之豔福能銷，共指三生之石。頑根未破，疇撞五夜之鐘。偶檢遺縑，補茲迂論。烟花如夢，春事多愁。擲筆未免悵然，剪燈為之黯爾已。」梁惺谷此跋見《藤花亭書畫跋》，與龔戴兩跋並早佚，今子樞重裝補錄之。

「甲戌清明前二日，余於坊肆購得顧橫波夫人畫蘭卷。卷中前後，均無鑒藏印記與識語，心頗異之。偶閱順德梁氏《藤花亭書畫跋》，所載顧橫波畫蘭卷，絹本尺寸款識，一一與此吻合，知即章冉舊藏。惟署款下，弟二印為『秣陵眉』三字。『秣陵』二字朱文。『眉』字為白文。梁跋作『林陵眉生』四字朱文，實則誤耳。卷後原有龔芝麓、戴默翁及惺谷先生識尾。現均不存。不知何時脫落散佚。今特補錄於後。以資考證。他日倘再遇原跡，畀為延津之合，亦藝林一佳話也。是歲六月初八日。東莞盧子樞識於不蠹齋。」

「浣溪沙　眉葉鬢花自寫真。畹香清絕出凡塵。翠樓夢冷秣陵春。　風趣未輸松雪，畫名猶擬管夫人。可憐都是海桑人管仲姬道升畫，每多趙子昂孟頫題識。此卷龔芝麓自題，以管夫人擬之。

試數秦淮薄命多。李花柳絮盡銷磨。橫波合唱定風波。　佇想清閨饒韻事，慣將妍翰換名□ [7]。尚書贏得醉顏酡吳穀人錫麒祭酒題馮魚山敏昌藏橫波畫蘭卷注，龔題云『錢萬門以名酒見餉，欲博閨人畫蘭』。吳詩刻入《有正味齋集》中。

嶺表傳烽正此時款署丙戌寫，為順治三年，是歲克廣州。那廂烟墨卻淋漓。傾城一顧款偏奇。　舊夢藤花零落盡，猩紅小印認凝脂。玉山豔影有駢枝橫波畫跡，嶺南流傳絕尠。馮魚山所藏，今歸其鄉人鍾氏。此卷舊藏梁氏藤花亭，今為君所得。梁跋載顧印有誤，君為審之。與鍾氏均寓粵秀山麓，亦一佳話。子樞詞兄屬題波畫蘭卷子即正。甲戌重陽後一日，羅浮汪兆鏞 [8] 漫書。時年七十四。」

寒瓊昔與南社社友高天梅 [9] 等於禺樓祝橫波生日。今得睹盧、鍾兩君藏此兩卷。曾與□言今年十一月初三日，再舉行此雅事，兩君亦欣然俞允。詎意鍾氏忽罹意外之事，遂敗此清興，亦可嘆也。因此鍾氏所藏題識亦未能抄錄，容日必當續之。

《香港中興報》1934 年 12 月 7、8、9 日

【注釋】

[1] 顧橫波,詳見《附錄　蔡守與古人交流考》。

[2] 馮魚山,即馮敏昌,詳見《附錄　蔡守與時人交遊考》。

[3] 梁惺谷,即梁廷枏,詳見《附錄　蔡守與古人交流考》。

[4] 盧子樞,詳見《附錄　蔡守與時人交遊考》。

[5] 管仲姬,詳見《附錄　蔡守與古人交流考》。

[6] 戴明說,詳見《附錄　蔡守與古人交流考》。

[7] □,原文字模糊莫辨,下同。

[8] 汪兆鏞,詳見《附錄　蔡守與時人交遊考》。

[9] 高天梅,即高旭,詳見《附錄　蔡守與時人交遊考》。

祝顧橫波生日詩詞

戊午十一月初三日,與南社社友高天梅旭 [1] 等九人於禺樓祝顧橫波 [2] 生日,拈韻同作,得詩詞十二首,茲錄如左:

金山高旭天梅

客窗又是上燈時,對此茫茫恨不支。兒女尚能傳姓氏,風雲真可現鬚眉。論交屠狗心猶壯,寫影驚鴻夢亦癡。多少南飛舊烏鵲,可憐無地覓高枝。

東莞鄧萬歲爾雅 [3]

韻事千西處處知,美人再度好題詩。雖非歌舞迷樓地,願仿荷花同日詞。粉黛也關明正朔,風鬟竊見漢官儀。再難再顧傾城國,愁殺遺民鄧孝威。

順德蔡守哲夫

八琅宛在廣寒宮,一代風流說顧龔。題字雅宜裙子綠,張燈猶憶夕陽紅。當年弄墨傳天下,初度開尊合閣中。我與美人緣不淺,眉樓芳誕暗相同內子傾城十一月初四日子時生,亦初三夕也。爾雅曾為篆刻『後橫波夫人一日生』七字朱文長方印。

宜興周積芹洛奇 [4]

南來未負早梅天,雅集禺樓又敞筵。揀個美人生日讌,盧全謂滇生詩思絕新鮮。

憑欄正好夕陽天,樹碧霞紅解鬥妍。風物尋常誰覺得,最銷魂在繡簾邊。

猛思時事欲呼天,南北稱戈又一年。但使兵端能早解,便拋酒琖也陶然。

元龍豪氣逼雲天,百尺樓頭獨醉眠。險韻任教分授與,夢回寒簹作詩肩。

巧家徐進從先

危樓高欲切星河，酒半微吟水調歌。擬喚詞仙共尊俎，似聞玉笛下橫波。紅顏自比江山重，青史旁傳兒女多。聞道不如歸去好，干戈滿地奈愁何。

吳江楊天驥繭廬 [5]

洛社風流昔視今，禺樓裙屐重南金。酒邊玉笛聞吳語，劫後閒花入旅吟。名士終成千古恨，美人空抱百年心。苧蘿村外滄桑事，海月潭雲付淺斟。

南康盧鑄滇生 [6]

每懷南海尉，長憶陸生賢。寂寞上林樹，蕭條奉使年芝麓以上林苑監出使廣東。我來珠海曲，猶及媚珠天。只惜眉樓月，今宵不共圓。

《滿江紅》南海潘和致中 [7]

冷月眉纖，誰畫向碧雲天上。正微暖薄寒時候，玉梅才放。短榻雅堪聯舊雨，小樓醉復傾佳釀。喜今宵，重話美人年，風流賬。　　白門柳，迷樓唱。愛河浪，秦淮漲。盡詩酒顛狂，烟花跌宕。往事青衫留豔影，新愁紅葉增寒況。更何堪，秋水溯兼葭，添惆悵。

《金琖子》太倉俞鍔一粟 [8]

小住為佳，算海天唯有，醉鄉空闊。契稷笑平生，漸華髮依還，暮途為客。冷香暗噴梅花，動春光南國。微吟共，婆娑角巾輕岸，氣凌瓊闕。　　簾際，墮新月。纖纖似，條蛾暈淺碧。悠然笛聲甚處，悄呼起，眉樓人降此夕。玉窗試問今誰，賞千金詞筆。憑欄聽，天際隱隱鳴璫，暗舞瑤席。

《香港中興報》1934 年 12 月 9、10 日

【注釋】

[1] 高天梅，即高旭，詳見《附錄　蔡守與時人交遊考》。

[2] 顧橫波，詳見《附錄　蔡守與古人交流考》。

[3] 鄧萬歲，即鄧爾雅，詳見《附錄　蔡守與時人交遊考》。

[4] 周積芹，詳見《附錄　蔡守與時人交遊考》。

[5] 楊天驥，詳見《附錄　蔡守與時人交遊考》。

[6] 盧鑄，詳見《附錄　蔡守與時人交遊考》。

[7] 潘和，即潘致中，詳見《附錄　蔡守與時人交遊考》。

[8] 俞鍔，詳見《附錄　蔡守與時人交遊考》。

梁惺谷《欽旌孝女祠記》

邑子龍箕伯官崇 [1] 留心鄉邦文獻，比來複刻梁氏藤花亭數種。前月與嚴炎公邦英 [2] 去倫教手拓得梁惺谷 [3] 撰書《欽旌孝女祠記》寄贈，因取炎公志並錄下：

《欽旌孝女梁氏祠記》，篆額。石高二尺又二寸五分，寬一尺又七寸，正書。在順德倫教鄉，拓本鮮見。

「欽旌孝女祠記　徵仕郎加內閣中書銜、澄海縣訓導、前直隸州州判、紀錄三次、父梁廷枏撰並書丹。

嗚呼！余至此乃為孝女撰書祠記耶。兩女皆從學，而次女尤幼且慧。十年侍著述，檢書錄副咸賴焉，此一時也。比陳太孺人就養越華講院，予方迭領海防粵關書局，牋牘裁答，多出其手。每池亭客去，相與爇沈水香，煮佳茗，燒椽燭，出所藏宋元以來書畫，請予跋尾，積鈔成帙。時復吟誦膝下，太孺人魂夢俱適，此一時也。未幾，其姊溘逝。所以寬慰太孺人者，無乎不至。隨失貞終事，復得其歡心。西夷猝擾省河，移家汾江。市聲不聞，遂隔戎馬。軍火夜凡數驚，村盜所在竊發。居既不能，歸又不可。事稍定，予尋以選限迫，奉慈舲為澄海之行。行一日，而兩颶繼作。僑循城，易舟而車。所過川途山市，若六如亭，若合竹洲。一切勝蹟，必檢地書，津津為太孺人說。抵潮百日，聞夷舶撲廈門，習鬥者遂露刃於野，伺劫於江。會予被調西還，所交襲伯李君，以鎮卒衛，僅乃獲免。計播遷後，往返三千餘里，客舍舟車，先意迎志。為之扶持調攝，太孺人罔識風塵，狀況安然，如在家園者，微女之力不及此，此又一時也。不幸告養未半載，遽遭大故。女撫棺一慟，咯血以斗計。旋病，旋哭，哭隨病深。越數旬，以道光癸卯六月三日之未時，竟殉太孺人死。予昏迷中罹斯變，不知爾時曷以為懷。邑人士合祠請旌。時禮部方議杜冒濫，雖例合，非彙請不給坊價。狀上，欽奉俞旨，加恩旌表。於是感激涕零，焚文告泉下。憂中之痛，弗可言喻矣。服除，飢來驅人，仍還省差。則情局頓異，杜門匿跡。熒熒燈影間，無復疇昔豪興。團圓之樂，不翅隔世。去夏一病幾殆，恃鄭姬瘁力藥餌，久而後安。自維終鮮兄弟。同堂群從，先我死亡。不覺悲從中來。躡取藏翰，摩挲而排遣之。神既不屬（闕文）

甲戌九月初七日，龍君箕伯、鄺君若之約余同遊倫教。先詣梁氏夔石、倬雲兩君。請其指導，偕訪孝女祠。捫讀碑文，并拓數紙而歸。詰朝晴窗閑暇，展讀一過。方訝孝女生辰，適為昨日。可謂奇矣。因思拓是碑者，三百有六旬。

曷日不可，用有攸往，而必正值斯辰者，豈偶然哉。事有曠百世而相感，雖曰偶然，豈孝女之靈耶。碑在祠庭右壁，祠負藤花亭，前臨淥水，漣漪可愛，茂樹幽篁，有足流連者。里人嚴邦英炎公志。」

《香港中興報》1934 年 12 月 11、12 日

【注釋】

[1] 龍箕伯，即龍官崇，詳見《附錄　蔡守與時人交遊考》。
[2] 嚴炎公，即嚴邦英，詳見《附錄　蔡守與時人交遊考》。
[3] 梁惺谷，即梁廷枏，詳見《附錄　蔡守與古人交流考》。

綠綺臺琴

鄺湛若露 [1] 舊藏唐綠綺臺琴，今歸友人鄧爾雅 [2]。余屢得摩挲，自誇眼福。是琴斷紋絕細，龍池上刻隸書「綠綺臺」三字。龍池下刻楷書「大唐武德二年製」七字，隸書字徑約寸許，楷書字徑約半寸。爾雅《得琴記》甚詳。錄下：

「明鄺湛若先生蓄古琴二，曰『南風』，宋理宗物；曰『綠綺臺』，唐製而明武宗物也，出入必與俱。庚寅廣州再陷，先生抱琴殉國，王漁洋 [3] 有抱琴歌。及『海雪畸人死抱琴』句，海雪，先生所居堂名也。『綠綺臺』為老兵所得鬻於市。惠陽葉錦衣某，解百金贖之。屈翁山 [4] 為作『綠綺琴歌』。繼歸馬平楊氏，楊氏世善琴。其裔字子遂者，值太平軍興，以琴託其友。友私質諸吾邑張氏。予學琴於子遂。子遂述其事，嘗以為憾。歲甲寅張氏子孫弗能守，以歸之予。摩挲再四，斷文密緻。土花暈血，深入質理。背鐫隸書『綠綺臺』三字，真書『大唐武德二年製』七小字。於戲，玉麟已邈，懷素帖亡。而先生死事情形，紀載多略。讀漁洋、翁山諸作，及反藉琴以傳，不亦可悲也耶。琴成去今千三百餘載，尾少毀，不能復御。然焦尾見賞於中郎，無弦見稱於靖節。物以人重，固有然者。非經海雪，安知不泯然與塵劫而俱盡也。人傳琴乎，琴傳人乎。予烏知之。」

《香港中興報》1934 年 12 月 12 日

【注釋】

[1] 鄺湛若，詳見《附錄　蔡守與古人交流考》。
[2] 鄧爾雅，詳見《附錄　蔡守與時人交遊考》。

[3] 王漁洋，即王士禎，詳見《附錄　蔡守與古人交流考》。

[4] 屈翁山，即屈大均，詳見《附錄　蔡守與古人交流考》。

明憲宗洛象琴

　　邑子周玉鐫圖瑞 [1] 藏明憲宗御製琴，龍池上刻篆書「洛像」二字。字徑二寸許。龍池下刻「廣連之寶」四字鉅璽。龍池右刻「地平天成，神龜出洛」正書八字。龍池左刻「戡此禹勳，崇德作樂」正書八字。龍池裡刻「大明成化乙巳御製」正書八字。斷紋細如牛毛。音雄而堅，琴材古雅。茲錄周玉鐫《得琴記》如左：

　　「明憲宗御製洛象琴，南海余麟士舊藏。麟士宦遊南北，性嗜琴。蓄古琴甚夥。而以『飛廉』『洛象』二琴為最佳。『飛廉』相傳為齊威公時物。見《南海縣志》。顧殘闕不能復御，徒以名重耳。『洛象』則為麟士昕夕坐臥，不離左右者也。麟士歿。家人袯除病榻，『洛象』遂與凡琴雜置暗陬。是時有閩縣師石氏，授琴學於廣州之河南。族兄雲裳隸門下。族侄聘存尊年亦時過從。石氏門人訪購古琴，詢諸余氏。余氏後人，以暗陬所置八琴應，索直百金。購歸。安弦試彈，多屬俊物。尤以『洛象』為至佳。然未知其聲價之高也。越數日，余氏忽來追索售琴。謂中有『洛象』，不能棄去。願奉原價贖回，並以其餘七琴為贈。石氏門人堅持不允。於是『洛象』之名遂著。諸門弟子咸欲得『洛象』，而難於所屬。遂定『洛象』直百金。其餘七琴則不計直，拈鬮而得。雲裳竟拈得之。於是『洛象』之名，聞於三城。有願以千金購之者。雲裳愛護如頭目，不輕示人。亡何，雲裳家中落。『洛象』時付質庫。及雲裳逝世，家人亟欲以琴易金。詢於聘存，聘存力不逮。走商於予。雲裳家人亦寧以原值歸族人，不欲以善價而沽於外人。以為差足慰雲裳永寶此琴之志。『洛象』遂為聘存與余所共有。聘存鄉居，而余寓廣州。故『洛象』時置廣州，時置黎村無定。今聘存亦歸道山，琴遂為余獨有。計自云裳獲此琴，迄今五十餘年。流傳轉徙，鮮有知者。因詳識巔末，以告來者，亦聘存之志，誠恐此琴之終淪落不遇也。順德周圖瑞玉鐫氏識。」

《香港中興報》1934 年 12 月 13 日

【注釋】

[1] 周圖瑞，即周玉鐫，詳見《附錄　蔡守與時人交遊考》。

黃香石七星岩詩刻

閨人月色之八兄談士勤 [1] 游肇慶七星巖，手拓黃香石 [2] 詩刻歸贈。摩厓高三尺有五寸，寬二尺有八寸，草書十五行。

「傑構古三仙，凌虛在半天。漢唐傳道術，巖洞供雲烟。我亦尋幽客，誰其謝俗緣。貝多花欲發，聊枕石頭眠。

定是劉鑾塑，能教顧盼雄。仙容洵活現，流輩仰英風。不履栖真地，焉知度世功。寺名今大覺，兼作梵王宮。

忽聽僧雛報，東方月上時。玉屏光似雪，冰鏡浴於池。下界凡塵絕，清都夜色奇。樓居仙可引，蓬閬夢迷離。

地接碧霞館，當年信宿留。白雲招共臥，明月逐同遊。酒氣千泉湧，風聲萬壑秋。讀書者誰子，姓氏尚傳周周斌 [3]。

峭壁曾題字，摩挲蘇未封。百神觴上帝，一客躡高峰。石磴古音發八音石，巖花春氣濃。眾青紛拱列，天外數芙蓉。

千仞憑高眺，山僧導我遊。雲邊仙掌露，峽裡大江流。浸灌連年患，干戈指日休。峒中聞出米，無用裹乾餱。

石室互窿穹，靈巖窟宅空。真書鐫北海，名蹟耀南中。水黝龍蛇蟄，天光洞穴通。夕陽閒論古，三絕繼黎馮二樵銘、魚山詩可與石室記稱三絕。

小住烟霞境，烟霞筆底生為林苗南殿撰作畫。松花香作菜，山藥妙為羹。以此留仙客，何須問化城。它年能卜築，長使道心清。

道光辛丑暮春遊七星巖。僧滌塵留住三仙閣。得詩八章。僧命工刻石。以供後遊一笑耳。香山黃培芳並識。侄孫維垣侍。

三月十七日，南海何子彬 [4]，高要周斌，吳川林召棠 [5]，周肇墉，釋南欣，宏善同游。召棠記。」

《香港中興報》1934 年 12 月 14 日

【注釋】

[1] 談士勤，詳見《附錄　蔡守與時人交遊考》。

[2] 黃香石，即黃培芳，詳見《附錄　蔡守與古人交流考》。

[3] 周斌，詳見《附錄　蔡守與古人交流考》。

[4] 何子彬，詳見《附錄　蔡守與古人交流考》。

[5] 林召棠，詳見《附錄　蔡守與古人交流考》。

羅獎廉《松下讀書圖》

鄉先生羅獎廉 [1] 太守家勸，號彥清。同治丁卯科舉人，歷官內閣中書。廣西□ [2] 遠、南寧、龍州等同知，升知府。少聰穎，博學能文，工書畫，收藏甚富，尤嗜古泉，又好盆栽。享壽七十九。父琬卿遇良，舉人，澄邁教諭。弟石渠家勤，進士，刑部主事。嶧農家劭，翰林院編修。侄掞東惇融 [3] 皆聞人也。同治光緒間，祖孫父子，伯叔兄弟。一門科甲仕官，為一鄉之冠。日昨見其《松下讀書圖》。因錄存其題詠如左：

「高聳虯枝匝地陰，涼風流影落衣襟。久聞才調題斑管，猶聽書聲蕭玉琴。用世漫希巖隱樂，寄懷時抱歲寒心。何緣末座分苔磴，飫領風濤伴雅吟。拙句奉題獎廉九兄年大人《松下讀書圖》玉照，即乞教正。時己丑大暑節。弟龍葆誠 [4] 謹識原名驤，字隱衢，咸豐辛亥舉人，著有《鳳城識小錄》。」

「松風路十里，盤根移植此。試叩蒼髯公，五中何所喜。貴封五大夫，公曰吾不仕。富膺萬戶侯，公曰吾敝屣。礌砢千年壽，公曰願足矣。鬖蔭之而五，午不知移暑。結趺坐石上，讀子讀經史。陳瞻松煤墨，薛濤松花紙。肄書兼作畫，神仙赤松比。老莊解襟帶，韓蘇曳杖履。消受清閒福，萬事付流水。向誰題斯圖，室邇人亦邇。是學種松者，東坡老弟子。恭題獎廉羅夫子年姻伯大人《松下讀書圖》。受業年姻侄潘寶琦 [5] 待削草號璇閣，邑增生，沖鶴鄉人。」

「有幾真龍好葉公，閒來寄傲畫圖中。天程遠探無邊月，人格高攀最上風。名士多羞隨晉渡，大夫老恥受秦封。此身伴讀添梅鶴，回首京華宦夢空。受業年姻侄潘寶琛 [6] 恭題號辰南，邑廩生，光緒丙午歲貢。」

「石奇隱秀，松老蟠蒼。龍吟籟爽，鶴唳風涼。對此讀書，書味彌長。靜觀自得，恰到羲皇。世侄戴澤春 [7] 號頌雨，新會人，久居大良。」

「豫章有耆碩，家世承簪縷。珥筆鳳池頭，延譽滿公卿。軒冕志林壑，本色仍書生。執卷長松下，琅琅金石聲。葉彬工畫像，骨秀神氣清。主人自繪松，虯枝互縱橫。西苑更補石楊二酉，工山水，兀立殊崢嶸。我生前二載，斯圖早先成余生於辛卯，圖繪於己丑。流光幾荏苒，滄海時世更。小阮選東床，賤子附姻盟公之胞侄穆天惇昊長女妻余。遺象仰丰采，下拜趨前楹。拙筆為寫鶴，遐想高潔情。仙風溯逢島，化鶴歸故城公生於道光丙申，終於民國甲寅，享年七十有九。明月證前身，塵慮安民縈。己巳冬日。侄孫婿嚴邦英拜題 [8] 號炎公，輯有《順德先哲書畫錄》。」

「林泉瀟灑宦情虛，滿地松陰好讀書。時有鶴聲來和答，公真名士樂何如。恭題獎廉太師叔《松下讀書圖》。門世再侄周作礪 [9] 號砥廉，邑附生。侍御朝槐之子。」

「宦海茫茫一置身，素衣容易染緇塵。何如解組歸山去，長作逍遙世外人。侄慶榮羅季躍 [10]，光緒己丑順天舉人，官內閣中書謹題。」

「捧檄頻年滯鳳城，如公雅望夙知名。棠留甘樹曾儕召，價長青萍幸識荊。書味飫餘嫻繪事，歲寒凋後見平生。大夫雖說頭銜好，高士從來薄官情。朱維瀚敬題 [11] 號少谷，南海人，光緒戊子舉人。」

「箕踞科頭古逸民，此間又是讀書人。風塵不少趨炎客，莫誤敲門被鶴嗔。姻世侄潘鼎亨 [12] 號心榘，附貢生。」

「獎廉世伯工書善畫，以宰官身懷林泉之趣。自作《松下讀書圖》，翛然意遠。尤眷眷於書，其寄託深矣。今哲嗣頌符諸昆仲，逮其孫曾，均以能讀書著，是皆世伯之貽謀也。然則是圖之作。豈區區一藝術之微也哉。周圖瑞玉鐫 [13] 拜觀謹識。」

《香港中興報》1934 年 12 月 15、16 日

【注釋】

[1] 羅獎廉，即羅家勸，詳見《附錄　蔡守與古人交流考》。

[2] □，原文字模糊莫辨。

[3] 惇融，即羅惇曧，詳見《附錄　蔡守與古人交流考》。

[4] 龍葆誠，詳見《附錄　蔡守與時人交遊考》。

[5] 潘寶琦，詳見《附錄　蔡守與時人交遊考》。

[6] 潘寶琛，詳見《附錄　蔡守與時人交遊考》。

[7] 戴澤春，詳見《附錄　蔡守與時人交遊考》。

[8] 嚴邦英，詳見《附錄　蔡守與時人交遊考》。

[9] 周作礪，詳見《附錄　蔡守與時人交遊考》。

[10] 羅季躍，詳見《附錄　蔡守與時人交遊考》。

[11] 朱維瀚，詳見《附錄　蔡守與時人交遊考》。

[12] 潘鼎亨，詳見《附錄　蔡守與時人交遊考》。

[13] 周圖瑞，即周玉鐫，詳見《附錄　蔡守與時人交遊考》。